民族主义与清末民国『言文一致』运动研究

高建青 著

北京大学出版社

图书在版编目(CIP)数据

民族主义与清末民国"言文一致"运动研究 / 高建青著. —— 北京：北京大学出版社, 2025.6. —— (博雅文学论丛). —— ISBN 978-7-301-36197-9

Ⅰ.D092.5；H1-09

中国国家版本馆 CIP 数据核字第 2025MF9343 号

书　　　名	民族主义与清末民国"言文一致"运动研究 MINZU ZHUYI YU QINGMO MINGUO "YANWEN YIZHI" YUNDONG YANJIU
著作责任者	高建青　著
责任编辑	高　迪
标准书号	ISBN 978-7-301-36197-9
出版发行	北京大学出版社
地　　　址	北京市海淀区成府路 205 号　100871
网　　　址	http://www.pup.cn　新浪微博：@北京大学出版社
电子邮箱	编辑部 wsz@pup.cn　总编室 zpup@pup.cn
电　　　话	邮购部 010-62752015　发行部 010-62750672 编辑部 010-62757065
印　刷　者	河北博文科技印务有限公司
经　销　者	新华书店 650 毫米×980 毫米　16 开本　18.5 印张　275 千字 2025 年 6 月第 1 版　2025 年 6 月第 1 次印刷
定　　　价	88.00 元

未经许可，不得以任何方式复制或抄袭本书之部分或全部内容。
版权所有，侵权必究
举报电话：010-62752024　电子邮箱：fd@pup.cn
图书如有印装质量问题，请与出版部联系，电话：010-62756370

目 录

序 ………………………………………………………… 夏晓虹 1

绪论 民族主义与"言文一致"的政治联姻 ……………………… 1
 一、三个维度:清末民国、民族主义与"言文一致" ……………… 1
 二、研究现状:清末以降"言文一致"运动研究述评 ……………… 9
 三、思路与方法:民族国家建构与"言文一致"的互文性 ………… 22

第一章 民族主义与清末民国"言文一致"的历史渊源 …………… 25
 一、"语言共同体"与近代民族国家观念的由来 …………………… 25
 二、民族主义与清末欧化知识分子的民族语言观 ………………… 30
 三、日本"言文一致"运动及其在中国的接受 …………………… 35
 四、西方传教士的白话文与"言文一致"的发生 ………………… 41

第二章 强国与新民:民族主义与清末白话文运动 ………………… 54
 一、"我手写我口":黄遵宪的"言文一致"强国论 ……………… 55
 二、"觉世"与"新民":梁启超的"三界革命"与"言文一致" … 68
 三、返本与开新:章太炎"言文一致"的二重性 ………………… 78
 四、"尽天下之民而智之":晚清白话报的救国意识 ……………… 90

第三章 立国与立言:民族主义与国语运动 ………………………… 103
 一、切音字运动:语音中心与民族本位 …………………………… 104
 二、师夷制夷:民族主义情绪中的"万国新语" ………………… 114
 三、国语统一:"国音审定"与国语教育 ………………………… 128

第四章 启蒙与立人:民族主义与五四新文学运动 ………………… 141
 一、三大主义:陈独秀的文学革命与启蒙立场 …………………… 143

二、从"白话"到"国语":胡适的语言民族主义想象 …………… 157
　　三、从"废文言"到"废汉字":钱玄同的"言文一致"
　　　　理论与实践 ……………………………………………………… 167
第五章　文学与大众:民族主义与大众语文运动 ………………… 183
　　一、"无产文艺的通俗化":从白话到大众语 …………………… 184
　　二、文腔与文丐:瞿秋白的"第三次文学革命" ………………… 194
　　三、大众语文:"言文一致"的民族寓言 ………………………… 207
第六章　民族与民间:民族主义与民族形式论争 ………………… 218
　　一、回到民间:从歌谣运动到民族形式论争 …………………… 219
　　二、方言文学:作为民族形式的民间形式 ……………………… 235
　　三、"民族形式"的范本:赵树理的"言文一致"书写 …………… 249
结语　从世界语到普通话:"言文一致"的民族情结 ……………… 265
参考文献 ……………………………………………………………… 272
后记 …………………………………………………………………… 286

序

夏晓虹

此书作者高建青是江西宜春学院年轻有为的教授，2014年曾到北大中文系研学一年，我就是那时认识了他。当年，他已出版《作为政治的文学语言：中国近代文学语言变革源流论》（光明日报出版社，2010年），而我对中国现代文学语言的形成，尤其是晚清白话文运动也有关注，这应当是他选择我作为合作导师的原因。不过，和其他国内访问学者相似，高建青已是相当成熟的研究者，来北大主要是为了开阔眼界，阅读稀见资料。因此，整个访学期间，我对他说不上有什么具体的指导与帮助。只是，自此建青也加入了我的学生行列，他希望我为他的书写序，我也不能拒绝。

应该说，21世纪以来，对近代"言文一致"运动的研究渐成热点，不算论文，单是研究专著已不下二十种，其中也包括了建青本人的贡献。这些论著涵盖了拼音化、白话文、日语新名词的借用、国语运动等清末以来的语言与书写变革，或从现代文学回溯晚清，或由晚清向上、向外追索，现代性成为一个基本的观照点。面对如此纷繁兴盛的研究格局，如何具有自家关怀，对高建青是很大的挑战。而他选择以"民族主义"作为切入口与贯穿的思想线索，确实称得上眼光高超。

可以说，从博士论文《作为政治的文学语言》开始，高建青对语言的研究就并不局限于文学，而更多考虑其与政治的纠葛。不同于博士论文的聚焦于文言、白话之争，新著关注语言变革背后的阶级对抗与意识形态操纵，将问题汇集到"民族主义"，既是对研究论题的提升，也带来了论域的扩展。

毫无疑问,救亡图强一直是清末以来萦绕在近代国人心中的最强音。而民族主义在抵抗外来入侵、推翻清朝统治、创建现代国家上所发挥的感召力,也一时无两。以此线索串联诸时段中发生的语言现象,便可以感应时代的脉动,充分释放语言这种特殊介质中的意义蕴含。正如建青在"绪论"中所言:"自清末开始传入中国,'言文一致'作为一场关涉语言、文字、文学、教育等诸多领域的思想变革运动,始终与中国近代的民族主义思潮缠夹在一起。"因此,他对其研究对象所下定义——"清末民国的这场运动也不仅仅是单纯的语言工具革命或文学形式上的革命,更是一场以语言文字形式来确立一个民族国家的存在方式的民族主义运动"——可谓提要钩玄,揭示了全书主旨所在。

而我最在意的是前人已有发明的题目,作者如何做出新的开掘与衍义。在此必须承认,民族主义的统贯视角提供了一种特定的思考方向与研究视野,相同的史料在不同的观照下,也会呈现或被解读出别样的意义。在此不妨举例说明。

由于"民族主义"作为关键词贯穿首尾,扣紧这一思潮作文章亦为题中应有之义。但作者需要处理的对象时有与之矛盾或不相干,如何将其引入设定的论述框架,的确需要智慧。我在阅读时,对此也最感兴趣。先是在第一章"民族主义与清末民国'言文一致'的历史渊源"中,看到了有关西方传教士白话文的讨论。传教士乃西人,其"言文一致"的书写应与中国的民族主义无关。但建青一方面指出了其间存在的逆反思维:"而一旦'欧化白话'贴上了传教士语言的标签,民族国家语言共同体建构的神圣光环就会消失,自主的国语改造就成了西方语言的'移植',这样的'言文一致'追求显然不符合国家主流意识和民族主义语言论者的预期。"另一方面,从这种被胡适等人拒绝承认的事实认定上,作者仍然看到了其间"折射出清末民国言文一致运动的民族主义光斑"。这一有意转移评述主体的说辞固然也有道理,但更多显示出的还是作者的机智。

最值得称赞的还是此书第三章"立国与立言:民族主义与国语运动"。在论及"万国新语"即世界语议题时,由于鼓吹最用力的吴稚晖、刘师培等人均为其时著名的无政府主义者,而世界语却具有明确的世界主义属性,高建青于是提出了一个尖锐的问题:"中国的世界语者追求的到底是无政府主义还是世界主义?"他在回答中,首先分辨了二者的异同,关键的区别在于无政府主义要消灭国家,世界主义则认可国家的存在。进而追究在中国的情境中,无论无政府主义还是世界主义,其实都不是吴稚晖、刘师培等人最终的信仰,反而是民族主义"事实上成了他们一生都在为之服务的'主义'"。吴氏日后成为孙中山"三民主义"的信徒,刘师培则成为国粹派的代表,即为明证。这样引导话题不断转向深入,而又归结到民族主义的主线,不但自然合理,也是一种学理性很强的论证。

无可否认,高建青在写作此书时,有众多前研究可资借鉴。加上他本人的善于思考与长于表达,从而使得这部学术专著也成为一部好看的书。我的感觉是,此书偏重论述,有意减少引文,配合作者文笔的简洁明快,整个阅读过程因而变得更为流畅。虽然设定了民族主义的视角,但依次铺展重大的语言事件,诸如"言文一致"的历史渊源(包括日本"言文一致"运动与西方传教士的白话文)、清末白话文运动、国语运动(包括切音字运动、世界语与国语统一)、五四新文学运动、大众语文运动、民族形式论争,一一纳入其中,该书于是同时拥有了近代中国语言变革史的规模。

虽然上文指出了此书与《作为政治的文学语言》的相异点,但应当肯定的是,"绪论"一章仍是标准的博士论文写法。作者首先对"清末民国""民族主义""言文一致"三个关键词逐一做了阐释与界定,进而通过对清末以降"言文一致"运动研究现状的述评,确立了研究的"思路与方法",即"民族国家建构与'言文一致'的互文性",正文便依此展开。全书概念清晰,主旨明确,一以贯之,即是由此而来。

以上是我阅读高建青新著的感想,拉杂写下,权充序。

2025 年 4 月 9 日于京西圆明园花园

绪论　民族主义与"言文一致"的政治联姻

"言文一致"是晚近以来一直备受关注而又颇具争议的话题。这一概念源于日本,是对日本自明治维新开始直到"二战"结束的语言变革过程的统称。日本"言文一致"之路实质上是一条"脱离汉字、汉文"而模仿欧洲语言,增加表音文字(假名)比重的"入欧"之路,这一过程与其建立新的国家模式以及语言文化"脱亚入欧"的理念相辅相成。自清末开始传入中国,"言文一致"作为一场关涉语言、文字、文学、教育等诸多领域的思想变革运动,始终与中国近代的民族主义思潮缠夹在一起。换言之,一种语言、文学或文字改革的诉求实质上与建立新型现代民族国家的政治情感表达趋于同步,正如日本"言文一致"运动与其建立新的国家模式以及"脱亚入欧"的理念相辅相成一样,清末民国的这场运动也不仅仅是单纯的语言工具革命或文学形式上的革命,更是一场以语言文字形式来确立一个民族国家的存在方式的民族主义运动。

关于民族主义与"言文一致"的这种互文性关系,后文将会专门申述。在切入正题之前,有必要梳理本论题所涉及的一些核心概念,以明确接下来所探讨话题的时间段落和理论边界。

一、三个维度:清末民国、民族主义与"言文一致"

(一)清末民国的时间界定

一般来说,在以近代为时间背景的相关著述中,"晚清民国"或"清末民初"可能是使用频率更高的概念,而少有使用"清末民国"的。然而实际上"晚清""清末""民初"甚至包括"近代"等相关概念并没有一个特别明确的时间划分,多数情况下,人们只是用类似的概念来统称一个含糊的时间段落。比如"晚清"通常指向1840年到1911年这段历史,但也可以把时间上限设定在康乾盛世结束的1799年;"清末"有时会与"晚清"重合,但通常是指比"晚清"更短一些的时间范围,如1890年前后到1911年之间,单正平在《晚清民族主义与文学转型》(人民出版社,2006年版)中列举了高旺、罗志田等人著作中的概念来说明这一点,意在表明这些时间概念在具体使用过程中的主观性和不确定性;至于"民初",更是一个无法确指的年代,它的上限是1912年或1911年,下限则一般依论者的需要而自由设定于20世纪20年代。

本书使用"清末民国"这一时间概念,是基于所涉话题的具体时间指向而定的,以1911年为节点,分为"清末"和"民国"两个阶段。先说"民国"。由于20世纪40年代民族形式论争中关于语言、文学的大众化、民族化讨论也可以纳入"言文一致"运动的范畴,有关"言文一致"的探讨可以一直延伸到中华民国在大陆统治终结、中华人民共和国成立的1949年前后,以惯用的"清末民初"中的"民初"指称这一时段显然已不合适,故而直接以"民国"统称之。再看"清末",这里需要解决的是时间起点的问题。模糊处理未尝不可,但为了更准确地聚焦核心话题,本书将"清末"的起点设定于1895年,主要还是考虑到这一时间点与民族主义、"言文一致"等话题的实存状态的贴合。近代中国民族主义情绪由来已久,但真正点燃民众民族主义热情的还是甲午海战的失败以及随之而来的《马关条约》的签订,而恰在此时,黄遵宪在《日本国志·学术志》(1895)中有了关于日本"言文一致"的最早叙述,因而以此为时间起点展开论述也就显得顺理成章。单正平把1895年到新文化运动兴起前这个时段称为"晚清"是值得商榷的。如果他所说的"新文化运动兴起前"是1911年前的话,这和本书的时间段落描述就大致重合,但我以为,把1895年到1911年这一时段表述为"清末"更能呈现王朝之末的"短时"意味,而标示一个相对更长的时段用"晚清"更加合适;如果按新文化运动兴起于1915年或是1917年的惯常思路来处理的话,那

"1895年到新文化运动兴起前"的准确描述就应该是"清末民初"了。

当然,"清末"与"晚清"本身就是不确定的时间段落概念,部分学者也往往因惯性而混用,本书也没有一刀切地使用"清末",有时以"晚清"含糊指代。相应地,本书所论的"清末民国"也不完全框定在1895年到1949年之间。近代民族主义的风起云涌,从1840年鸦片战争的民族危机开始就在酝酿,而"言文一致"运动的余波,在中华人民共和国成立后的推广普通话、汉字规范化运动中依然影响深远,而延续到当下的文艺大众化、民族化和民间化等问题的讨论自然也可纳入民族主义与"言文一致"的视野。只是限于篇幅,必须有所取舍罢了。

(二)民族主义的理论视野

作为现代民族国家建构的重要理论支撑,民族主义是晚近才开始形成并传入中国的一股外来思想,到现在也不会超过两百年的时间。在此之前,人们对民族、民族主义的表述也并不鲜见,但多是对一种朴素的民族、族群观念或类似民族主义思想的概念内涵的辨析、梳理,而将民族主义理论作为一种现代民族国家建构的思想资源,运用到政治、思想、文化、语言等社会生活的方方面面,形成一种看似无所不能、无所不包的阐释的绝对视角,则似乎要晚得多。

实际上,晚清以降风起云涌的社会历史和思想文化变革,都可以归因于民族主义。余英时、罗志田等都曾表达过类似观点。[①] 与之相应,民族主义这一概念的内涵和外延也呈现出无限扩张之势,诸如经济民族主义、政治民族主义、文化民族主义、语言民族主义、军事民族主义等应运而生,民族主义的边界变得越来越模糊。《不列颠百科全书》给民族主义下了一个定义,认为它是"对国家的高度忠诚,即把国家的利益置于个人利

[①] 余英时认为,民族主义是"中国近代史上一个最重要的主导力量","凡是能掀起一时人心的政治、社会、文化的运动,分析到最后,殆无不由民族主义的力量或明或暗地主持着"。罗志田也指出:"如果将晚清以来各种激进与保守、改良与革命的思潮条分缕析,都可发现其所包含的民族主义关怀,故都可视为民族主义的不同表现形式。"参阅王学振:《民族主义与中国文学的现代转型及话语嬗变(晚清至民国)》,中国社会科学出版社,2011年版,第1页。

益或其他团体利益之上。民族主义不是一种政纲或思想体系,不是这种政纲和思想所产生的政治观点"①。这一表述看似简单,但却可能是对近代民族主义最全面、准确的普适性理解。无论是在发源地欧洲,还是在晚近中国,民族主义几乎都没有固化为一种"思想体系",而集中表现为一种对本民族国家"高度忠诚"和对"非我族类"天然拒斥的状态。中国近代的洋务派、维新派、革命派甚至包括义和团运动中"没有思想"的民众,他们在"政纲或思想体系"上可能存在诸多矛盾,比如保皇与排满、立宪与共和、尊西与灭洋等,但这些差异显然都是基于对民族国家"高度忠诚"的民族主义的不同表现形式。单正平在《晚清民族主义与文学转型》一书中将民族主义简化为"民族自我意识的现实表现",同时又将民族情感及具体的情绪纳入其中②,这一表述也很简明,但内涵并不清晰。综合《不列颠百科全书》和单正平等学者的观点,我们认为,民族主义就是一种民族意识和民族情绪,这种意识或情绪成为一段历史时期一切社会行为、运动乃至思想、学说的主宰。而所谓的民族意识,也可以说是民族自我意识,简言之,就是一个人的族群归属意识,是一个人自觉意识到自己和他者在世界观、价值观和生活方式等方面的差异性存在;民族情绪则主要是指建立在民族自豪感、自尊心和自信心等方面的民族情感宣泄,是一种处理国家主权、族群冲突、文化传统等社会问题的激情表达。这种普遍的民族意识与高涨的民族情绪往往是共生的,其终极表达即基于对国家"高度忠诚"的民族国家建构与认同。

  从源头上看,晚清民族主义的兴起是直接受到西方民族主义等外来思想影响的结果,但也可以说是"排外"导致的。胡适对此有过一个相当经典的表述,他认为民族主义"最浅的是排外,其次是拥护本国固有的文化,最高又最艰难的是努力建立一个民族的国家"③。梁启超也持类似的

---

① 美国不列颠百科全书公司编著:《不列颠百科全书》(国际中文版 修订版 12),中国大百科全书出版社,2007年版,第38页。
② 单正平:《晚清民族主义与文学转型》,人民出版社,2006年版,第31页。
③ 胡适:《个人自由与社会进步——再谈五四运动》,欧阳哲生编:《胡适文集》(11),北京大学出版社,2013年版,第537页。

观点,建立民族国家的确是早期民族主义的最高目标,不过晚清社会一开始盛行的却是排外的观念。早期的"尊王攘夷"、闭关锁国政策,都是传统排外思想的典型表现,甚至后起的维新派和革命党人在反对"野蛮排外"、主张学习西方的同时,也还是保有明显的排外思想,强调西方各国"其排外之剧烈,尤甚于我"①,认为"排外之特质,立国于天地之所极不可缺者也"②,只是排外要讲究方式方法,不能盲目,用陈天华的话说:"必定用文明排外。"③实质上,排外是晚清民族主义的基础,胡适所说的三个层次本质上并没有高下之分,只有个体认知上的差异和阶段性表现的不同。就本书所探讨的"言文一致"运动所关联的民族主义背景而言,经由语言而达成民族国家的建构当然是民族主义的题中应有之义,但是,一种若隐若现的排外思想也贯穿于"言文一致"的倡导过程中。同时也应该注意到,尽管受到西方语音中心主义的影响,以表音文字取代传统的表意文字,从而彻底摈弃传统语言文化的呼声不绝如缕,但倡导"言文一致"的主流声音还是体现了拥护本国固有文化的民族主义立场的。综而论之,清末民国的"言文一致"与民族主义之间的关系显然要比我们预想的复杂得多,但以胡适的"三层次"论来看,建立一个现代民族国家,是自清末白话文运动开始而至1949年中华人民共和国成立以前历次语言、文学和思想文化运动贯穿始终的"最高最复杂"的民族主义理想,尽管这些"运动"在具体运思模式上有世界主义、无政府主义、民主主义、自由主义、共产主义等思想资源上的差异,但并不妨碍这些"运动"的主导者们依托"言文一致"的语言共同体来实现民族国家建构的最高理想。例如在20世纪30年代的文艺大众化运动中,左联领导者甚至以无产阶级革命文学来反对右翼文人的"民族主义文学",这显然是当时特定的意识形态斗争在文学上的反映,从更广泛的意义而言,无产阶级革命文学的反"民族主义文学",依然是有建构现代民族国家的民族主义立场的。而

---

① 伤心人(麦孟华):《排外平议》,《清议报》1900年第68册,第4303—4304页。
② 阙名:《仇一姓不仇一族论》,《民报》1908年第19号,第106页。
③ 陈天华:《警世钟》,郅志选注:《猛回头——陈天华邹容集》,辽宁人民出版社,1994年版,第70页。

这,正是本书要揭橥的主要内容。

(三)"言文一致"的思想内涵

严格来说,清末民国并没有一场贯穿始终的"言文一致"运动。然而从主张"师夷制夷""中体西用"的洋务运动开始,历经五四前后的语言文学变革,直到20世纪40年代"文艺的民族形式"论争,语言文化上所追求的宏观目标都是实现"言文一致",是实现书面语言和口头语言的统一。追溯清末民国时代的语言文化运动史可以发现:这种语言文学或文字改革诉求总是与建立新型现代民族国家的政治情感表达趋于同步,正如前述我们对"民族主义"略显宽泛的理解一样,清末民国的这场若隐若现的"言文一致"运动也是内涵丰富且形式多样的,不同的时期对语言、文字、文学所要求的"一致"并不完全一致,但总体而言,都可以看成是一场以语言文字来确立一个种族国家存在的民族主义运动。

抛开民族主义或者说民族主义意识、情绪表达的不同不讲,不同时期的"言文一致"的内涵与外延就各不相同。从清末的黄遵宪直到延安时期的赵树理,知识分子对于"言文一致"的理解错综复杂,"言文一致"里面其实隐含着逻辑上的混乱。言/文对立在不同论述者那里化为不同的二元对立:语言/文字、言说/书写、口语/书面语、口语/文章、白话/文言等等,实际上同一论述者在不同时期的表述也可能有差异。这种理解上的差异性使得"言文一致"的思想内涵也呈现出多样性和阶段性。具体来说,本书涉及的"言文一致"观念,在清末民国时期的语言文字、文学思想和文化教育等领域主要表述为:

1."语言"和"文字"的合一。语言和文字原本分属两个不同的符号系统,不可能合二为一。但是西学东渐以后,知识分子受到西方语音中心主义思想影响,认为表音文字是真正的"因音生话,因话生文字"[①]的代

[①] 裘廷梁:《论白话为维新之本》,郭绍虞主编:《中国历代文论选》(第四册),上海古籍出版社,1980年版,第168页。

表,可以做到"语言、文字几几乎复合矣"①。汉字则因强调表意而逐渐丧失了表音功能,变成了中看不能说的"死文字"。如此一来,"言文一致"就是要解决语言与文字之间的矛盾,把汉字变为西式的拼音文字,由字形即可直接读出字音。早期卢戆章、王照等人提倡的"切音字运动"即属此种,他们提出了各种"切音字"或"简字"方案,"大旨以音求字,字即成文,文即为言,无烦讲解,人人皆能"②。凡此种种,严格来说还算不上真正的语言变革,实质上改变的只是一种语言的书写方式,就是希望改革汉字以普及教育、开启民智。

2. "语言"与"应用文"(文章)的一致。这里所说的"应用文"是一个较为宽泛的概念,一般是指除了诗歌、小说、戏曲之外的所有"文章"。然而关于"应用之文"与"文学之文"的区分,本身就难有截然的标准,新文化运动时期曾有不少论争。胡适就很反对这种文体的二分法,按照他的文学工具论思想,所有的文章都只是表情达意的工具,因而都只是"文章"而已,或者说都是"文学"创作。用胡适的话来说,就是"有什么话,说什么话;话怎么说,就怎么说"③,这就是他的白话文学观。从这个意义上说,这里所表述的"言文一致"就应该是指日常会话与所有的文章书写之间的一致关系,只是对当时大多数人来说,文学创作强调"文学性"或修辞效果的一面,文学语言到与日常语言保持一定的距离也是正常的,而"应用之文"则应该力求浅近通俗,因而离日常语言最近,"言""文"一致顺理成章。

3. "口语"和"书面语"的统一。这个层面的"言文一致"落脚点则在语言问题,是语言的"言说"状态和"书写"状态的统一问题。严格来说,口语和书面语也不可能完全统一,任何一种语言,都不可能原原本本地按其"口说"的语音状态转换成"书面的语言",这其实是回到前面所说

---

① 黄遵宪:《日本国志》(第四册),朝华出版社,2017年版,第1351页。
② 黎锦熙:《国语运动史纲》,商务印书馆,2011年版,第93页。
③ 胡适:《建设的文学革命论》,欧阳哲生编:《胡适文集》(2),北京大学出版社,2013年版,第42页。

的"语言"和"文字"不能完全合一的状况。但这里特别强调"口语"和"书面语"的统一,实际上是专门针对汉语书面语严重偏离口语表达的状态而言的,进言之,汉语口语和书面语事实上成了两个不同的语言系统,前者为一般大众所掌握,后者则为知识者所独占。同样的一句话,知识者用书面语表达与现实会话中的口语表达的语词、语序等可以完全不同,甚至为一般大众无法理解,最极端的方式就是文言文。所以倡导口语和书面语的统一,主要就表现为反对文言、提倡口语白话。然而口语也不是那么统一齐整、完全通用。口语表达也会因时因地发生变化,最典型的就是方言俗语的差异性存在,所谓"十里不同音,百里不同俗",反映的就是方言的丰富性。因而这里又涉及方言俗语与通用语(或者说民族共同语)的合一问题。发轫于19世纪90年代的国语运动就是以改造方音、简化汉字、统一国语(民族共同语)为目标的。

4. "白话"与"文言"的融合。这其实是两种书面语言内部的对立与统一问题。白话一开始就是口语的代表,在晚清至五四的白话文运动中对作为书面语代表的文言文宣战,试图取代文言的位置。然而其中的悖论在于,当最初设想的口语状态的白话取代文言之后,白话是否还能达到口语化的要求?会不会就此演变为一种新的书面语?答案是显而易见的,20世纪30年代的大众语运动就是因为不满于白话成为"新文言"而兴起的。但也正是这样,我们可以窥见"白话"与"文言"融合的可能性,两种书面语在"言文一致"的口号下实现了对话,只不过,其中的一种书面语(白话)被想象成了"言"(口语),而"文言"作为固化的书面语则被认定为"死文字",只在没有办法完全舍弃的时候才被作为白话的有益补充。说到底,"白话"与"文言"还是一种隐蔽的"口语"与"书面语"相统一的关系。

其实,以上所列的几种表述,最后都可以归结为"言说"与"书写"的一致。文字、文章、文言与书面语等都以"书写"为主要特征,而和它们对应的语言、口语包括白话,一定程度上都指向"言说"。从"言文一致"倡导者的身份来看,绝大多数人并不是从事语言、文字研究的专门学者,他们并不关心语言本身,而是强调语言之"用",主要是启蒙大众、知识普及、教育强国之"用",这就决定了"言文一致"运动的重心在"文"(书写)而不在"言"(言说)。对于普罗大众来说,"言说"应该是没有问题的,而"书写"似乎从来就是知识者的专利,一般民众是难以掌握的。无论是文字、文章、文言还是与口语相对的"书面语",本质上都是"书写"的产物,而汉语(汉字)的书写又特别繁难,故而造成了普罗大众"言说"与"书写"的分离。"言文一致"就是试图让与大众之"言"日渐远离的"文"重新回到想象中的融合一致的状态,并借此实现知识普及、国强民智、社会进步的目标。当然,也有人认识到,言、文不一致也不全是"文"的问题,"言"或者说"口语"本身在汉语中也存在诸多问题,比如方言、声调、语法等的复杂性,不得不让人怀疑汉语"言"自身的适用性,尤其是在开启民智、立人立国的民族大"用"面前,改变语言(口语)本身也就成了民族主义者民族国家建构的有力武器,切音字运动、世界语运动和国语运动在清末民初风起云涌的逻辑正在于此。

二、研究现状:清末以降"言文一致"运动研究述评

清末民国的"言文一致"运动,自 19 世纪末期开始酝酿,其影响持续了半个多世纪,到中华人民共和国成立时还余波未平,一直延伸到后来的语言文字改革运动。与之相对应的研究工作,也自"言文一致"倡导伊始就已展开,特别是 20 世纪 20 年代前后,清末"言文一致"运动的主要参与者们开始有意识地对这一运动进行总结与反思,有关"言文一致"运动的研究逐渐呈现出系统化、精细化、学术化趋势,这既是对早期"言文一致"运动开展情况的回顾,也是对正在持续发酵的语言文字改革的导引。此后,一批又一批的学者参与到"言文一致"运动的研究中来,截至 2020年,清末民国的"言文一致"运动研究堪堪走过一百年的历程。回望百年来关于"言文一致"运动的研究史,不难发现,由于受到社会政治、历史观念以及个体认知等方面的规约与局限,"言文一致"运动的研究也呈现出

阶段式的起伏沉降,不同时期人们关注的焦点也多有变化,但总体而言,这一研究始终处在中国文学的现代转型乃至整个民族国家社会政治转型研究的关键链条上,对理解近代文学语言变革和中华人民共和国成立后的语言文字改革有着不可忽略的学术价值。系统梳理清末民国"言文一致"运动的研究成果,总结"言文一致"运动研究的成败得失,不仅是本研究必要的基础工作,而且对理解近百年来中国文学、语言的历史发展趋势也大有裨益。

(一) 回顾:"言文一致"运动研究百年历程的动态考察

1. 早期:参与者的总结与反思(1920—1949)

有关清末民国"言文一致"运动的研究,是从胡适、周作人、黎锦熙等早期参与者自己的总结和反思开始的。20世纪20年代以后,随着语言文学及思想文化运动的不断深入,一批带有总结性的著作开始出现,如:1923年,胡适在《五十年来中国之文学》中梳理了从1872年到1922年中国文学发展的历程,更重要的是他在书中提出了著名的"双线的文学史观",即在这五十年里,中国文学由两条路进行发展。一条是日渐衰微的文言文,一条是蓬勃发展的白话文。作为清末民国"言文一致"的倡导者和白话文运动的主将,他毫不隐讳地表明:"中国的古文在二千年前已经成了一种死文字……但民间的白话文学是压不住的。"[1]陈子展在《中国近代文学之变迁》中也同样认为:"文学本来是合文字思想两大要素而成;要反对旧思想,就不得不反对寄托旧思想的旧文学。"[2]两者虽然在本意上都是讨论中国近代文学的发展,但是语言是文学的工具,承载着文学的一切,所以也有意无意地表明了对白话文和文言文的态度与取向,尤其是针对当时"国将亡矣,可奈何"[3]的国情需要,通过对僵化、没落的文言

---

[1] 胡适:《五十年来中国之文学》,欧阳哲生编:《胡适文集》(3),北京大学出版社,2013年版,第225页。
[2] 陈子展:《中国近代文学之变迁》,中华书局,1931年版,第174页。
[3] 裘廷梁:《论白话为维新之本》,郭绍虞主编:《中国历代文论选》(第四册),上海古籍出版社,1980年版,第168页。

文和新生、通俗的白话文进行比较,在文学转型和思想启蒙方面也展开了积极的讨论。他们认为只有反对文言文,提倡白话文,根据新的社会现实要求来更新、发展语言才合乎历史潮流。后来的研究者也基本延续了这一观点。

周作人在新文化运动早期是一员猛将,特别是对白话文运动的理论建树贡献卓著。可以说,从他一开始参与白话文运动,就对"言文一致"的相关问题展开"研究"。他很固执地反对"文以载道",提倡"人的文学",寻求文学和人的双重解放。有时候他也会强调国语(白话)文学与古文的关系,如他在1925年的《国语文学谈》中就说,"我相信所谓古文与白话文都是华语的一种文章语,并不是绝对地不同的东西","讲国语文学的人不能对于古文有所歧视,因为他是古代的文章语,是现代文章语的先人,虽然中间世系有点断缺了,这个系属与趋势总还是暗地里接续着,白话文学的流派决不是与古文对抗从别个源头发生出来的"。① 这是他对白话文学渊源的思考。而到了1932年,周作人在《中国新文学的源流》中将五四以来所提倡的新文学的源头追溯到了以"三袁"为代表的公安派,甚至认为胡适的"八不"基本上就可以等同于公安派的"独抒性灵,不拘格套"。"现在的用白话的主张也只是从明末诸人的主张内生出来的。"②他虽然将中国新文学和白话文的源头追溯到了明末,但是这并不代表放弃了对"言文一致"的追求,更多的是热血沸腾的五四之后冷静下来,对自身文化血脉和民族认同感的追求。这恰恰论证了"言文一致"运动在中国发展的必然性和未来发展的可持续性。

随着"言文一致"相关讨论的持续深入,20世纪30年代中期,一场反对"五四白话"的"大众语运动"又将"言文一致"运动研究推向高潮。陈望道、陈子展等人是"大众语运动"的主要发起者,而瞿秋白、茅盾等人则围绕"大众文艺"的语言问题展开了激烈的论争,将这一话题引向深入。左联则充分运用了"大众语"讨论的成果,为"大众文艺"规定了写作方

---

① 周作人:《国语文学谈》,《艺术与生活》,河北教育出版社,2002年版,第62—64页。
② 周作人:《中国新文学的源流》,北京十月文艺出版社,2011年版,第61—63页。

向:"他们的文学形式'必须简明易解,必须用工人农民听得懂以及他们接近的语言文字;在必要时容许使用方言'。"①虽然在文学创作方向上,大家达成了共识,但是如何做到通俗、用什么语言去做却成了最大的问题。瞿秋白认为:"普洛大众文艺要用现代话来写,要用读出来听得懂的话来写,这是普洛大众文艺的一切问题的先决问题。"②在他看来,"事情其实很简单,只要把自己嘴里的话写出来。这种俗话同样的可以有深浅,有书面的和口头的分别,——自然并非一切文章都等于速记的记录"③。1931年瞿秋白在《鬼门关以外的战争》中还提出了"文腔革命":"就是用现代人说话的腔调,来推翻古代鬼'说话'的腔调,不用文言做文章,专用白话做文章。"④虽然这个观点前人也有涉及,但是瞿秋白的观点更为激进,他要求的是书面语和口头语的完全统一,建立"现代普通话的新中国文"。而且他所提倡的这场革命必须是无产阶级来领导的,否定了由资产阶级领导的那场五四新文化运动的语言成果,由此可见瞿秋白政治化的思维。

从这一阶段作为参与者兼研究者的瞿秋白、陶行知等人的思想认知来看,这时期的"言文一致"运动已经不仅仅是一场简单的语言文字革命了,更多的是以语言和文字作为武器进行阶级斗争。"大众"不仅仅指普通的人民群众,"大众语"也不能简单地理解为口头语言,而是带有政治意味的语言。当然这一切都是特定时代知识分子对语言的乌托邦想象。陶行知(知行)在1934年的《大众语文运动之路》中给大众语文下了一个简单明了的定义,即"大众高兴说、高兴听、高兴写、高兴看的语言文

---

① [美]费正清、费维恺编:《剑桥中华民国史(1912—1949)》(下卷),刘敬坤等译,中国社会科学出版社,1994年版,第424页。

② 史铁儿(瞿秋白):《普洛大众文艺的现实问题》,北京大学、北京师范大学、北京师范学院中文系中国现代文学教研室主编:《文学运动史料选》(第二册),上海教育出版社,1979年版,第378页。

③ 同上。

④ 瞿秋白:《鬼门关以外的战争》,《瞿秋白文集》(文学编第三卷),人民文学出版社,1989年版,第137页。

字"①。但中国的语言环境很复杂,"十里不同音"的局面让大众语文很难变成大家都能听懂、看懂、读懂的样子。并且在这场"大众语"的讨论里,我们能看到的只有小部分知识分子在进行探讨,并没有听见大众的声音。当"大众语"失去了"大众",那么这场运动便失去了本来的意义。

但是这场运动争论的重心最后还是回到了语言本身,鲁迅在《答曹聚仁先生信》中认为,"要推行大众语文,必须用罗马字拼音(即拉丁化)"②,这一点还是避免了大家一直沉浸在一塌糊涂的问题里,为下一个时期"言文一致"运动的开展指明了方向。

2. 新中国成立初期的理论探索与相关研究(1950—1979)

20世纪50年代,随着中华人民共和国成立,为了扫清文盲,建设新民主主义社会,汉字改革成为了当务之急,在这股改革潮中,涌现了以吴玉章为代表的一批汉字改革论者,在这批语言文字改革者的著述中,也留下了"言文一致"运动相关的研究。在1952年中国文字改革委员会成立会上,吴玉章明确表示:"在目前应着重研究汉字的简化,并改进和推行注音字母。"③所以这一时期的"言文一致"运动研究,理论化、系统化的学术性探讨较少,更多的还是将"言文一致"的理论付诸改革实践或写入政策法案等。周恩来总理在1958年的政协全国委员会上曾作《当前文字改革的任务》这一重要报告,指出:"当前文字改革的任务,就是:简化汉字,推广普通话,制定和推行汉语拼音方案……好使中国文字能够稳步地而又积极地得到改革,以适应六亿人民摆脱文化落后状态的需要,以适应多、快、好、省地发展社会主义事业的需要。"④

吴玉章在新中国成立初曾组织领导文字改革工作,主持编写了《汉字简化法案》,并且发表了《中国文字改革的道路》《关于汉语拼音方案》等数十篇文章。这些文章主要阐明了汉字简化和汉字拼音化的重要性以及

---

① 陶知行:《大众语文运动之路》,《生活教育》1934年第10期,第230页。
② 鲁迅:《答曹聚仁先生信》,《鲁迅全集》(第六卷),人民文学出版社,2005年版,第77页。
③ 吴玉章:《文字改革文集》,中国人民大学出版社,1978年版,第90页。
④ 周恩来:《当前文字改革的任务(节录)》,文字改革出版社编:《〈汉语拼音方案〉的制订和应用》,文字改革出版社,1983年版,第6、13页。

必要性,打消了反对派对废除汉字的顾虑,打开了文化改革的思想风气。尤其是他对于汉语拼音工作的推进,将汉字拉丁化,使得汉语拼音成为汉字认读的主要方式,极大地推动了中华人民共和国成立初期"言文一致"运动的发展。

与此同时,倪海曙也为这一时期的"言文一致"运动进行了重要的探索。他梳理并发表了《清末拼音文字的写法》并且积极推广普通话,不但为文字改革做出了很大的贡献,而且将口语(普通话)与书面语(汉字)的统一推向了新的高潮。

而在文学研究领域,涉及"言文一致"问题的探讨主要出现在一批文学史著作中,如北京大学1955级著《中国文学史》和《中国小说史稿》、复旦大学中文系学生著《中国文学史》和《中国近代文学史稿》、游国恩等主编的《中国文学史》等。这些著作在对中国文学的近代变革和演进加以阐释和探究时,比较一致地肯定了"言文一致"观念对当时文学文化思想革命所起的积极作用。

简而言之,在20世纪50年代到70年代,"言文一致"运动就是那批语言文字学者根据此前中国在"言文一致"运动上对于简化汉字和拉丁化字母上的成果进行总结和开拓。文学上同样是在积极追随这方面的研究成果,主要是以马克思主义理论来解释中国近现代文学,并且从阶级的角度赞扬了"言文一致"的发展,对中华人民共和国成立以来的文字改革工作给予高度肯定。

3. 新时期"言文一致"研究的繁荣(1980—1999)

进入20世纪80年代,"言文一致"运动的研究逐渐走上更加纯粹的学术研究方向,迎来了"言文一致"运动研究的繁荣期。80年代初期出版的一些关于语言文字改革的著作,承接了上一阶段的研究理论,比如1986年马宾、林立出版的《中国文字改革的几个问题》中就提出了几点中国汉字拉丁化的要求,并且提出了对于引用外来语的问题以及具体人名、地名读法的建议。不过类似的研究已非主流,取而代之的是思想解放之后的对"言文一致"运动中语言、文学、文化等相互关系的深层次学理性探讨。

关爱和抽丝剥茧,将中国的现代文学与古典文学之间的联系整理出来,否定了中国文学现代与古典之间的断裂。尤其是《从古典走向现代——论历史转型期的中国近代文学》(河南人民出版社,1992年版)一书,推翻了五四之后文化断层的说法,将只有短暂的八十年的近代文学论证为"中国文学的一个特殊的历史转折期","这一时期的文学演变表现在两个不同侧面,一是传统古典文学体系的逐渐解体,另一方面是现代文学的孕育与诞生,二者是同步进行的,因而显示了奇特的历史交叉性和复杂性"。① 文化不断,语言不灭,文化转型,语言改革。顺其自然,此时的文学语言也呈现出一些新变化,"形式较为自由的歌行体诗逐日增多,时杂以俚语、韵语及外国语法、词汇的新文体日益为人们所喜闻乐见"②。这种半文言半白话,还夹杂着欧式语的语言正是中国文学转型和语言变革的典型特征。

陈平原从中国小说叙事模式转变的角度考察了近代文学、语言观念的变革,他否定了小说叙事模式在近代转变的外来"影响说"、传统"自力说"和模棱两可的"综合说","而是强调由于西洋小说输入,中国小说受其影响而发生变化,与中国小说从文学结构的边缘向中心移动,在移动过程中汲取整个传统文学养分而发生变化这两种移位的合力的共同作用"③。这比一般意义上的"外源内化"论要有弹性得多,"西洋"与"传统"两者相互融合的过程也就是中国从传统走向现代的过程。语言是文学的基础,当文学走向现代之后,传统文言自然也会变成现代语言。

与此同时,一批以"言文一致"为中心论题的论文将近现代文学语言变革研究持续引向深入,王一川从文艺理论的角度重新看待了五四白话文运动,并指出:"现代白话文取代文言文而在全国教育制度中迅速普

---

① 关爱和:《从古典走向现代——论历史转型期的中国近代文学》,河南人民出版社,1992年版,第40页。
② 同上书,第34页。
③ 陈平原:《中国小说叙事模式的转变》,上海人民出版社,1988年版,第255页。

及,就为现代新文艺的发展铺平了道路。"①虽然五四这场运动有些激进,但是确实迅速让中国向世界靠拢,向现代靠拢。朱晓进、何平也从文学语言和文学形式演变的角度探讨了白话文运动的作用和意义,特别是五四时期开始发展的杂感文,白话文的"明确性、精确化"正好在某些角度上成就了"以议论、说理为其语言特征的杂感文"②。文学语言与文学形式互相促进,互相影响,使中国文学由以文言为代表的古典文学转向了以现代白话为代表的现代文学。

而李春阳的《20世纪汉语的言文一致问题商兑》却以重返历史现场的姿态对"言文一致"的思想进行了盘点和批判,认为很多人在研究"言文一致"这个问题时,过于强调白话文的口语和语音,以至于"我们没有了真正的书面语——文言,真正的口语——方言也在以极快的速度消亡,通行的是干巴巴的白话和南腔北调的普通话。然而,这二流的白话文和三流的普通话也并不一致!"③在近百年的"言文一致"问题探讨中,我们不仅没能实现真正的书面语和口头语的统一,甚至还让我们今天使用的汉语失去了灵魂。李春阳认为"言文一致"运动发展至此,已经偏离了"以人为本",转向了"以语言为本",从而失去了这个运动本身的意义。

由此可见,这一时期大家已经不再对"言文一致"运动进行过多的政治意义上的解读,更多将目光放到现代转型上,甚至有些研究者已经认识到了"言文一致"运动的不足之处,但是未能提出解决方案。虽然现代转型是这个时期的一个研究热点,但是学术界的目光已经不再局限于某一方面,视角更加开放,内容更加多元,研究更加深入。

---

① 王一川:《既有晚清,更待"五四"——对百年前"五四"文艺和文艺理论的回看》,《艺术评论》2019年第5期,第7—8页。
② 朱晓进、何平:《论文学语言的变迁与中国现代文学形式的发展》,《南京师大学报(社会科学版)》2008年第5期,第121页。
③ 李春阳:《20世纪汉语的言文一致问题商兑》,《中山大学学报(社会科学版)》2011年第5期,第107页。

4. 21世纪"言文一致"研究的新局面(2000年以后)

随着研究的不断累积和深入,更多的学者将目光放到了"现代性"的研究方向上,而且中国的"言文一致"运动公认受到日本"言文一致"的启发,所以自然而然地会将两者放在一起进行论述,甚至还会将两者一起放在现代化的视角下进行研究。

刘进才在《语言运动与中国现代文学》一书中,将语言运动置于中国现代文学发生发展的进程中进行考察,认为"20世纪语言运动和现代文学的发生具有天然的同构性,晚清由民族救亡引发的开启民智、普及民众知识的教育思潮必然触动对中国旧有的艰深晦涩的语言文字改革——这正是现代语言运动之所以发生的缘起,具体落实到文学文体上,便是清末以来的白话文运动以及'五四'新文学革命——以平易畅达、言文一致的白话文作为启迪民众、教育民众的重要工具。也就是说,在民族救亡、启迪民众的共同目标下,语言运动在'五四'时期与新文学运动走向合流自有其历史的必然性"①。将白话文运动与现代文学进行系统的梳理,可以发现"言文一致"运动越到后期就越与民族国家相勾连,因为民族国家的建立与民族语言的形成是密不可分的,安德森认为国家是"想象的共同体",那么这种"想象"就更需要现实的语言和文字来巩固发展。当语言文字发展得差不多之后,甚至还在发展之时,民族文学就必须要建立。

高玉在《语言变革与中国文化"现代转型"》(华中师范大学博士学位论文,2000年)中将文化的现代转型直接等同于语言的变革。五四时期,西方的民主与科学思想打开了中国思想的大门,语言也是思想的体现,所以这段时间被扭转的不只是"三纲五常",还有"之乎者也"。五四白话文运动的热潮将中国的语言和文化一起送入了现代。

21世纪的相关研究可以说是上一阶段的延续,很多话题还是一样的,但是也出现了一些新动向。比如高玉的《论清末民初报纸白话文运动及其历史意义》②首先将研究方向拓展至报纸白话文的研究,通过对清末

---

① 刘进才:《语言运动与中国现代文学》,中华书局,2007年版,第1—2页。
② 见《中山大学学报(社会科学版)》2016年第3期,第49—57页。

和五四的报纸上面的白话文进行对比,论证了清末的报纸白话文作为宣传工具的重要意义。但是,由于报纸载文而不载音的特点,它对"言文一致"运动的影响终究还是有限的。

围绕白话报展开研究是 2000 年后"言文一致"运动研究的一个热点,胡全章、邓伟、冯仰操、袁红涛等人都集中在这一领域发力,特别是胡全章,先后出版了《清末民初白话报刊研究》(中国社会科学出版社,2011 年版)、《清末白话文运动》(中国社会科学出版社,2015 年版)等数部著作,成为这一领域研究的佼佼者。此外针对"言文一致"等近代语体、文体改革之关系,"言文一致"与近代民族国家建构、"言文一致"与社会转型等关系的研究,也开始进入人们的视野,极大地拓展了"言文一致"的研究空间。在这方面,郭勇、单正平、张向东等人都做出了积极的探索。

(二)还原:多重视角下的"言文一致"运动研究静态分析

言而总之,百年来的"言文一致"运动研究,每个时期都有所侧重,呈现出鲜明的时代特征和一定的政治意识形态效果。一定程度上可以说,20 世纪 20 年代至 40 年代的"言文一致"研究是为正在进行的"言文一致"运动做理论铺垫的;20 世纪 50 年代至 70 年代的研究是为中华人民共和国的语言文字改革提供理论参考的;20 世纪 80 年代以后的研究更有现代学术研究的意味;而 21 世纪以来的研究则不断地拓展着"言文一致"运动研究的可能性。这是从时间纵轴上讨论的百年来"言文一致"运动研究史的状况。当然,这种机械的段落分析法不一定清晰准确,只是图一个概貌而已。事实上,假如我们把百年来的"言文一致"运动研究看成一个统一的整体就会发现,不同阶段的研究其实存在一些共性话题,而正是这些话题串起了百年"言文一致"运动研究史,展示出清末民国"言文一致"运动研究的诸面相。

1. "言文一致"运动相关概念的历史考察

自从"言文一致"这个运动拉开序幕以来,相关的具体概念一直没有得到明确。不是学者们不去关注和解释,而是中国复杂的实际情况使它们难以定义。《周易》有云:"书不尽言,言不尽意。"①中国古人早就表露出对"言"和"文"关系的思考了,这种传统的思想和汉字超时空的稳定性,一定程度上造成了"言文分离"的现象。黄遵宪认为这种现象阻碍着教育和综合国力的发展,这种说法也被后来的白话文运动和国语运动倡导者所继承。

到五四白话文运动时期,大家对于"言"和"文"的讨论越来越复杂。这两者在不同学者的笔下成为表述不同的对立的两者,除了最常见的"语言"和"文字",还有"白话"和"文言"、"口语"和"书面语"等等。除此以外,对于"言"和"文"的统一,到底是"言"统一"文"还是"文"统一"言"也存在争议。基于概念上的模糊性与争议性,百年来诸多研究者一直围绕这一话题展开讨论,理论成果较为丰富。

2. "言文一致"运动在思想文化层面的综合考察

"言文一致"运动从来都不是一场简单的语言、文学变革运动,而是一场深入到社会政治、思想文化中的全方位改革运动,从思想史、文化史、民族史等各个视角出发的研究非常之多。吕叔湘和张中行在语言学方面都认识到了"言文一致"的复杂性,口语和书面语的统一注定是难以实现的,所以他们一致认为在要求这两者统一的时候不能过于严苛死板,要灵活对待。"汪晖的《现代中国思想的兴起》考察了语言变革与中国现代文学、文化及现代民族国家建构之间的关联。"②而单正平的《晚清民族主义与文学转型》站在民族主义的立场上,详细地解释了汉字、文言、艺术白话和日常白话之间的区别,从而将话题自然而然地引导到近代文学转型上来,有理有据,草蛇灰线,伏笔千里。

3. 白话文运动、国语运动等个案考察

1915年,陈独秀在上海创办《青年杂志》,高举"民主"与"科学"的旗帜,拉开了白话文运动的序幕。五四运动以启蒙为要,西方来的新思想不

---

① 黄寿祺、张善文:《周易译注》,上海古籍出版社,2004年版,第526页。
② 郭勇:《"言文一致"与中国文学观念的现代转型》,人民出版社,2018年版,第11页。

但唤醒了沉睡的民众,而且推动了语言的革新。从以文言文为主体的书面语到以白话文为主体的写作语言,这种转变正如关爱和所认为的那样,使中国从古典走向现代。但是此时的白话文运动深受西方的影响,是欧化之白话文,这成为后来的"大众语"运动兴盛的前提。

王东杰认为1934年黎锦熙出版的《国语运动史纲》一书,"虽是黎锦熙的个人作品",但"我们可以将其看作一部'正史'"[1],我们也可以说它是了解国语运动的一手文献,以之为代表的重要人物及重要文献目前也是研究的一大重点。同时,由于白话文运动和国语运动在某些层面有相似性,可以将两者相提并论,进行比较和研究,例如刘沛生的硕士论文《近代国语运动研究》(山东师范大学,2007年)。

4. 清末民国"言文一致"运动的本土与域外资源研究

"言文一致"运动不仅仅在中国才有,凡是步入现代化的国家在语言方面都有一定的改革成果。刘沛生认为,这一切都可以归根于现代化民族国家的建立。当然,周作人等人在探索中国文化的近代起源时也认为这也体现了中国语言文化自身的传承与变革。

此外还有些学者主张从日本开始研究,比如魏育邻的《"言文一致":后现代视阈下的考察》[2]在对日本的"言文一致"运动进行解读时,也深层次地探寻了其背后的思想文化的形成,比如日本后来的"军国主义"思想可能就来源于日本"言文一致"运动中从其他语言提纯的"纯粹日语",纯粹的语言所体现的就是民族优越性的思想,这与他们现代民族国家的建立息息相关,他在《日本语言民族主义剖析——从所谓"纯粹日语"到"言文一致"》[3]中对此做了更详细、具体的论述。

寇振锋在《晚清的"新文体"与日本的"言文一致"》[4]中,将康有为和梁启超的"新文体",与日本"言文一致"运动之后口语文学的成果进行比较研究。总体而言,日本"言文一致"的过程比较顺利,见效也快,中国

---

[1] 王东杰:《声入心通:国语运动与现代中国》,北京师范大学出版社,2019年版,第14页。
[2] 见《解放军外国语学院学报》2006年第4期,第107—110页。
[3] 见《日本学刊》2008年第1期,第74—84页。
[4] 见《日本研究》2002年第1期,第65—67页。

"言文一致"的进程虽然也有一定的关注度,但是发展并不顺利,速度慢,与日本的"言文一致"运动的效果不可同日而语。

(三)展望:"言文一致"运动研究的新方向及可能性

1. "言文一致"与语言、文学现代转型研究仍将持续深入

现代性是个永恒的话题,而转型也是这个时代的热词,"言文一致"在这一话语体系中有着广阔的开拓空间。在这方面,21世纪以来已经出现了一大批著述,而随着现代主义理论资源的不断出现,全球化语境下社会转型的加速,人们不可避免地又将卷入一场语言革命,清末民国的"言文一致"运动研究一定会有新的阐释空间。

2. 借助大数据、网络新媒体等手段开掘文献资料至关重要

21世纪是网络的时代,在这个全面信息化的现代,生活的方方面面都离不开大数据的算法和新媒体的传播,所有的信息都唾手可得。但是关于"言文一致"的文献资料目前依然还是以传统的方法在保存和流通,没能跟上时代的脚步,以至于很多文献资料没有被深入挖掘。文献是研究的基础,没有基础文献的支持,理论便是空中楼阁,华而不实。我们可以将相关的纸质文献资料扫描,利用大数据的信息数据和处理信息的能力挑选出与"言文一致"相关的资料。世界潮流浩浩汤汤,我们不仅要把研究内容与时代特征紧密结合,研究方法也不能落后于时代,如此才能够真正地走在学术研究的前沿。

3. 对"言文一致"倡导者的相关考索成为新的学术增长点

"言文一致"运动历时百年,这百年来人杰辈出,针对他们的研究成果也十分丰富,尤其是关于胡适、章太炎、陈独秀等人的研究已相当深入,所以这一研究领域将从对重要人物的关注转向对边缘人物的考证,争取能够从更多的人物身上挖掘出更多的研究价值。目前关于中华人民共和国成立初期"言文一致"的研究基本都关注语言文字改革者在改革中具体的改革方案,比如倪海曙、吴玉章等人在语音改革、汉字拉丁化以及其他方面的具体做法,但是相关思想和活动的研究并不多见,所以这在将

来也会成为一个新的学术增长点。

纵观"言文一致"运动研究这百年来的发展,参与者们的总结与反思总是聚焦于民族和国家的层面,其实这种对于民族和国家的美好期盼是一直延续至今的。不管是初期的探索研究,还是在2000年以后爆发出的多元化开放性研究,都是在更深层次上思考思想、文化、民族的变化对"言文一致"的影响,都是中国的语言文化在独立自主地发展的证明,是国人在以更好的精神面貌和更强的文明自信平等地与这个时代进行对话。这个对话是长久的,而且不同时代的对话各有其特征。相信通过持续性、阶段化的对话,对于"言文一致"的研究将会更加系统化、全面化。

三、思路与方法:民族国家建构与"言文一致"的互文性

如前所述,"言文一致"运动在清末民国时期影响深远,甫一出现即受到知识界广泛关注,相关的研究也随即开展。这些研究涵盖了"言文一致"的发生发展及其在思想、文化、教育、文艺等方面的影响等多个层面,相关理论倡导者的个案研究与整体面貌的研究目前也有较多涉及。近年来,系统总结"言文一致"运动的相关研究成果也开始出现,就本书所设定的民族主义与"言文一致"的关系而言,此前也有相关论述,但目前尚未看到专门性的论著,大多是点到为止的零星讨论,缺乏更为系统的整体梳理和更为细致的深层次探讨。本书试图把"言文一致"看成一场从清末开始发生、五四达到高潮并一直持续到整个民国时期乃至中华人民共和国成立后的民族主义运动,并以此为中心,系统考察"言文一致"在不同历史时期、不同的知识群体或个体表述中的传承与变迁,在此基础上,以"言文一致"在近代语言文学变革中的发生和建构为线索,以清末白话文运动、国语运动、五四新文化运动、"大众语"运动及民族形式论争为历史图景,以语言现象、文学思潮、文艺论争、文学文本和文献史料为依据,以点带面,兼顾理论与实践,从"民族主义"这一核心观念出发,全面、

深入地考察"民族主义"与清末民国"言文一致"运动之间的互文性关系,并由此证明,清末民国"言文一致"运动与现代民族国家形成过程相辅相成、同向共生。

在具体的研究过程中,由于"言文一致"并非以显性的思想政治运动贯穿始终,而是以语言、文字、文学、教育等观念变革为具体形态,所以本书关注的焦点也集中于此,主要从国语、国文、国民教育等几个影响民族国家建构的关键点切入,进而把握"言文一致"与民族主义的内在关联。

为实现这一目标,本书将采取点面结合、史论结合、实证与理论结合的方式,立足于文学、语言学理论和文本解读,综合运用系统论、比较分析等研究方法,具体表现为:

第一,点面结合的系统论研究方法。无论是民族主义还是"言文一致",都是自成体系又联系紧密的系统,对概念的梳理将着重考察其系统性、关联性,避免概念的割裂与固化,尽可能全面准确地呈现民族主义与"言文一致"在清末民国特定历史时期的逻辑关联。

第二,类别分析、个案分析与比较研究法。从"言文一致"的观念发生开始,相关的表述就歧义丛生。对于不同阶段不同代表人物的"言文一致"观念,我们将主要采取以类相从的原则做整体描述,而关键人物的思想则采用个案分析法,并对那些关联性明显的"言文一致"观进行比较研究。

第三,以文献为基础的跨学科研究法。"言文一致"本身就是一个跨越语言、文学、教育等多学科的概念,而民族主义又与民族学、人类学、历史学、政治学等学科相关,把民族主义与"言文一致"放在一个研究体系内,采取跨学科的研究方法势在必行。当然,这种多学科交叉的实现必须建立在稽考晚清、民国时期的相关理论著述、报纸杂志等文献资料的基础上。

总体而言,"言文一致"是一个未完成、也不可能完全实现的语言乌托邦,即便是晚清知识分子所引进的参照系,即日本"言文一致"运动和西方语言文字改革,其"言"与"文"实际上也并没有如他们所想象的"一致"。但是在民族国家建构层面,清末以来的"言文一致"运动却取得了与日本经验相似的效果,"言文一致"对国语、国文乃至民族共同语的提倡,在语言实践上与一个统一的"民族国家"共同体想象合二为一。其中,民族主义思潮在多大程度上与之实现了共谋,的确是一个有待深入探究的话题。

第一章　民族主义与清末民国"言文一致"的历史渊源

一、"语言共同体"与近代民族国家观念的由来

现代民族国家的建立与"语言共同体"的生成密切相关。本尼迪克特·安德森对民族做了一个界定:"它是一种想象的政治共同体——并且,它是被想象为本质上有限的,同时也享有主权的共同体。"在安德森的概念里,民族是和政治化的主权国家一体的,而且是被"想象"为一个共同体的,因为"即使是最小的民族的成员,也不可能认识他们大多数的同胞,和他们相遇,或者甚至听说过他们"。① 既如此,那这种作为政治共同体的民族是如何被想象出来的呢?安德森把它归因于"印刷语言",他说:

> 这些印刷语言以三种不同的方式奠定了民族意识的基础。首先,并且是最重要的,它们在拉丁文之下,口语方言之上创造了统一的交流与传播的领域。那些口操种类繁多的各式法语、英语或者西班牙语,原本可能难以或根本无法彼此交谈的人们,通过印刷字体和纸张的中介,变得能够相互理解了。在这个过程中,他们逐渐感觉到那些在他们的特殊语言领域里数以十万计,甚至百万计的人的存

---

① [美]本尼迪克特·安德森:《想象的共同体——民族主义的起源与散布》,吴叡人译,上海人民出版社,2016年版,第6页。

在，而与此同时，他们也逐渐感觉到只有那些数以十万计或百万计的人们属于这个特殊的语言领域。这些被印刷品所联结的"读者同胞们"，在其世俗的、特殊的和"可见之不可见"当中，形成了民族的想象的共同体的胚胎。①

安德森关于民族意识起源的论述，让我们有理由相信，民族就是想象的"语言共同体"。实际上，持此观点的人还有很多。彼得·伯克在《语言的文化史——近代早期欧洲的语言和共同体》（北京大学出版社，2007年版）一书中也表达了类似的观点：语言就是区分"他者"、确认自我"身份"的工具，不同的民族、地区、教派、职业的人群，依托不同的语言形成形形色色的"共同体"，而一种语言取代另一种语言成为优势语言的过程，很可能就是一个民族国家建构进程中寻找"共同语"的过程。近代以来发生的欧洲大陆上的各地方言与拉丁语的竞争、日本"国语"对"汉字"的限制与节减、中国的文言与白话之争等，背后都隐约伴随着一个民族国家建构的过程。换句话说，"语言共同体"的形成与近代民族国家观念的产生有直接关联。

这种对语言和民族（国家）同一性关系的论述也可以叫作语言民族主义。如前所述，民族主义有诸多面相，但从字面意思来看，"民族"本身的族群意识、情感认同等应该是这一概念的基本内涵，不过，我们在这里谈及的民族主义显然要溢出这一概念的范畴，更多强调一种民族国家的观念，以及在民族国家建构过程中凝聚而成的民族情感、身份意识等，而语言民族主义，毫无疑问，就是建立在语言认同基础上的民族（国家）共同体意识，也就是把语言作为区分一个民族最重要的标识的思想认知。从历史上看，虽然并非所有讲同一种语言的人群都可以被指认为同一个民族，也不是所有民族都有强烈的独立建立民族国家的意愿或有此能力，但不可否认，一种"语言共同体"的形成，与一个近代民族国家的诞

---

① ［美］本尼迪克特·安德森：《想象的共同体——民族主义的起源与散布》，吴叡人译，上海人民出版社，2016年版，第43页。

生,其间的亲缘关系隐约可见。牛津大学出版社先后于2000年、2007年出版的《欧洲的语言和民族主义》《亚洲的语言和民族主义》两部论文集,在讨论语言民族主义在德国、中国等欧亚民族国家的作用和表现方面,给我们提供了很有价值的参考。

先来看欧洲的情况。通常认为,近代欧洲的很多国家都是依托单一民族观念认同而立国的,且这种民族认同是建立在语言认同基础之上的,语言是区分一个族群乃至一个国家的本质属性。虽然这种认知概述了近代欧洲民族国家立国的一种普遍趋势,但真实的情况要比这种笼而统之的描述复杂得多。德国被认为是语言民族主义的起源地。作为曾经盛极一时的神圣罗马帝国的核心区域,德意志地区在16世纪以后分崩离析,整个地区分裂成数百个各自为政的公国、侯国和城邦,尽管在19世纪初由39个城邦一起组成了德意志邦联,但这一组织内部分散,城邦各自独立,并不是一个统一的政治实体,难以与毗邻的法国、俄罗斯等统一的集权国家抗衡。在这种情况下,建立一个统一的德意志民族国家势在必行。那么,靠什么来凝聚人心、增进民族认同以实现国家统一呢?当时德意志的著名学者赫尔德(Johann Gottfried von Herder)和费希特(Johann Gottlieb Fichte)等人都选择了语言。他们认为:"人们世世代代的思想、感情、偏见等等都表现在语言里,说同一种语言的人正是通过语言的传承而具备相同的历史传统和心理特征,以共同的语言为基础组成民族是人类最自然最系统的组合方式……哪里有一种独立的语言,哪里就有一个独立的民族,有权力自己管理自己的事务。"[①]毫无疑问,这种语言与民族关系的论调,对一个统一的德意志民族国家的形成产生了直接的、决定性的影响,无论是普鲁士主导下的德意志帝国,还是魏玛共和国或纳粹德国,都将共同的语言和文化作为民族认同和国家建构的基础,特别是纳粹德国,将语言民族主义发挥到了极致,鼓吹德语的优越性,几乎将所有德语人群纳入自己的政治版图,而对其他语言、文化的族群公然矮化、敌视,甚至对犹太人实施种族灭绝政策。这种偏狭、激进的语言民族主义思

---

① 陈平:《语言民族主义:欧洲与中国》,《外语教学与研究》2008年第1期,第6页。

想值得我们警醒。

德国的经验可能过于极端,但不可否认,借助语言共同体来界定民族并进而建立统一的国家政权,是一个切实的民族国家建构的途径。事实上,18世纪和19世纪北欧、中欧和东欧的很多国家,都是通过这种语言民族主义的理论实践立国的。通常的做法是,部分知识精英出于政治启蒙或民族情感的考虑,选定一种语言,或是规范一种方言,作为国语加以推广,在这个过程中,语言充当了思想文化传播、凝聚共识的工具。某种程度上可以说,是这种规约的语言"区分"了不同的民族,语言让那些原本没有亲缘关系甚至互不相识的人有了情感认同,从而结成"共同体",语言成了近代民族主义运动最重要的标记与符码。

当然,也有一些欧洲国家的情况并非如此,语言在这些国家的立国过程中没有成为决定性因素,比如英国和爱尔兰。爱尔兰原本是英国的附属国,但19世纪末20世纪初发生在爱尔兰的民族主义运动越演越烈,到1922年,英国被迫允许除北部6郡外的爱尔兰26个郡独立建国。值得注意的是,爱尔兰在争取民族独立的过程中虽然打着复兴爱尔兰传统语言文化的口号,但爱尔兰语最终并没有成为其国语,以爱尔兰语为第一语言的人只占人口的一小部分,大多数人还是以英语为日常语言。英国的情况更为复杂。一方面,英国并不是一个单一民族国家,而是由英格兰、苏格兰、威尔士和爱尔兰等民族以及外来族裔组成的多民族国家,这些族群原来都有自己的语言,比如,11世纪前的苏格兰地区主要讲盖尔语(Gaelic),威尔士语很长时间都有自己的标准口语和书面语,但由于历史和政治等因素的影响,这些民族后来基本上都放弃了本民族的语言而改用英语,共同组成了大不列颠及北爱尔兰联合王国。很明显,它们并非以语言为民族认同的根基,民族语言的丧失并没有影响它们的民族自尊与民族团结。另一方面,我们也可以这样来看待英国的问题:苏格兰、威尔士和爱尔兰这些原本有自己民族语言的民族,丢弃了自己的传统语言,但最后都统一在"英语"这一强大的语言范畴之中,难道不是一个更宽泛意义上的"语言共同体"吗?正是在这个意义上,我们也可以把同说英语的英格兰、苏格兰和威尔士等民族看成是一个"国家民族",虽然它与法国所代表的那种"一国、一族、一语"的更为纯粹的国家民族有所不同,但不可否认,它们都是建立在一种语言认同基础上的"语言共同体"。

再来看中国的情况。语言的身份和地位在这里变得模糊起来。作为一个有着数千年历史的古老民族,中华民族本质上是一个多族群共融的"国家民族",夷、狄、戎、羌等人群与汉人五方杂处,经过长时间的经济文化交往与交流,民族融合的趋势不断加剧,最终凝聚成一个有着强大的内聚力、以汉字及汉语书面语为标准语言的语言共同体。当然,中国的"共同语"也有其特殊性。一方面,秦始皇统一中国后,为加强中央集权而采取"书同文"的政策,命令李斯等人对文字进行整理并加以规范化,以小篆作为汉字的统一书写标准,并将这种标准文字在全国范围内推广,此后又经过历代小学、经学大家程度不同的正音、正字活动,汉语书面语(也就是文言文)成为一种具有超稳定结构的"共同语";另一方面,中国一直存在方言和雅言的区别,这种区别有时候可以简化为口语与书面语、民间语言与官方用语的区别,不过事实上又要复杂得多。雅言实际上也是以方言为基础,而方言也可以被称为"官话",比如西南官话、江淮官话。采用哪种方言作为雅言,在近代中国一度成为语言文化学者争论的焦点,最终还是选择以北京话为基础方言形成了统一的国语。然而,按照黎锦熙的说法,这种统一的国语其实是兼顾"统一"和"不统一"两个方面的,"统一"实质上指的是一种标准方言作为共同语的政治需要,而"不统一"则是指游离于标准国语之外的方言表达的现实需要。从这个意义上说,国语由于受到"不统一"的方言的影响,其作为共同语的特性就显得不那么"稳定","十里不同音"的南方方言现状甚至有时会让人怀疑"共同语"的存在。而正是这种方言的混杂所带来的汉语口语与书面语的严重脱节,使得近代以来激进的语言文化学者一度对本民族的语言丧失信心,以至于要彻底废弃汉语汉字而改用世界语,或是效仿日本进行语言文字改革,倡导语音中心主义影响下的罗马字、拉丁文运动以及假名运动等等。让人难以置信的是,这些怀抱救国理想的改革者既有强烈的语言民族主义意识,试图通过语言来塑造他们想象的共同体,以实现近代民族国家的建构,同时又彻底否定本民族语言在维系一个庞大的共同体中的价值和历史功绩,转而寻求一种跟本民族的历史毫无亲缘关系的外来语言的帮助,这大概就是清末欧化知识分子在语言观上的吊诡之处。

二、民族主义与清末欧化知识分子的民族语言观

通常认为,欧洲是近代民族主义思想的发源地。中国的民族主义观念则是由一批最早睁眼看世界的知识分子从欧西(当然也包括作为中介的日本)引进的,与民族主义一同被接受的,还有国家观念。在此之前,诚如陈独秀所言:中华民族自古只有天下观念,没有国家观念。梁启超在1901年发表的《国家思想变迁异同论》中对近代欧洲"国家"观念的演变做了探讨,并论证了民族主义与国家的关系:"凡国而未经过民族主义之阶级者,不得谓之为国。"① 可见,这些欧化的知识分子从一开始接受的就是"国家民族主义"。成为一个独立的民族国家,在强敌环伺的历史境遇中争得中华民族的独立生存,这是中国近代民族主义的终极目标。而要实现这一目标,西方的经验是语言。以语言汇聚人心,通过语言共同体的形成来构建政治共同体,这似乎成了早期欧化知识分子的不二选择。

然而近代中国的语言状况与西方存在极大的差异。是否可以完全照搬欧洲或者日本的经验?想象中的语言共同体是以西方语言为参照系还是以本民族的语言资源为中心?这不是一个简单的取舍问题。事实上,清末以来的知识分子在这个问题上阵营分明、歧见纷出,从晚清开始的白话文运动、国语运动等语言文学改革实践来看,参与者们语言文化救国的民族主义热情无二,但在具体的语言观上却迥然不同。而要进一步厘清清末欧化知识分子的语言观,以白话文运动、国语运动等为中心进行语言文化考察就是题中应有之义,这也是本书关涉的核心话题,下文将会

---

① 梁启超:《国家思想变迁异同论》,《饮冰室合集》(文集第三册),中华书局,2015年版,第482页。

逐层展开论述。为了阐释方便,此处概述一二。

说到白话文运动,人们首先想到的可能是五四时期的胡适、陈独秀、钱玄同等人,但其实维新派对白话的倡导比五四早了几十年,白话文运动的滥觞甚至可以上溯至太平天国时期。早在 1861 年,洪仁玕在洪秀全的指示下,拟写颁布了《戒浮文巧言谕》,谕令明示:"本章禀奏,以及文移书启,总须切实明透,使人一目了然,才合天情,才符真道。切不可仍蹈积习,从事虚浮。"①传达出了对文体语体白话化的要求。太平天国的一些公文、谕告,如《天朝田亩制度》《资政新篇》等都有意识地使用群众易于理解的俗语白话或浅近文言,而且还使用了标点符号和简化字。洪秀全本人更是白话文的积极倡导者。他认为文言是愚民之具,批评封建教育使人"有口不能言,有耳不能听,有手不能持,有脚不能行"②,积极推广白话,用白话拟定《改定诗韵诏》,表示要"将其中一切鬼话、妖话、邪话一概删除净尽,只留真话、正话"③。还在《天父下凡诏书》中运用口语白话进行一系列的长篇对话,他的这种自觉的白话文意识虽然有政治宣传的目的,但客观上对清末的白话文运动起了导夫先路的作用。

清末白话文运动的帷幕正式拉开,应该以维新派人士创办白话报刊为标志。1897 年,章伯初、章仲和主编的《演义白话报》在上海问世,这是维新派创办的第一家白话报,也是清末以开民智为宗旨的白话报刊的肇端。该报创刊号刊登的《白话报小引》中,谈到了创刊缘起:"中国人要想发愤立志,不吃人亏,必须讲求外洋情形,天下大势;要想讲求外洋情形,天下大势,必须看报;要想看报,必须从白话起头,方才明明白白。"短短数语,就把学习西方、办报启蒙、白话语体改革三者有机结合在一起,阐明了白话办报的初衷。继之而起的是陈荣衮的《俗话报》和裘廷梁的《无锡白话报》(后改名《中国官音白话报》)。陈荣衮早在 1897 年就撰文《俗

---

① 洪仁玕等:《戒浮文巧言谕》,郭绍虞主编:《中国历代文论选》(第四册),上海古籍出版社,1980 年版,第 45 页。
② 王松泉等主编:《中国语文教育史简编》,社会科学文献出版社,2002 年版,第 91 页。
③ 洪秀全:《改定诗韵诏》,郭绍虞主编:《中国历代文论选》(第四册),上海古籍出版社,1980 年版,第 50 页。

话说》,主张说俗语、写俗字,并在《论报章宜改用浅说》一文中提出"文言之祸亡中国"的说法,明确主张报纸改用白话文,也因此被认为是中国提倡白话文的第一人。裴廷梁在《中国官音白话报》发表的《论白话为维新之本》更是清末白话文运动的一篇檄文。文中提出的"崇白话而废文言"的口号,实质上就是20世纪文言与白话之争的前奏。特别值得指出的是,裴廷梁对"言文一致"有清晰的认知,指出"文字之始,白话而已矣",只是后人一味摹仿古人言语,才使得"文与言判然为二,一人之身,而手口异国,实为二千年来文字一大厄"。裴廷梁的语言观代表了当时维新派的心声,和他同时的黄遵宪、梁启超等人都曾有过类似的"言""文"关系离合论。而这些立场鲜明的语言观念很快就激起了一场白话报刊的创办热潮。从1898年开始至民国成立之前,清末十余年间问世的白话报刊总数多达280余种,此外还有近似白话报刊的蒙学报、浅说报、女学报、通俗画报等数百种,影响所及,几乎各省、各府甚至下面的县、乡镇都有白话报,白话报成了知识普及、民智开通、思想启蒙的重要载体和一地政治清明、风气开通与否的文化标识。

在这波白话文运动的浪潮中,除了前面提到的几位重要报人外,还有林獬、刘师培、陈独秀、胡适、彭翼仲、章太炎、陶成章等一大批知识精英借助报刊迅速成长起来,白话报把他们推上了当时的文化、政治舞台的中心,使之成为那个时代的风云人物。他们中的绝大多数,都不能算是传统意义上的语言学家,但是在一定程度上成了当时语言文字改革的主导者。单从语言观念上来考察的话,这个时期的他们大多缺乏明确的语言学认知,但是又多少接受了一点外来的思想,对西方的语言文化有所了解,意识到了西语和中文之间的不同,发现了中国语言文字言文不一致的特点,从而萌生了"言文一致"的观念。当然,清末白话文运动中的这一批人虽然都抱有借白话以维新的语言民族主义立场,但在具体的操作层面,其语言观还是略有差异。陈荣衮、裴廷梁等早期报人主要是从政治宣传、思想启蒙等方面强调语言的通俗性、浅近化,他们不关心语言的本质,只关心语言的作用;黄遵宪、梁启超等开始有意识地向西方或日本语言学习,注意到了中西语言在形体、词汇、表达等方面的差异,可以算是立足语言本身的思考;刘师培、章太炎则是当时少数能够称为语言文字学家的国学大师,他们对白话的倡导既有一般通俗、启智方面的考虑,也有基于本国语言文字现状和未来的比较精细的小学分析,他们在汉语方言学、训诂学等方面的研究对当时的语言文字改革产生了积极影响;陈独秀、胡适等进一步引入了西方语言学的相关概念,把语言与思想、文化等关联在一起,更多地借助白话与文言的对抗来梳理其文学革命、思想革命和文化革命,从而把白话文运动推进到五四的新高度。

应该说,五四白话文运动才是一场真正意义上的文学语言运动。相对于清末白话文运动更多关注白话在知识普及、政治宣传等方面的工具属性而言,五四白话文运动更加关注语言本身。胡适的《文学改良刍议》里,关于白话与文言优劣的讨论就属于语言本身的价值属性判断。当然胡适的语言观历来被认为是"道""器"两用的,即作为思想的语言与作为工具的言语在胡适白话文思想中是共存的,有时候是混淆不分的。后来的钱玄同、傅斯年、刘半农等人也是如此,但在某种程度上又都超越了胡适的语言观。钱玄同在五四白话文运动初期完全听命于陈独秀、胡适,在给陈独秀的信中,钱氏对陈、胡的白话文学思想极为认同:"顷见六号《新青年》胡适之先生《文学刍议》,极为佩服。其斥骈文不通之句,及主张白话体文学,说最精辟。"[1]陈独秀则对钱玄同以"声韵训诂学大家"身份提倡新文学大加赞赏,可谓声气相通。在加入《新青年》同人编辑后,钱玄同成为白话文运动最得力的主将,在与胡适、周作人等人的磋商与论辩过程中不断修正自己的语言观,参与了世界语、汉语罗马字、简体字等语言文字的讨论与建设工作,俨然成了当时推动白话文学和国语改革最重要的探索者之一。傅斯年对白话文运动的贡献则主要集中在白话文的创作理论方面,简言之,就是白话文的创作方法与路径的问题。在《怎样做白话文》一文中,他提出了写作白话文的"两种凭借":留心说话与直用西洋词法,并认为理想的白话文就是"欧化的白话文"(包含逻辑的、哲学的、

---

[1] 陈独秀:《独秀文存》(通信),首都经济贸易大学出版社,2018年版,第30页。

美术的白话文三层);而在国语建设方面,傅斯年甚至比钱玄同走得更远。在《汉语改用拼音文字初步谈》《汉语改用拼音文字办法的商榷》等文章中,傅斯年废汉字改用拼音文字的态度较钱玄同有过之而无不及。刘半农在白话文运动中的影响主要来自他与钱玄同的"双簧信",洋洋洒洒万余言的《复王敬轩书》坐实了他新文化"斗士"的身份,但其实新文化运动后期的刘半农更像是个真正的"学者",他在汉语语音、方言、语法、文字等方面的诸多建树,使他无可争议地成了那个时代为数不多的语言学研究大家,为白话最终战胜文言奠定了语言学理论基础。

　　与白话文运动几乎同时进行的国语运动,更是明确以语言、文字改革来改变国运相号召。国语这一概念本身就带有鲜明的民族主义色彩,是近代西方民族国家建构理论中语言立国思想的产物。在国语运动的旗帜下,集结了卢戆章、沈学、王照、劳乃宣、吴稚晖、马裕藻、朱希祖、黎锦熙、赵元任、魏建功等一大批语言文字改革家,而随着1918年胡适在《建设的文学革命论》中提出"国语的文学,文学的国语"口号,白话文运动与国语运动就呈现出双潮合一之势,新文化阵营中的胡适、钱玄同、刘半农、傅斯年、周作人、沈尹默、林语堂等人,都纷纷加入国语创造和汉字改革的队伍中,甚至包括那些站在新文化对立面的守旧文人如章太炎、刘师培、吴汝纶、林纾等,也一度参与到国语、白话建设的讨论中,当然也包括致力于教育改革的教育家张百熙、蔡元培、傅增湘、蒋梦麟等,他们对国语运动的影响同样不容忽视。事实上,这几路人马在立场、思想、志趣等方面存在较大分歧,语言观上也并不一致,但是他们在以国语立国、以国语运动救国的政治意图方面却保持着惊人的一致。黎锦熙在《国语运动史纲》中有一段话,描述的就是共同的民族主义背景下,国语改革各方的不同语言立场:

　　　　谨站在民族的立场说句话:"难道我们就伫立以待人家的'文字侵略'吗?"再站在历史的旧文化立场问句话:"文字是传达文化的一种工具呢,还是它的本身就算文化呢?"又站在理想的新文化立场问句话:"世界语是不是就可以代替我们的国语呢?"末了站在语文学专科的立场问句话:"国语罗马字,应该是本国人自己作的好呢,还是外国人代我们作的好呢?"①

不难看出,黎锦熙注意到了参与国语运动的几股力量探寻语言改革出路的差异,这种差异更可能是一种总体上的"他者(西方)—自我(本国)"二元对立的民族主义情绪影响下的"故作姿态",新、旧力量在语言改革路径选择上看似迥然不同,实则殊途同归。或者说,无论他们对语言的关切是基于语言自身还是文学、文化,抑或社会、政治与思想等其他内容,也不管他们是坚持本民族语言文化立场、立足汉语自身来改造语言,还是要"废弃汉文"、改用世界语或其他西方语音文字系统,他们的语言观都打上了鲜明的民族主义烙印,是语言民族主义作用于中国现实的民族解放和社会改良运动的结果;从学理上判断,他们的语言变革思想与实践大多算不上纯粹语言学意义上的学术思考,更应该看成是一种带有强烈政治诉求的语言立国、救国方案。接下来的问题是,为何语言会在这个关节点上成为思想立场迥异的各方普遍关注的焦点?"言文一致"何以成为清末民国知识精英启蒙救国的思想共识和必然选择?在这方面,日本"言文一致"运动的样板示范作用功不可没。

三、日本"言文一致"运动及其在中国的接受

关于日本"言文一致"运动与中国晚清、五四时期语言文化变革运动的关系,齐一民在《日本语言文字脱亚入欧之路》一书中的判断有一定的代表性:

中国在晚清和"五四"时期也发生了一场相似的语言和文学的急速转型运动。从被转变的对象、内容和涵括的范围来看,日本的言

---

① 黎锦熙:《国语运动史纲》,商务印书馆,2011年版,第296页。

文一致趋向和中国清末民初,尤其是"五四"时期发生的"三大语文运动"(白话文运动、国语运动和大众语运动)以及同时发生的汉字改革运动有着很大的相似性。而所有这些起始于晚清的语文运动直至新中国成立之后的诸项语言变革运动,宏观目标是实现"言文一致",是实现书面语言和口头语言的统一。追溯晚清和"五四"时代的语言革新可以发现,最早这一命题是局部受日本的影响而发端;通过驻日、留日的诸多学者和政治家的媒介,日本的言文一致对中国晚清"文"向"言"趋同的努力产生过深远的影响。①

无论是从目的、内容还是过程来看,中国晚清、五四时期的"言文一致"运动都可以说是日本"言文一致"运动的翻版。这一点在学界基本达成了共识,除了前述的齐一民之外,魏育邻、倪伟、雷晓敏、刘芳亮等学者都表达了相似的观点。当然,也有少数学者存有异议,王平就指出,中日"言文一致"运动虽然存在诸多相似之处,但其"语言重构的路径却迥然不同"②。比如同样是基于现代民族国家生成目的论的"语言共同体"建构,二者在语言重构的过程中就存在两种不同向度:日本的"言文一致"致力于破解"汉语"与"和语"的二元对立,试图在政治上排斥汉语,在日常语言运用中删减汉字,这是一种外向型的、严格区分民族语言界线的语言民族主义倾向;中国的"言文一致"则努力打破"文言"与"白话"的二元对立,试图通过推行白话来消除文言在历史上造成的等级、阶级对立和文言、白话两个话语系统自身的隔阂,寻求一种汉语内部的语言、文字的统一,这是一种内向型的、凝聚起本民族内部力量的语言民族主义运动。这种深层次的比较无疑拓展了中日"言文一致"运动研究的深度与高度,对于我们辨析中日两国语言变革运动的内涵帮助甚大。但这种差异性解读并不妨碍我们寻绎二者之间的渊源关系,甚至可以说,承认二者内部结构

---

① 齐一民:《日本语言文字脱亚入欧之路——日本近代言文一致问题初探》,知识产权出版社,2014年版,第4页。
② 详见王平:《语言重构的两种向度——日本言文一致运动与晚清白话文运动之比较》,《兰州大学学报(社会科学版)》2009年第2期,第40—41页。

的差异更加有利于我们理顺这两场语言运动之间的区别与联系及其可能存在的冲击与回应关系。质言之，无论是共性还是差异性解读，都是关于日本"言文一致"运动对中国近代语言文字变革运动的影响分析，都应该建立在对中日"言文一致"运动的发生背景及过程的全面了解的基础之上。

"言文一致"概念最早来源于日本明治时期，其产生是为了改变当时性别、身份和体裁的不同而导致的文体林立的局面，建立一个使全体国民都有能力阅读和写作的共通而又简单的机制，从形式上看，这一运动要使口语与文语一致，用口头语来写书面语；从更深层次上看，它是日本现代文学诞生的前奏，更在寻求现代国家的内在认同，是当时各种现代性追求在语言上的集中表现。言文一致不是言和文简单的从属，而是言与文的高度统一。柄谷行人就曾概括过："言文一致既不是言从于文，也不是文从于言，而是新的言=文之创造。"①

日本"言文一致"最早源于1866年前岛密向幕府上奏的《汉字废止之议》，他在里面提出，日本如果要和西方列强比肩，就要废除与之不相同、不实用的汉字形态，并提出口体语和文体语要一致的主张。森有礼进一步提出了著名的"日本语废止论"，倡导向日本帝国导入英语并主张使日本语罗马字化。这一阶段的讨论主要集中在"国字"，假名和罗马字开始流行，但最终人们发现这无法解决问题，反而困于其艰涩难懂，难以习得。为了从实质上解决口语和文语的统一问题，当时的启蒙知识分子意识到要从"文体"方面着手改变。有人简单粗暴地建议把语体直接变成文体，所谓出口即成章，但很明显各个不同阶层、地域的人存在方言、俗语的差异，"言"和"文"无法达成统一的标准，这样的改革肯定会遭遇困境。有鉴于此，先前的语体、文体讨论便自然转入制定统一"国语"的阶段。国语运动是"言文一致"运动的自然延续，是解决语体、文体转变的关键之匙。同时，"国语"也是国家机器的一部分，是统治阶级借助语言强化

---

① ［日］柄谷行人：《日本现代文学的起源》，赵京华译，生活·读书·新知三联书店，2019年版，第25页。

政治意识形态和国家民族意识的工具。表面上看，国语运动促进了日本近代文学的兴起，但从深层次看，更强化了日本国民的统一国家意识。随之而起的是军国主义思想的滥觞，甲午中日战争中日本国的胜利更是大大刺激了日本国家意识的兴盛。在这种情势下，大力推行"国语"，建立国语调查科并重新制定国语教科书等就是题中应有之义。而在文学领域，作为日本的"鲁迅"，二叶亭四迷的作品《浮云》首次尝试了"言文一致"的小说文体改革，在日本近代文学史上占有重要地位。虽然最后小说实验以失败告终，但他的小说文体改革实验带动了日本书学"言文一致体"的创作，扩大了日本"言文一致"运动在当时的影响。

　　日本的明治维新结束了江户幕府的锁国政策，打开国门向西方学习的同时也向中国传递了变法图强的信息。当时的中国也在轰轰烈烈地开展洋务运动，试图"师夷长技以制夷"，但并没有取得日本那样日新月异的改革效果。这样的结果自然是"天朝上国"所不愿接受的，特别是1894年中日甲午海战的失败，对清政府的打击非常大，它迫使政府和一批有识之士开始思考中日改革之间的差距，遣使访问和留学日本一时成为风潮。正是在这样的背景下，日本的"言文一致"运动开始进入中国知识分子的视野，继而在中国也掀起了一场语言文字改革运动。最早认识到这一点的是清廷外交官黄遵宪，他于1877年出使日本，驻日期间深入了解日本国情，对当时风行的"言文一致"运动深有感触。在1887年定稿的《日本国志·学术志》中，专列"文学"一节讨论日本的语言文字问题，其中有一段话引述颇广："语言与文字离，则通文者少，语言与文字合，则通文者多，其势然也。"[1]这被认为是黄遵宪接受日本"言文一致"运动的明证。此后，陈荣衮、梁启超、王照、吴汝纶、章太炎、钱玄同、鲁迅、周作人等一大批人出使、逃亡或留学日本，亲眼见证了日本"言文一致"的实绩，也体悟到了语言、文学、教育救国的可行性与必要性。回国后，这一批人就成了晚清至五四白话文运动的中坚力量，把"言文一致"和民族国家启蒙运动推向了高潮。这其中，陈荣衮、梁启超致力于学习日本创办白话报刊来开

---

[1] 黄遵宪：《日本国志》（第四册），朝华出版社，2017年版，第1350页。

启民智,王照、钱玄同等人接受更多的是日本国语运动中语言、文字改革的成果,鲁迅、周作人则主要关注日本"言文一致体"的现代文学书写。而吴汝纶、章太炎则似乎更为复杂。通常认为,他们对白话文运动的认识有偏差,略显"保守",并没有全身心投入狂热的语言文字改革实践,但吴氏对白话教育的倡导、兴西学以强国的破旧立新精神,正是他出使日本后才形成的,与他的日本经历密不可分;章氏对中国语言、文字等小学传统的尊重,尤其是其"一返方言"的语言立场,似乎与当时统一国语运动的方向并不一致,但却提供了一种立足方言、训诂传统而促进"言文一致"的建设性方案。他认为中国与日本等国"言文一致"实施的难度不一样,中国"言文一致"主要是使"言"和"文"的地位达到基本的平衡,"言"和"文"自古以来就应该是交融、对话的关系而不是强制征服和吞并,中国古代"文言合一"与"言文分离"是一个相互补充、转换的过程,加强对汉语方言、文字的训诂与教育,可以挖掘、还原方言俗语的独特价值,这样才能在更高层面、更广泛意义上达成"言文一致"。看起来方言是一个不利于语言统一的因素,但在章太炎眼里,却成了维系民族情感、形成统一国语的重要元素,这是对当时"言文一致"思想的有益补充。这种方言本位主义的国语建设论,与日本"言文一致"运动早期物集高见、高崎正风等"假名会"成员的国粹主义倾向应该是有渊源的。

当然,对日本"言文一致"运动的接受也不仅仅局限于旅日、留日学者群体,一些没有日本经历的学者也通过各种途径接触并传播了日本的"言文一致"思想。作为中国文字改革的先驱,卢戆章于1892年编成了中国第一本汉语拼音著作《一目了然初阶》,从而拉开了中国汉字改革运动、研制汉语拼音方案的序幕。他在该书自序中指出,切音字能使全民识理,从而达到国富民强的目的。在他看来,日本以及欧美等国家之所以全民皆能读书,主要是"基于字话一律,则读于口遂即达于心。又基于字话简易,则易于习认"。他还特别提到日本"向亦用中国字,近有特识之士,以47个简易之画为切音字之字母,故其文教大兴"。反观中国,"中国字或者是当今普天之下之字之至难者",《康熙字典》收字四万余,平常诗赋文章所用者虽不过五千余字,然"欲识此数千字,至聪明者非十余载之苦工不可"。① 言下之意,欲谋中国之富强,则必须采用切音字。然而卢戆章并没有到过日本,只是在甲午海战后到过日本占领下的台湾地区,接受了日本假名的影响,采用汉字偏旁的简单书写方式编制"中国切音新字",来拼写各地方言。这种间接的学习、接受,与亲历者的近距离观察、熏陶、浸润的感受不同,二者对日本"言文一致"运动语言立国、强国的内涵解读也就存在差异。此后风起云涌的一系列切音字改革方案大多效仿卢氏,考虑更多的是借助一地方言"统一"全国的问题,这种方案往往基于某一区域的方言制定,国语意识与地方意识混为一体,不仅达不到"言文一致"的初衷,甚至会起到反作用,语言文字上的分歧可能会割裂民族国家内在的一致性。实际上,卢戆章从一开始就提出了切音字"当以一腔为主脑"②,只不过,晚清民国时期国家已难言"统一",知识分子在语言选择上自然也有点地方主义了,很难决定使用某一个地方的方言当标准语。卢戆章先后选择以厦门话、漳(州)泉(州)话、南京话为基础制定切音新字,都难以成为一国之标准语。即便后来王照、劳乃宣主张京音官话,也被认为是"强南就北",甚至还招致"分裂语言文字的罪魁"的骂名。③ 可见,当时知识界对日本"言文一致"运动的理解与接受还存在一定的差异。

关于日本"言文一致"运动的接受问题,另一个值得关注的方面是汉字存废论。日本的言文一致运动的内涵通常被表述为"脱亚入欧",更准确的描述应该是"脱汉",就是摆脱以汉字、汉文为载体的"东亚文化圈"的影响,而向更具表音性质的西方语言文字学习。晚清民国时期中国的语言文字变革运动也出现了类似的废除汉字、学习西方语音文字的主张。不过这种废灭汉文的言论在当时就争议极大。以章太炎、严复、劳乃宣等为代表的国粹论者,一方面对创制切音字、国语改造运动等大力支持,另

---

① 卢戆章:《〈中国第一快切音新字〉原序》,文字改革出版社编:《清末文字改革文集》,文字改革出版社,1958年版,第2页。
② 同上书,第3页。
③ 黎锦熙:《国语运动史纲》,商务印书馆,2011年版,第104页。

一方面又对汉语、汉字的固有传统情有独钟。劳乃宣是简字运动的先驱,主张"于汉字之外别用一种主音简易之字以为辅助",看起来是要在汉字之外另造一种"言文一致"的文字出来,但实质上简字只是辅助识字的拼音工具,并不会取消汉字存在的价值。严复在1910年担任资政院官话简字审查特任股员长时,也认为简字(切音字)可以称其为"音标",只是起着"范正音读,拼合国语"①的作用,而并不影响汉字的正常使用。历来被视为保守派的章太炎尽管在留日时期也受到了言文一致运动的影响,甚至还参与了白话文的创作,但其骨子里坚守着汉字文化传统,强调汉字是一国民族文化的精髓,是民族精神的源头,不可弃废。而与国粹派针锋相对的无政府主义者对待汉语、汉字的存废则要激进得多。李石曾、吴稚晖等人主张直接废除汉字,采用"万国新语"②,他们认为汉字不仅在认读和书写方面存在困难,更因其不易印刷而难以促进文明进步。这种石破天惊的主张一开始自然招致反对,但是随着旅欧、留日等知识分子的增多,西方语音中心主义的语言文字观开始传播,有留日经历的钱玄同、鲁迅等人就逐渐转变观念,"废灭汉文"论一度盛行。钱玄同挑出"汉字革命"的旗号,是20世纪20年代初期主张废灭汉文、倡导世界语最激烈的人之一;鲁迅逝世前曾宣称"汉字不灭,中国必亡"。在他们身上,不难看出日本"言文一致"运动"脱汉"、减省汉字思想的影子。

四、西方传教士的白话文与"言文一致"的发生

除了来自日本的影响,晚清"言文一致"运动的发生,还与西方传教士对汉语口语和书面语的改造直接相关。

西方传教士来华传教可以追溯至明朝,而以晚清最盛。传教士集中

---

① 严复:《资政院特任股员会股员长严复审查采用音标试办国语教育案报告书》,文字改革出版社编:《清末文字改革文集》,文字改革出版社,1958年版,第134页。

② "万国新语"即今之所谓世界语(Esperanto),是波兰犹太裔医生柴门霍夫于1887年创立的一门人造语言。它共有28个字母,采用拉丁字母书写,每个字母只发一个音,也没有不发音的字母,因此语音和书写完全一致。

传教的方式主要有三种：创办中文报刊宣传教义、翻译《圣经》等宗教典籍和建立教堂。教堂是教义广泛被接受、拥有一定信徒之后用来稳定教众、开展宗教活动的场所，从教义传播的效果来看不如前两种方式，尤其是早期传教活动，更是以办报和翻译两种宣传方式为抓手。以创办中文报刊的方式大规模传教始于晚清，一般认为，《察世俗每月统记传》是传教士出版的中国近代第一份中文报刊，由英国的米怜和马礼逊在 1815 年创刊于马六甲。此后，创办中文报刊成为西方传教士对华传教的重要手段，香港、上海、武汉等地先后成为传教士在中国的传教中心和报刊出版基地，到 19 世纪末期，传教士中文报刊发展达到高峰。据汤因统计，1890—1900 年间，仅基督教（新教）就在中国境内创办了 22 家中文报刊[①]。从当时报刊出版发行情况看，传教士中文报刊有日报、周刊、月刊、季刊、半年刊、年刊等各种发刊频次，还有世俗报、宗教报、科技报、儿童报、青年报、画报等各种类别，在语言上则杂有文言、文白、方言、中英文等各种语体。要全面、准确地掌握当时传教士在华办报的真实情况是很困难的，汤因在《中文基教期刊》统计到的 1815—1948 年间出版的中文基督教报刊有 878 种，这一数字多少能够反映当时传教士办报的盛况。但谈及这一盛况并不是本书的终极目标，我们借此想要关注的是传教士对"中文"的理解与运用。西方语言文化背景下的传教士，到中国来创办中文报刊，用的是一种什么样的"中文"？倾向于传统文言还是新兴的白话？这种"中文"与当时正在开展的白话文运动、国语运动是否存在一定的关联？这才是我们迫切想要追问的问题。

  报章是近代兴起的"传播文明三利器"之一，和其他两个"利器"学堂、演说相比，报章的优势在于可以不受空间场地的限制而传之久远，它们要共同面对的难题就是语言问题。相对来说，学堂教育和演说更多是口耳相传的口头语言交流，比报章的书面语言传播更有优势。然而事实上我们可以发现，报章在晚近时期传教士文化输入和宗教传播过程中发挥的作用要比学堂、演说重要得多。这不得不归功于来华传教士对汉语

---

① 汤因：《中文基教期刊》（手稿），上海市档案馆，档案号 U133-0-33,1949 年，第 18 页。

书面语和口语改造的贡献。传教士一开始创办中文报刊时就已经注意到了语言选择对于教义宣传的重要性,外文报刊其实也是传教士宣教的一种方式,但在当时的中国能够读懂外文的人毕竟是少数,采用中文办报本身是圈定受众、主动与宣传对象语言对接的结果。但是中国的语言太过复杂,文言、浅近文言、古白话、方言等适用于各个不同阶层、场合,前三种语言都作为书面语广泛存在于不同文体中。从现有的文献资料来看,早期传教士的中文报刊最初选择的都是文言,后来很快转向浅近文言和古白话,《察世俗每月统记传》编发的布道文章如《张远两友相论》,已经采用了章回体白话小说的言说方式,随后郭实腊创办的《东西洋考每月统记传》也大抵如此。这种语言选择首先考虑的是中国普通民众的阅读能力与习惯,并没有强烈的语言变革的主观性,但在客观上对晚清以降的白话办报乃至整个白话文运动的发生起着重要作用。而随着传教士中文报刊的大量发行与传播,报章语言作为一种介于书面语言和口头语言之间的语体,开始为中国的知识界接受,以梁启超为代表的维新派依托《时务报》等报刊形成的"时务文体"也被笼统称为"新文体",实际上就是继承了传教士中文报刊的语体风格。此外,晚清报人陈荣衮的《论报章宜改用浅说》、裘廷梁的《论白话为维新之本》等报章文体观念的形成,都与传教士的中文办报语体观念不无渊源,裘廷梁就曾提到:"耶氏之传教也,不用希语,而用阿拉密克之盖立里土白。以希语古雅,非文学士不晓也。后世传耶教者,皆深明此意,所至辄以其地俗语,译《旧约》、《新约》。"①

  需要特别指出的是,传教士的中文报刊语言已经传递出了明显的"言文一致"信号,他们从文言、浅近文言到古白话甚至方言的办刊语言的选择,就是要努力实现报刊文字与当时最广泛的中国读者口语的切合,以达到更好的传播效果。传教士中文办报的初衷就是"文字播道",他们认为中国幅员辽阔,方言众多,对于不同地区操不同方言的中国人来说,口头传教在语言上难度很大,不如采用统一的文字阅读的方式来传教布道简

---

  ① 裘廷梁:《论白话为维新之本》,郭绍虞主编:《中国历代文论选》(第四册),上海古籍出版社,1980年版,第171页。

便可行。米怜就说过:"在汉语中,书籍作为一种提高改进自身的工具,也许比任何其他现有的传播工具都更为重要。阅读汉语书籍的人数比其他任何民族都要多。汉语各种方言的口语多得难以计数,而且彼此各不相同,相邻省份的人(正如作者经常观察到的),如果不借助于书面文字,常常无法进行长时间交谈。汉语书面语具有一种其他语言所没有的统一性。"①这直接促成了第一份中文报刊的诞生。但是,等到米怜和马礼逊真正开始办《察世俗每月统记传》时就发现,汉语书面语并没有他们所认为的那样统一,文言只是通行于知识精英群体的书面语,而更广大的底层普通百姓只能阅读浅近文言或是白话,甚至连白话文字也读不懂,如何达成文字播道的最大可能性与受益面?让文字尽量口语化,选择一种离口语最近又能最大程度保持语言统一性的书面语作为报刊语言,成为传教士们努力的方向。官话土白成为这种"言文一致"语言方向的自然选择。事实上,这就是晚清五四时期的白话文运动、国语运动等梦寐以求的"言文一致"的语言变革方向。从这个意义上说,西方传教士就是中国近代"言文一致"运动的开拓者。

这种"言文一致"的语言选择意图在《圣经》等基督教经典的翻译中也可以看到。如何让不同语言文化背景的人接受基督教经典,把西语版本的《圣经》翻译成汉语文本,这是来华传教士必须要解决的问题。通常这些来华传教士都有一定的语言天赋,会通过研究中国语言文化或是接触中国的知识精英来学习汉语,其中很多人都成为了汉语通,能够熟练使用汉语。不过,由于他们借助文献阅读到的是汉语书面语,接触到的人也一般都是有一定社会地位的知识精英,早期传教士在华传播教义、翻译宗教经典时最初使用的大多是文言。然而如前所述,文言本身在中国的受众面非常有限,能够熟练掌握文言的知识阶层则因受到传统儒、道思想的束缚会对基督教等外来思想信仰保持一定的距离,而占绝大多数的底层民众根本无法阅读文言文本,难以读懂传教士文言翻译的宗教经典。从

---

① [英]米怜:《新教在华传教前十年回顾》,北京外国语大学中国海外汉学研究中心翻译组译,大象出版社,2008年版,第72页。

扩大信徒受众面以及"上帝面前人人平等"的教义精神和传播策略调整等方面来看,把传教重点人群定位于文化水平较低的底层民众是时势必然,这同样要求改变传播语体,用白话甚至方言来翻译宗教经典,这种语体变更的状况在传教士的经典翻译中体现得非常明显。以《圣经》的翻译为例,"初期教会所译《圣经》,都注重于文言。但后来因为教友日愈众多,文言《圣经》只能供少数文人阅读,故由高深文言而变为浅近文言,再由浅近文言而变为官话土白。第一次官话译本,乃 1857 年在上海发行,第二次 1872 年在湖北发行"①。《圣经》的翻译与传播是 19 世纪新教传教士在华传教的中心任务,不同语体的《圣经》译本的数量可以反映基督教在当时中国的信徒受众阶层的变化。1895 年英国传教士 Rev. J. A. Silsby 在向教会提交的报告中总结了 1894 年《圣经》在中国的出版发行数量,列表如下:

表 1-1　1894 年《圣经》出版发行数量②

语　言	圣经	圣约书(Testaments)	部分	总量
白　话		15900	539000	554900
浅近文言		5100	191600	196700
文　言	2700	9120	173000	184820
方言(character vernacular)	3875	275	42450	46600
罗马字方言(Romanized vernacular)			6700	6700

这只是 1894 年的情景。到了 1920 年,发行数字的对比更加明显。据《1901—1920 年中国基督教调查资料》一书统计,1920 年一年内发行的各种宣教资料和书刊单行本中文言文本为 487606 册,浅近文言文本为

---

① 王治心:《中国基督教史纲》,上海古籍出版社,2004 年版,第 254 页。
② [英]Rev. J. A. Silsby:《白话文学的传播》,《教务杂志》1895 年,第 508 页。转引自袁进:《从传统到现代——中国近代文学的历史轨迹》,东方出版中心,2018 年版,第 199 页。表中"部分"应指"节译本"。

11533册,而白话文本达5659832册!① 可见,《圣经》等宗教典籍的白话译本的发行量已经远远超过了文言和浅近文言译本的发行量,一个由文言转向浅近文言最后再到白话的语言演进图景也一览无遗。无怪乎Rev. J. A. Silsby当时会做出如下预言:

> 中国文言文学即将终结,"传统的"形式将被更为通俗易懂的浅近文言所取代,但是浅近文言也将被更通俗易懂的官话或方言所取代。中国的白话文学就像欧洲一样,在任何的可能性里,会和《圣经》的流通紧密地连结在一起。《圣经》在中国无疑将像在英国、美国和德国那样,成为一股重要的文学、道德和宗教力量。②

Rev. J. A. Silsby的预言似乎成了现实。晚清至五四的白话文运动从一开始就势如破竹,数年之间白话就取代了文言成为主流文学语言,这与传教士参与白话《圣经》《赞美诗》等经典的翻译,以及中文报刊特别是白话报刊的创办等活动而创建的白话的公共空间不无关系。总体来看,传教士的白话翻译和白话办报至少在以下四个方面对晚清至五四的"言文一致"运动起了积极的助推作用。

一是重新审视了白话的功能,提高了白话的地位,使得白话有了更广泛的群众基础。在此之前,白话虽然在中国古典章回体小说、戏剧及其他通俗文体中早就存在,但这一类通俗文学作品在当时的地位往往不高,通常都会被认为是传统文人的娱乐、游戏之作,这些白话写作者也往往羞于提及以至于很多作品都不署名或以假名系之。也因此,白话语体的通俗文学作品虽然流通广泛,但却始终没有获得与传统文学同等的尊重,白话在中国也就一直被默认为"下里巴人"的次等语言,使用范围受限。传教

---

① 转引自袁进:《从传统到现代——中国近代文学的历史轨迹》,东方出版中心,2018年版,第205页。
② [英]Rev. J. A. Silsby:《白话文学的传播》,《教务杂志》1895年,第508页。转引自袁进:《从传统到现代——中国近代文学的历史轨迹》,东方出版中心,2018年版,第199页。

士对中国的白话没有偏见，他们采用白话翻译最权威的基督教经典《圣经》这一行为本身就释放出一个重要信号：白话作为一种书面语言的应用可以达到阐释"经典"的高度，而不仅仅停留在山野村夫的口头应用层面。他们还认为白话在传播上优于文言。马礼逊就持此观点："第一，更易为老百姓明白。第二，在大众面前宣读，清晰易懂，而深奥的经典文体则否。中间文体在大众面前朗读也清晰易懂，但却不如浅白文体那么容易。第三，讲道时可以一字不变地加以引用，且毋须任何解述百姓也听得明白。"①传教士通过白话办报和经典翻译把白话抬到了一个超越文言而具有公共价值的位置，让白话与流播甚广的中文报刊、宗教经典一同受到关注，无形中提升了白话语言的品格，更新了人们对白话的认知，为晚清兴起的白话文运动打下了扎实的群众基础。

二是提供了"言文一致"的白话文学样本。袁进曾专门分析西方传教士的翻译作品对五四新文学作家的影响问题，他在特别列举了《圣经》等的翻译对沈从文、朱自清等人的示范作用，并指出，沈从文在编纂自己的小说选集时曾经提到，《史记》和《圣经》是他学习写作时最重要的两本书，《史记》教了他如何叙事，而《圣经》对沈从文如何抒情的启蒙教育功劳最大："我并不迷信宗教，却欢喜那个接近口语的译文，和部分充满抒情诗的篇章。从这两部作品反复阅读中，我得到极多有益的启发，学会了叙事抒情的基本知识。"②可以说，沈从文融自然与人性的和谐、伤感美于一体的湘西系列小说中，"牧歌式文体"和"田园诗"般的抒情性叙事风格的形成，与他的白话译本《圣经》的阅读经验密不可分，具体到他的语言，在很多地方也都可以看到《圣经》欧化白话的影子。比如小说《龙朱》中直称龙朱为"我的主，我的神"，像赞美上帝一样来描写他："族长儿子龙朱年十七岁，是美男子中之美男子。这个人，美丽强壮像狮子，温和谦驯如小羊。是人中模型、是权威、是力、是光。"③从腔调到内容，都带有白

---

① ［英］未亡人（马礼逊夫人艾思庄）编:《马礼逊回忆录》，邓肇明译，基督教文艺出版社，2008年版，第176页。
② 沈从文:《选集题记》，《沈从文小说选集》，人民文学出版社，1957年版，第1页。
③ 沈从文:《龙朱》，江苏人民出版社，2014年版，第2、10页。

话《圣经》的痕迹。这样的痕迹在老舍、冰心、庐隐等现代著名作家的作品中也可以找到。正是基于新文学作家作品与《圣经》翻译的普遍联系,周作人在1920年才会有这样的感慨:"我记得从前有人反对新文学,说这些文章并不能算新,因为都是从《马太福音》出来的;当时觉得他的话很是可笑,现在想起来反要佩服他的先觉:《马太福音》的确是中国最早的欧化的文学的国语,我又豫计他与中国新文学的前途有极大极深的关系。"①郭沫若、朱自清等人也曾发表过类似的言论。所以尽管以胡适为代表的新文学倡导者们出于美化、强化新文化运动历史功绩的考虑,刻意回避传教士中文办刊、《圣经》白话翻译对白话文运动、中国新文学的发生的影响,但传教士的中文报刊文体、《圣经》白话译本对新文学的样本示范作用不能抹杀,他们作为中国"新文学的先驱"实际上得到了很多人的认可。关于这一点,袁进主编的《新文学的先驱——欧化白话在近代的发生、演变和影响》(复旦大学出版社,2014年版)一书中多有例证,此处不再赘述。

三是指明了"言文一致"运动的发展路径与运思方向。在这一点上,我们甚至可以说,晚清至五四的"言文一致"改革照搬了传教士在华传教的成功经验。这些经验包括白话办报、重视翻译、民间立场等几个方面。

先看白话办报。无论是清末的白话文运动还是五四新文化运动,白话报刊的发行似乎都是重中之重。清末以《无锡白话报》《杭州白话报》《演义白话报》等为代表的白话报热潮自不待言,五四新文化运动也肇始于《新青年》,借助《新青年》对白话的鼓吹,白话新文学才渐成气候。当然,白话办报也有留日学者学习日本经验的成分,但来华传教士从19世纪初期就开始在中国白话办报,其所开展的语言文字改革实验带给维新派、新文化倡导者的经验更直接、有效。

再说重视翻译。米怜在《新教在华传教前十年回顾》一书中说:"掌握汉语并将《圣经》译成中文,是在华传教工作的首要目标。"②应该说,传

---

① 周作人:《圣书与中国文学》,《艺术与生活》,河北教育出版社,2002年版,第43页。
② [英]米怜:《新教在华传教前十年回顾》,北京外国语大学中国海外汉学研究中心翻译组译,大象出版社,2008年版,第25页。

教士的《圣经》汉译工作完成得非常好,他们采用文言、浅近文言、白话、方言等各种语体翻译《圣经》,从 1856 年南京官话版《新约》,到 1919 年《圣经》"和合本"的问世,传教士的《圣经》白话翻译不仅使基督教教义在中国深入人心,也客观上助推了清末白话文运动和国语运动的发展。这种影响一方面体现在《圣经》翻译带来的语言文字改革的思考上。比如清末文字改革第一人卢戆章就是受到传教士用"话音字"来翻译《圣经》的启发,从而编写出《一目了然初阶》,创造了"中国第一快切音新字"。后来王照的《官话合声字母》和劳乃宣的《简字全谱》等,一定程度上也是受传教士用罗马字母、拼音符号标注汉字启发的结果;另一方面则体现在翻译这一语言、文化双向对话行为本身的示范作用上。《圣经》白话翻译带来的语言、文化交流在当时给中国的文化界树立了一个很好的标杆,西方思想文化经典和文学名著等开始源源不断地被翻译过来,严复、林纾也因此成为清末最重要的两个翻译家。这种对西学翻译的重视一直到新文化运动时期还热度不减,包括胡适、鲁迅、周作人、郁达夫等人在内的许多新文学作家都同时是出色的翻译家,当时出现的泰戈尔热、易卜生热、东欧文学热等翻译热潮,不只是新文学的繁荣之景,也是语言互动和思想文化激烈碰撞之火花。实际上,对于新文化运动的倡导者们而言,输入作为样板的西方文学并不是主要目的,引进一种新的言说方式、学习西方"言文一致"的语言创造活动可能更加重要。鲁迅、周作人坚持用"硬译""直译"的风格翻译域外小说就有语言移植的考虑,鲁迅和瞿秋白关于翻译的对话以及后来鲁迅与梁实秋围绕"硬译"的论战,甚至包括之前严复"信达雅"的翻译理论,关心的也不是文学问题,而是语言问题。可见,翻译是晚清至五四"言文一致"运动的重要驱动力。

最后谈民间立场。由于清政府自康熙、雍正时期即开始公开禁教,传教士来华传教只能秘密进行,虽然在广州、上海等通商口岸也能接触到少数知识精英,但这些知识精英即便愿意相信基督教教义也不太可能冒险受洗成为教徒,这迫使传教士调整传教策略,将传教的方向转向底层民众,用最底层百姓能接受的语言、思想表达方式和宣传手段来发展基督教教徒。这种彻底的民间立场取得了非常好的效果,中国最早加入基督教新教的蔡高、梁发二人,就都是没落商户和农民家庭出身的印刷工人,这些文化程度不高的底层百姓很容易突破国家的禁令而受到基督教精神的感召,坚守民间立场的传教策略最终使得基督教在中国落地生根。清末的国语运动、白话文运动尽管看上去更像是一场知识精英发起的自上而下的语言文字改革运动,但其改革还是从各地方言(方音)入手,以俗语、土白来改造国语,落脚点在启蒙民众、普及知识,这与传教士的民间传教策略基本一致。五四白话文运动的民间立场更加鲜明。胡适、陈独秀等人把文言、白话处理成了知识阶层和底层民众在语言上的二元对立,而他们旗帜鲜明地站在"引车卖浆者"使用的白话这边。此外,他们提出民间文学、平民文学、方言文学等概念,创办《歌谣》周刊,重视儿歌、山歌、民谣和民间传说等的挖掘与整理,编辑出版《中国俗文学史》《吴歌甲集》等,如果认为这一系列的理论与实践仅仅出自知识者自发的启蒙姿态就有点草率了,如此全面彻底的民间立场,与传教士立足民间的语言处理、教义传播策略极其相似。

　　四是创造了一种新的白话语言——欧化白话。这与前面提到的白话文学样本示范并不是同一回事。《圣经》《天路历程》白话译本等样本对新文学的走向有导引作用,不过,这些文本创造的欧化白话本身带给人们语言观念上的更新更值得关注。清末至五四的白话文运动一开始只是利用白话能够通"俗"的特点,来增进民智、启蒙大众,而对于否定文言之后如何创造真正"言文一致"的语言,并没有特别有效的办法。在与西方的语言文字有了更多接触之后,知识精英们开始意识到,造成中国长期"言文分离"的根源在于中国的文字是表意文字,而不是像西方一样的表音文字。来自西方的"语音中心主义"思想逐渐成为晚清至五四白话文运动的指导思想。早期的切音字运动就是受这种语音中心主义主导的结果,但那些效法西方语言文字试图恢复汉字"声音"属性的切音字方案并没有取得成功,于是吴稚晖、李石曾等"新世纪派"人物进而激进地主张废除汉字、改用世界语。关于世界语的讨论在20世纪初的中国一度达到高潮,蔡元培、刘师培、钱玄同、鲁迅都曾对世界语抱有热切的期望。世界语最大的优点就是读音和书写完全一致,只要掌握了28个字母和基本的拼写规则,就可以读出、写出任何一个单词。然而世界语还是无法取代汉语成为通用语言。语言不仅具有自然属性,它的本质属性是社会属性,任何一种语言都与其言说者的思想、文化传统血脉相连,强行割裂语言与文化的联系或是凭空输入一种新的语言,都不符合语言自身的生长规律,只能通过改变词汇、语法、语音等系统来逐步推进语言的发展。在这方面,传教士创造的欧化白话为近代中国的语言变革提供了可资参考的宝贵经验。那么,这种"欧化白话"又是如何来改造中国原有的白话的呢?袁进主编的《新文学的先驱》专门总结了"欧化"12条,为了叙述方便,不妨择要摘录如下:

1. 外国语法进入白话文本。这一时期的欧化语法特色主要表现为:(1)在传统语言习惯中可省略的主语被大量补足,句子中的"主、谓、宾"比过去清晰;(2)描写句、判断句中的系动词使用频率增加;(3)长修饰语与长句的频繁出现;(4)被动句的进一步发展;(5)记号的欧化和联结成分的增加。这些欧化语法特点,其共同作用是使句子结构更加完整、逻辑性更强。

2. 外国词汇进入白话文本。大量新兴词汇被运用……

3. 外国语言习惯进入白话文本。

4. 外国表达方式进入白话文本。

5. 外国叙述视角、叙述技巧进入白话文本。

6. 外国诗歌韵律、形式、意象、表现手法进入白话文本。

7. 外国文学体裁形式进入白话文本,改造了中国的文学体裁。

8. 复音词取代单音词,成为句子的主要叙述单元,音节、节奏发生了类似西方语言的变化。

9. 用罗马字母拼音方式或其他字母拼音方式使读音进入汉语字词的认知,试图用字母取代中国传统的文字,改变汉语的文字符号。

10. 标点符号等西方语句表达符号进入中国语言的语句表达,文章采取分段的方式叙述。

11. 外国的时间观念、空间意识进入白话文本,如袁寒云所说的纪年,公元的时间观念是"全球化"的重要标志。现代的世界意识改变了古代的天下意识,新的空间意识改变了传统的空间意识。

12. 其他,如外国横排的由左往右的文字排列,代替了原来中国传统由于毛笔书写所造成的直排的由右往左的文字排列。又如:外国语音进入白话文本,如"德律风"等等,直接从外语语音直译的词汇,一直到现在还有,如"杯葛"等等。还有外国语言文字直接进入白话文本,如用外语字母作为地名、人名等等。①

应该说,这12条还是比较全面、客观地反映了当时白话的"欧化"情况,尽管部分条目存在描述的精确性问题,比如:第2条和第12条存在一定的重复、第3条和第4条表达模糊且与第8条内容相似、第5条与第11条存在包含与被包含的关系等等,但并不会影响到我们的整体性理解。这种白话的"欧化"现象后来成为五四白话文运动倡导者重点关注的内容。傅斯年是最早使用"欧化"这一词语的新文化运动主将,他主张"直用西洋文的款式、文法、词法、句法、章法、词枝(Figure of speech)……一切修词学上的方法,造成一种超于现在的国语,欧化的国语",明确宣称:"我们现在变化语言的第一步,创造的第一步,做白话文的第一步,可正是取个外国榜样啊!"②虽然傅斯年并没有指认他的欧化主张的理论源头,他所说的"外国榜样"指向的也可能是外国文学、语言作品,但是我们有什么理由要怀疑传教士的欧化白话实践对五四新文学作家们的"榜样"作用呢?那些反对新文学的人嘲笑新文学作品"都是从《马太福音》出来的",不是毫无依据的信口开河;而五四白话后来因过度"欧化"而被

---

① 袁进主编:《新文学的先驱——欧化白话文在近代的发生、演变和影响》,复旦大学出版社,2014年版,第4—5页。

② 傅斯年:《怎样做白话文?》,欧阳哲生编:《傅斯年文集》(第一卷),中华书局,2017年版,第140—145页。

称为"教会语言""新文言",也足以说明传教士的欧化白话对五四白话的潜在影响。胡适虽然出于"个人英雄主义"的自我美化而拒绝承认一个传教士的"欧化白话"语言空间的存在对五四白话文运动的内在影响,但我们不能割裂清末白话文运动与五四白话文运动之间的天然联系,也不能无视欧化白话的存在。

综上,传教士创办中文报刊、《圣经》白话翻译等欧化白话实践是触发清末至五四白话文运动、国语运动的重要事件,也是"言文一致"观念在中国近代发生的一个重要诱因。清末至五四的白话文学、语言和汉字改革的理论与实践,几乎都可以在传教士的白话传教活动中找到源头。只是基督教传教活动在近代一段时期处于政府明令禁止而只能在民间秘密开展的状态,少数掌握话语权的知识精英也在有意无意间遮蔽了这一段历史,致使传教士的白话传教活动对"言文一致"运动的影响至今仍被忽略,只有袁进、邓伟、赵晓阳等少数文学、历史研究者给予了足够的关注。换个角度看,这一局面的形成与清末民国"言文一致"运动的民族主义立场也不无关系。"欧化"原本是适应现代化、全球化的反民族主义的"世界主义"现象,但它以西方"语音中心主义"为核心的语言变革路径,在清末民国启蒙与救亡两大主题变奏的历史语境中,很容易被认为是对本民族语言的毁灭性打击,甚至是一种语言文化的"侵略",这是一般民族主义的语言论者所不能接受的。这从当时切音字改革的失败以及主张废弃汉文、采用世界语所遇到的强大阻力等方面就可以看出。胡适、傅斯年提出白话的"欧化"虽然也不乏反对的声音,但他们站在优化白话、打造"文学的国语"的民族国家语言建构立场上的宣传策略又是可以与民族主义语言论者产生共鸣的。而一旦"欧化白话"贴上了传教士语言的标签,民族国家语言共同体建构的神圣光环就会消失,自主的国语改造就成了西方语言的"移植",这样的"言文一致"追求显然不符合国家主流意识和民族主义语言论者的预期。从这个意义上说,传教士的白话文实践不仅与"言文一致"观念的发生密切相关,而且还能折射出清末民国言文一致运动的民族主义光斑。

第二章　强国与新民：民族主义与清末白话文运动

按照通行的说法，清末白话文运动是从裘廷梁1898年在《中国官音白话报》上发表《论白话为维新之本》正式开始的，黎锦熙在《国语运动史纲》中把国语运动第一期即"切音"运动的时间上限也确定在1898年前后，标志是"军机大臣奉上谕：调取卢戆章等所著之书，详加考验具奏"[①]，但卢戆章发表《一目了然初阶》、创制成"中国第一快切音新字"还在更早的1892年，这一事件本身比军机大臣们的官方行为可能更具标志意义，卢戆章成为中国切音字运动第一人应无疑义。如此看来，则国语运动的发生似乎要早于白话文运动。虽然时间上几年的先后并不是什么大问题，但从学理上判断，作为运动口号的白话应该要比国语更早出现，在对白话、文言、方言以及西方语言文字的比较中才有了"国语"观念，国语运动不太可能在白话文运动之先。如果一定要以一个时间脉络来证明这种逻辑关系的话，我认为早期的"切音字""简字"运动严格来说只是国语运动的前奏，明确以"国语"相称的国语运动应该是1918年注音字母与新文学运动合流之后，而清末白话文运动则可以溯源更早。简言之，前述19世纪初期来华传教士的白话办报、《圣经》白话翻译称得上是清末白话文运动的萌芽，清末白话报刊的蓬勃发展和"三界革命"的文体、语体变革则是白话文运动的高潮，黄遵宪、裘廷梁、梁启超等人的理论倡导与实践是白话文运动的核心内容。其中，黄遵宪是清末白话文运动中"言文一致"论的最早倡导者，他于1868年就在

[①] 黎锦熙：《国语运动史纲》，商务印书馆，2011年版，第86页。

《杂感》诗中喊出了"我手写我口"的口号,而在《日本国志·学术志》中阐发的"言文合一"思想则对整个清末白话文运动影响深远,《日本国志》的成书时间是1887年,正式刊行是在1895年。以此判断,即便接受黎锦熙的国语运动五个分期时间点的说法,黄遵宪的理论倡导也要更早,白话文运动应该还是先于国语运动。当然,这个所谓的先后问题并非讨论的重点,白话文运动和国语运动的理论基础其实都是"言文一致",因而我们的探讨自然就得从最早提出"言文一致"论的黄遵宪开始。

一、"我手写我口":黄遵宪的"言文一致"强国论

清末以来,中国在内忧外患的双重夹击下,民族矛盾和社会矛盾愈演愈烈,有识之士迫切希望找到一条挽救民族危亡的道路,黄遵宪就是一个典型的怀抱救国强国理想的探索者。他先后出使日本、欧美,受西方先进思想影响颇深,特别是见证了日本明治维新后社会日新月异的变化,深感兴民权、开民智之重要性,决心以日本明治维新为鉴,变法图强。在日时期,他经过多方请教与实地考察,对日本的历史和现状了然于心,回国后耗费数年精力撰写《日本国志》,总结日本明治维新经验,其中特别提到日本语言、文学界当时正在开展的"言文一致"运动,并将中国一直以来的"言""文"分离问题与日本"言文一致"运动中的状况结合在一起,形成了自己关于诗歌创作和语言文字改革的思想,直接促成了晚清"诗界革命"的发生,也直接引发了当时关于"言文合一"的讨论,为白话文运动的开展打下了理论基础。作为一个文学家、外交家,黄遵宪有着传统的"经国之大业"的文学理想,虽然不像后来的梁启超那样直接将文学与政治挂钩,但他借"言文合一"以改良文学,并通过语言、文学改革以改造社会、培植民族认同感和"国家"观念等,实与当时流行的"文学救国"论的政治化表述如出一辙。这种思想的形成与他的日本经历密切相关。

(一)"西学中源"与"言文一致":黄遵宪的日本经验

1. 从器物到制度:黄遵宪对日本明治维新的接受

日本明治维新运动进行得如火如荼之时,黄遵宪恰好在此时担任日本的外交官。在此,黄遵宪结识了很多日本的汉学家和对中国文化有着浓厚兴趣的日本读书人。初来日本时,黄遵宪与这些日本友人语言不通,不能直接进行口头交流,但是因为日本深受汉文化影响,所用的书面语也是汉字,所以黄遵宪就用"笔谈"的方式与这些友人交流。在笔谈中,黄遵宪向这些日本友人详细介绍了中国文化,也从他们身上了解了很多日本的文化风俗和社会状况。在交往中,有些日本朋友的思想守旧,对明治维新不满,在与黄遵宪言谈中常常露出反对维新的情绪。黄遵宪初来日本时思想也还未受到改变,仍停留在地主阶级改良派的思想范畴,不可避免会受日本守旧派的影响,对明治维新的全盘西化、"脱亚入欧"计划不满。他认为只需向西方学习造坚船利炮的技术,不能改变传统的文化体制。在《〈中学习字本〉序》中,黄遵宪甚至直接反对西方资本主义的民主制度,只希望借助西方先进技术来达到救亡图存的目的。

在日本任职的第二年,黄遵宪广泛研究世界各国的历史和当时的国际形势,视野变得开阔,思想也与初来日本时不同。1880年黄遵宪读到卢梭和孟德斯鸠的政治思想主张,思想受到极大冲击。孟德斯鸠及卢梭乃18世纪法国的著名启蒙思想家,孟德斯鸠主张三权分立,对权利进行制约,实行君主立宪制度;卢梭则认为应该根据社会契约建立国家,人民拥有国家主权。黄遵宪从他们的学说中意识到只有兴民权、普及教育以提高人民素质,改革封建政体才能挽救中国。在欧洲启蒙思想的引导下,黄遵宪对各国历史和政策进行比较研究,结合旅美、驻英的经验对兴盛一时的启蒙主义有了更深的体会,这最终促使他选择日本的明治维新作为中国维新救国的一面镜子。为此他专门创作了一系列的《日本杂事诗》,编写了《日本国志》,比较全面系统地传入了日本维新变法的经验做法,这也成了清末中国向日本学习的一个样板。

2. 汉字、报纸与新文体:《日本国志》中的"言文一致"书写

日本的"言文一致"不单是一场语言改革运动,这项运动的兴起还有文化和政治因素的影响。和中国一样,明治时期的日本面临着美英各国坚船利炮的武力开埠威胁,同时还有风起云涌的反抗藩阀幕府政权的群众武装斗争。就在黄遵宪出使日本的1877年,西乡隆盛就发动了一场反对明治政府的武装斗争,史称"西南战争"。但也正是这种内忧外患的现实强化了日本作为近代民族国家的意识,这种意识突出地表现在对国家语言文字也就是日本"国语"的思考上。

明治维新运动之前的日本使用的书面语不能算是自己本国的语言,而是借用中国的汉字。学术界普遍认为,古代日本虽然有进行交流的口头语言,但是没有记录语言的文字,直到汉字传入日本,日本才解决了没有文字的问题。借用汉字作为书面语言,给日本的经济、文化、政治各方面都带来了便利,在一定时间内促进日本社会飞速发展。但任何事情都有两面性,由于汉语本身所具有的象形文字的特点,以及汉语是日本所借用的他国语言,随着时间的推移,一旦汉语在日语中的使用与日本社会脱节,就会不可避免地给日本社会发展带来一些阻碍。汉字作为象形文字十分难写难认,学起来事倍功半,不利于知识的传播,此为问题之一。问题之二是日语中的汉字读音多样:有些读音是仿照原本的汉语语音发音的,这类读音被称为"音";有些读音是直接用日语中的音发出来的,这类读音被称为"训",所以诵读汉字变得十分困难,增加了学习的难度。这些问题使各地区人的交往和知识传播变得困难,社会的发展受到制约。在这样的背景下,前岛密于1866年给德川幕府上奏《汉字废止之议》,指出:"国家之根本在于国民教育,教育之本在于无论士族平民的教育普及,而教育普及之本在于使国民能读懂简易之文章。文章之优劣不应在如何之晦涩高深而应在达意。倘若日本能够仿照西洋人之方法采用音符字(假名),则从此无论公私都可废除汉字,用假名代替之。"[①]尽管前岛密

[①] 转引自齐一民:《日本语言文字脱亚入欧之路——日本近代言文一致问题初探》,知识产权出版社,2014年版,第103—104页。

的建议并没有得到幕府政府的积极响应,但是在社会层面,一场由知识界主导的"汉字废除论"以及改用一种适合大部分日本国民使用的新文体——"言文一致体"的运动声势越来越浩大,特别是在 19 世纪 70 年代中期以后,对"言文一致体"或者说"口语体"的宣传与应用借助演讲、翻译、报纸、"速记法"等新媒介手段达到高潮,而黄遵宪出使日本刚好就在这个时段,他将在日期间的所见所闻所感都记录在《日本国志》一书中。从他在《日本国志》中的描述来看,他对当时的日本言文一致运动的氛围感受颇深。以"报纸"为例。在《日本国志·学术志》介绍"西学"的时候,他特别详细地介绍了报纸在日本的兴起与兴盛:

> 新闻纸论列内外事情,以启人智慧。明治十一年(1878 年),计东京及府县新闻纸共二百三十一种。是年,发卖之数计三千六百一十八万零一百二十二纸。在东京最著名者,为《读卖新闻》《东京日日新闻》《邮便报知新闻》《朝野新闻》《东京曙新闻》,多者每岁发卖五百万纸,少者亦二百万纸云。先是文久三年(1863 年),横滨既通商,岸田吟香始编"杂志",同时,外国人亦编《万国新闻》。明治元年(1868 年),西京始刊《太政官日志》,兰学者柳川春三又于江户刊《中外新闻》,米国人某亦于横滨著《藻盐草》。然尔时世人未知其益也。四年(1871 年),废藩立县,改革政体,新闻论说,颇感动人心。其明岁(1872 年),英人貌剌屈(约翰·布拉克)作《日新真事志》,始用洋纸,与欧美相类。继而《东京日日新闻》《报知新闻》等接踵而起,日肆论说,由是颇诽毁时政,摘发人私,政府乃设《谗谤律》《新闻条例》,有毁成法、害名誉者,或禁狱,或罚金。然购读者益多,发行者益盛,乃至村僻荒野,亦争传诵,皆谓知古知今,益人智慧,莫如新闻。故数年骤增其数,至二百余种之多。计其中除论说时事外,专述宗教者二十六,官令法律六,理财通商二十九,医学、工艺二十六,文事、兵事十九。多每日刊行者,亦有每旬、每月刊布者。又洋文新闻英文三种,法文二种。当政府设立《新闻条例》之初,有《万国新志》系以

英人编纂和文,犯例而不甘受罚,谓外国人按约无遵奉日本法律之理。政府告之英国公使,谓苟如此则日本新闻假名于外人,例将为虚设。公使从其言,乃布告英民,除英文新闻外,如以日本书刊行者,即应遵日本罚则云。附识于此。由是西学有蒸蒸日上之势。①

除首句和末句外,这一大段文字都是以小字体夹注的方式附录。但他如此煞有其事地介绍日本"新闻纸"的兴盛史、发行量及其作用与影响,说明报纸作为一种新媒体在当时日本民众接受新知、开启民智过程中的地位举足轻重,给黄遵宪留下了深刻印象。维新变法时期晚清白话报刊的蜂起,除了旅日学者的亲身感受外,与黄遵宪《日本国志》的介绍与推广也不无关系。

当然,黄遵宪对日本"言文一致"运动最直接的接受,还是他的"言文合一"论。在《日本国志·学术志》中,他专列了"文字"一章,主要以日本书字的由来及其与汉字的关系来谈文字的优劣。需要注意的是,他的书中虽然也有对汉语汉字的反思,但更多的还是对日本语言文字的批判:

> 余观天下万国,文字、言语之不相合者,莫如日本。日本之为国独立海中,其语言北至于虾夷,西至于隼人,仅囿于一隅之用。其国本无文字,强借言语不通之国之汉文而用之。凡一切事物之名,如谓虎为於菟,谓鱼为陬隅,变汉读而易以和音,义犹可通也。若文辞烦简、语句顺逆之间,勉强比附以求其合,而既觉苦其不便,至于虚辞助语,乃仓颉造字之所无,此在中国齐、秦、郑、卫之诗,已各就其方言,假借声音以为用,况于日本远隔海外,言语殊异之国。故日本之用汉文,至于虚辞助语而用之之法遂穷,穷则变,变则通。假名之作,借汉字以通和训,亦势之不容已者也。②

---

① 黄遵宪:《日本国志》(第四册),朝华出版社,2017年版,第1331—1332页。
② 同上书,第1348—1349页。

他认为,造成日本言文分离的根本原因是长期使用汉字而"泥古不化",而中国的语言文字则一直在"各就其方言,假借声音以为用",显示出"随地而异""随时而异"的变化。当然,他也对日本"借汉字以通和训"的假名改造的努力表示了肯定,而对物茂卿辈倡古学、废和训、通汉文的主张进行了批判,认为那是不合时宜的复古之举,指出任何时候都要在书面语与人们日常生活所用的口语之间找到一种能够适应时代发展和人民需要的新语体,这不是对当时日本"言文一致"运动的随声附和,而是黄遵宪基于中日语言、文字的历史与现状的比较发展出的关于语言文字的深刻认知。

让人颇感意外的是,黄遵宪在反对日本机械学习汉语的同时,也不赞成当时甚嚣尘上的"汉字废除论",对当时日本学界弃汉学崇西学的行为非常不满。他认为日本并没有学到汉学的精髓:"夫日本之传汉学也如此其久,其习汉学也如此其盛,而今日顾几几欲废之,则以所得者,不过无用之汉学,刍狗焉耳,糟粕焉耳,于先王经世之本,圣人修身之要,未尝用之,亦未尝习之也。"[1]即使日本只是学到了看起来无用的"辞章之末艺,心性之空谈",也还是不能废汉字:"且即以日本汉学论,亦未尝无用也。今朝野上下通行之文,何一非汉字?其平假名、片假名,何一不自汉文来?传之千余年,行之通国,既如布帛菽粟之不可一日离,即使深恶痛绝,固万万无废理。"在他看来,汉语是日本假名之母,汉学还是西学之本,"西学中源"论被黄遵宪发挥到了极致:"以余讨论西法,其立教源于墨子,吾既详言之矣。而其用法类乎申、韩,其设官类乎《周礼》,其行政类乎《管子》者,十盖七八。若夫一切格致之学,散见于周秦诸书者尤多。"[2]他把西方的格致之学指认为中国的墨翟之学,可以说是一种文化民族主义的偏见。但他的这种偏见在国家民族主义的强国论面前又实现了妥协。黄遵宪最令人称道的地方就在于,作为一个睁眼看世界的出色的外交家,他身上没有那种故步自封的天朝上国心态,而是以发展的、包

---

[1] 黄遵宪:《日本国志》(第四册),朝华出版社,2017年版,第1320页。
[2] 同上书,第1321—1322、1332—1333页。

容的眼光来看待西学的输入、中西学之争和日本的语言变革问题,日本无论是全盘接受汉学还是西学,他认为都是不对的,应该在继承汉学、借鉴西学的过程中发展本民族的语言文化。虽然他并未明确意识到日本废除汉字"脱亚入欧"的政治意图,但他还是感受到日本通过学习西方、倡导"言文一致"运动"骎骎乎有富强之势",于是很自然地有了移植日本经验改革本国语言文字的想法,这里面既有对本民族文化的认同感,也有正在形成的民族国家建构的使命感。

(二)今与俗:黄遵宪"言文一致"思想的基本内涵

黄遵宪在《日本国志》中介绍了日本言文一致运动的状况,并将其与中国当时的"言"与"文"相离问题及其对中国政治、文化、教育等方面的影响联系在一起,把日本的言文一致运动与中国社会的实际相结合,形成自己的"言文一致"观。他意识到"文言文"在我国传统文学文化中根深蒂固,要想真正废除文言是很困难的事。他的"言文一致"观念更多是指:创造一种通俗易懂、能够为大多数人接受的新文体,以启发民智,为维新变法奠定群众基础,最终实现强国救国。黄遵宪在青年时期就有先进的文体改革意识,在日本又接受了西方先进文化和"言文一致"思想,随着阅历的不断加深,他的"言文一致"观念也在不断地完善。

1. "我手写我口"的诗学观

青年时期,黄遵宪针对当时文坛上的拟古思潮,提出了"我手写我口,古岂能拘牵"的口号,这是文学史上第一次明确提出的有关口语与书面语相一致的说法。当时第二次鸦片战争和太平天国运动结束不久,清王朝的政权已现摇摇欲坠之势,士大夫中的先进分子开始关注世界格局的变化,获取海外资讯。但是毕竟闭塞太久,觉醒者总是少数,大多数儒生仍然在传统封建理学的束缚下,选择通过科举考试步入官场。在八股取士制度的影响下,这些旧派文人秉承着尊古崇古的风气,他们思想僵化、古板,只知一味学习古代封建典籍,而不关注当前的社会生活,与时代发展相脱节。黄遵宪则与这些旧派文人不同,他反对封建理学的禁锢,直面当时"俗儒好尊古,日日故纸研,六经字所无,不敢入诗篇""古人弃糟粕,见之口流涎"的现实,以"我手写我口,古岂能拘牵。即今流俗语,我若登简编,五千年后人,惊为古斓斑"①的宣言予以反击。

"我手写我口"的呼声,表达了他的"革新"观念,是他创造"我之诗"的体现,强调了对现世的书写;反对泥古思潮,反对模拟陋习,反对滥调套语,主张文章的经世致用。黄遵宪用变易的眼光去看待"古"与"今"的转换,打破了今人对"古"的迷信,去除了古语中的糟粕;将目光放在当下的现实生活,吸收现代的、活的语言,突出了写作者的主体性,将过去与未来以此在为中心连接起来。他认为写作的内容和体裁都不应该局限于古代典籍,而要从现实中获得源泉,将"古"与"今"连接在一起,追求"我手写我口"的"新境界"。在内容上,黄遵宪强调要重视现实的积累,凡是生活中的经历都可以作为写作素材,而无须一味追求"与古人同"。在《人境庐诗草》中,黄遵宪所写之诗就详细记载了当时的社会状况和一些新事物,例如轮船、电报等。也因此,黄遵宪的诗才被称为"诗史",为后人赞扬。在体裁上,黄遵宪强调不受形式的局限,勇于创新"我之诗"。他创造性地将散文的叙述方式与诗歌相结合,将新事物、新理想、新追求与传统诗歌相融合,为当时沉闷的诗坛注入了新风。

通常认为,"我手写我口"就是一种文学语言口语化书写的自由,是"言文一致"的语体、文体革新的表现。但这个口号的意义还不止于此,它还是黄遵宪反抗传统束缚、尊崇自由个性的新思想之体现。黄遵宪接受的是传统教育,但与李鸿章、何如璋等洋务派有接触,接受西方思想文化的熏陶较早,后来更有多年的海外游学、外交经历。而在此之前他就敢于发出"我手写我口"的呼声,不随大流、不顾教条主义、不惧"权威",能够保持自我独立的灵魂,坚守书写者的主体性。也就是说,"我手写我口"不仅是黄遵宪实现语言流俗化、简易化的要求,更是他提倡个体意识觉醒,推崇现实,反对封建传统理学束缚人性,提倡平等自由思想的

---

① 吴振清、徐勇、王家祥编校整理:《黄遵宪集》(上卷),天津人民出版社,2003年版,第90页。

体现。

2. "随时而异""随地而异"的语言发展观

语言文字应该随时代、地域的不同而发生相应的变化,不能泥古不化,否则就会出现语言和文字相脱节的情况,这是黄遵宪"言文一致"思想的核心内容。他在《日本国志·学术志》中的这段话影响深远:"文字者,语言之所从出也。虽然,语言有随地而异者焉,有随时而异者焉,而文字不能因时而增益,画地而施行。言有万变,而文止一种,则语言与文字离矣。"①而要改变这种文字与语言相脱节的状况,就应该让文字也跟上语言发展的步伐,根据当下的社会生活现实来创制新词,以符合语言发展的实际。黄遵宪认为,日本因为照搬汉字而又转换语音导致语言文字最"不相合",故而引进外来词语、创造新词成为日本"言文一致"运动的一项重要内容。中国的语言文字分离状况虽然没有日本那么严重,但这种趋势还是非常明显。因而他在描述日本新文体——假名运动的特征时,也将其发展过程与语言文字发展方向相结合,思考中国文字改革的方案。他的"随时而异""随地而异"的语言发展观,就是要求语言文字与新的时代内容相融合,语言、文字同步发展才能实现真正意义上的"言文一致"。因此,他在诗歌创作的过程中特别注意新名词的运用。关于这一点,此前有很多学者已经谈到。周晓平的《黄遵宪书面语变革实践的路径、因果与影响》一文中没有特别提到他的日本经验,而是主要立足早年提出"我手写我口"来分析他的语言变革缘由:"中国语言文字存在着种种缺陷,如:方言歧出纷纭,口头语言与书面语言不统一,语言呈萎缩、僵化之象,以及难认、难写、难知等,与时代的发展很不协调。"②这不无道理,但无法说明黄遵宪诗歌中大量使用的新词语的来源。据统计,黄遵宪所保留下的1128首诗歌中,约有147首诗歌记载了当时的"新词语",共有"新名词"201个。而这些新名词"来自日本的名词占有相当大的比例。

---

① 黄遵宪:《日本国志》(第四册),朝华出版社,2017年版,第1348页。
② 周晓平:《黄遵宪书面语变革实践的路径、因果与影响》,《中国现代文学研究丛刊》2012年第9期,第179页。

其中一部分是言当时新事新物的'新'词,还有一部分是黄遵宪翻译当时日本的一些事物的名称,尤其在《日本杂事诗》中,大多属此类新名词。这其中既包括日本的一些古语,也包括日本的一些现代词汇"。① 这一论述比较清晰地描述了黄遵宪新名词的运用与日本经历的关系。沈国威曾在书中专列一节,对黄遵宪《日本国志》《日本杂事诗》使用的日语词汇进行考察,罗列了包括"卫生""共和""国体"等在内的日本词汇近150个②,肯定了日语是黄遵宪新名词的主要来源。除了直接引进,黄遵宪还提出了创造新字的方案。他在给严复的一封信中列举了"假借""附会""谐语""还音""两合"等"造新字"的具体方法,郑海麟把它概括为"从方言俗谚即老百姓的口头语言中吸收新出现的词汇"和"吸收佛教、基督教等宗教语言中的词汇,即今天所谓的'外来语'"等"古为今用""洋为中用"的两个途径。③ 从黄遵宪信中隐约呈现的"世界性"格局和眼光来看,这应该是他基于日本经验得出的结论。

黄遵宪引进或创造的这些新名词,不仅改造了语言,还开阔了民众的视野,起到了传播新知、启发民智的作用。黄遵宪凭借外交官的优势,足迹遍布各大洲,接触了西方先进思想和新事物,他将这些经历和事物都记载在诗歌之中。翻阅黄遵宪的诗作,可以发现他的诗大多描绘的是西方工业革命后,科技给世界的新变化,诗中大量记载了工业文明时期的新事物和新词语,"蒸汽机""电""火车"等词语层出不穷,诗歌语言面貌一新,也将一个全新的世界打开在世人面前。黄遵宪将这些新事物、新思想介绍到国内,极大地刺激了民众的想象,将改革新风吹进了沉闷腐朽的晚清社会。

3. "适用于今,通行于俗"的文体观

文体观是黄遵宪在谈到语言文字的变化时顺便提及的内容,但其实

---

① 刘冰冰:《试论黄遵宪诗歌中"新名词"的运用》,《齐鲁学刊》2006年第5期,第87—88页。
② 沈国威:《近代中日词汇交流研究:汉字新词的创制、容受与共享》,中华书局,2010年版,第225—226页。
③ 郑海麟:《黄遵宪与中国的语言文体改革》,《文史知识》2008年第9期,第18—19页。

他并没有特别明确的语、文分体的概念。从《日本国志·学术志》中的描述来看,他将西学、中学、文字、学制四部分内容统称为"学术",这是一个较为含糊的概念,将文化、语言、文学、教育等相关内容杂在一起。这样的"学术",自然不会有特别明晰的文体学概念阐释。但是黄遵宪在《日本国志》中确实提到了"文体",他所认为的"言文分离"中的"文",一方面指向文字,但另一方面也隐约有"文章""文体"之意。单独的文字并不能产生太大的言文分离问题,只有形成文体之后才会造成理解的障碍。因此他直接要求变更"文体":"余又乌知夫他日者,不更变一文体,为适用于今,通行于俗者乎?嗟乎!欲令天下之农工、商贾、妇女、幼稚,皆能通文字之用,其不得不于此求一简易之法哉。"①实际上这一"简易之法",就是前面提到的"随时而异""随地而异"的语言文字改革,创造与时代、与社会同步的新语新词,但是在具体的操作层面毫无疑问是一个文体改革的问题。

具体来说,文字书写活动最重要的形式就是文学创作,文体就是文字的组织方式。黄遵宪提出文体应向"适用于今,通行于俗""明白晓畅,务期达意"的方向转变。这就要求将现如今的旧文体进行变革,在书面语体与人们日常使用的流俗语体之间找到一种能够适应时代发展、具有生命力的"新文体"。这种文体无论写法还是用法都比较自由,没有刻板的形式,冲破了各种"义理"的束缚,甚至可以在其中融入俚语、"外来语"等。更难得的是,黄遵宪不仅提出了文体改革思想,也进行了改革实践。1896年黄遵宪在上海参与出资创办《时务报》,鼓励人们发表思想新颖,语言通俗的文章,报纸一经发售就引起社会轰动,《时务报》的发行对文体改革的推进产生了显著的效果。《时务报》创办初期,黄遵宪为使大多数人能够读懂报纸,提倡使用浅易活泼的语言来写文章,并聘请梁启超来主笔,报刊界一时盛行数种明白易懂的"报刊文体",教育界也出现了使用通俗语写成的教科书。此外,黄遵宪还积极创办时务课堂,改革新学,为新文体思想的传播和实践做出了突出贡献。

---

① 黄遵宪:《日本国志》(第四册),朝华出版社,2017年版,第1351页。

(三) 但开风气不为师:黄遵宪"言文一致"论的先导作用

从"我手写我口"到《日本国志》中"言文一致"的正式提出,再到为实现"言文一致"所进行的实践,黄遵宪的"言文一致"观启发了人们的语言观念,冲击了封建文化专制制度,对当时乃至此后很长一段时间的语言、文化、思想变革都产生了广泛而深远的影响。

1. "诗界革命"与文体革新

自黄遵宪以无畏的勇气喊出了"我手写我口"的呼声,他就将自己的"言文一致"观念付诸诗歌语体、文体的变革。他以"别创诗界"作为自己的奋斗目标,引领文人走出尊古泥古的泥沼,将诗歌从经验的"神坛"拉回到现实的"人境"中。为此,他一方面提出要创新诗歌语言,将明白易晓的流俗语入诗;另一方面,提倡诗歌的内容应该反映现实,取法于古,植根于今,达到"诗外有事,诗中有人",最终实现"别创诗界"的志向。在《人境庐诗草》中,黄遵宪留下了大量反映当时社会现状、具有诗史价值的诗文,如《冯将军歌》《流求歌》《哭威海》等被称为史诗的诗篇,将瞬息万变的社会现实用诗歌记录下来,在诗歌界掀起一场革新风潮,促进晚清诗歌向现代转型。

在新文体的创造方面,黄遵宪也厥功至伟。他倡导"通行于俗,适用于今"的新文体,以实现"天下之农工商贾妇女幼稚,皆能通文字之用"的蓝图。实现这一蓝图的最主要的载体就是《时务报》,他聘请擅写新体文章的梁启超为报纸的主笔。梁启超的"时务文体"使得《时务报》广受欢迎,其广泛传播反过来又进一步促进了"时务文体"的流行,语体和文体、形式与内容在这里达到了双向统一。而从思想价值层面而言,通俗化的语言对开民智、兴民权有极大的促进作用,一定程度上为培养具有现代素质的新国民打下了基础。

2. 信息传播与思想先导

《日本国志》的成书让国人第一次真正认识日本,了解到日本的明治维新。因此,可以毫不夸张地说,因为黄遵宪我们才真正了解了日本。不愿做亡国之君的光绪帝对黄遵宪大为欣赏,他向臣子索要黄遵宪的《日本国志》,足见这本书在当时的价值和地位。当然,《日本国志》作为了解日本国史的意义其实并不突出,它最主要的价值还在于信息传播与思想先导。日本实质上就是一个横在中、西之间的中介,是中国眺望西方的窗口。黄遵宪的撰述为广大知识分子打开了这个窗口,让他们看到一个一直接受中国文化熏陶的国度向西方富强之国转型的过程,从而为中国由封建帝国向现代国家转变奠定了思想基础。

其中,"言文一致"是他重点推介的内容。"言文一致"思想在中国的传播,让国人第一次正视"言""文"不一致带来的严重后果,启发了知识界对语言文字问题的思考,也引发了此后长达数十年的关于"文白"优劣的争论。而作为"诗界革命"的旗手,黄遵宪的"诗界"革新宣言和文体变革实践也根植于"言文一致"观念。晚清至五四时期的白话文运动倡导者纷纷从黄遵宪的"言文一致"观中寻找思想源泉和认同感。胡适曾极力推崇黄遵宪"我手写我口"的主张,认为这是"诗界革命"的首倡,并将此作为推行白话、流俗语体的理论支持。周作人在五四运动时期也十分提倡黄遵宪的思想,他从现代诗歌创作的角度来评价黄遵宪的"我手写我口",认为这是开"中国现代诗歌之先河"。黄遵宪的诗界革新思想为五四新诗的兴起提供了思想的源泉,也为白话文运动的开展打下坚实的理论基础,营造了良好的舆论氛围。

3. "言文一致"与"国家"观念的萌芽

日本的"言文一致"谋求的是"脱亚入欧"的民族国家的建构,黄遵宪的"言文一致"论来源于日本,虽没有明确的政治指向,但谋求国富民强的政治诉求正与日本相同。他倡导"言文合一",目的就是通过语言文字来团结民众,增强国人的民族凝聚力和向心力,逐渐形成一种类似日本那样正在兴起的"民族国家"的局面。黄遵宪在《日本国志》中着意分析了报纸、学校教育等对日本这个国家的影响,同时还对中学、西学进行了非常精细的比较,从语言文字内部这个最核心的地方发现了日本"骎骎乎有富强之势"的秘密,从而对中国几千年来的"天朝上国"及"天下"的观念产生了巨大的冲击,在借助一个新型民族共同体的语言变革实践的基础上,让一种还不曾明确的"国家"观念呼之欲出。《日本国志》这一书名本身就凸显了一种典型的"国家"意识。实际上,"万国""国语""国音""国会""国民"等概念在书中比比皆是,语言文化的考察与民族国家观念在这里实现了无意识对接。当然,必须承认,这样的国家观念还只是处在萌芽状态,并没有真正发生。由于中国长期处于封建帝国时期,郡县制和朝贡体制使其成为"天朝上国","普天之下莫非王土,率土之滨莫非王臣"的"天下"观根深蒂固。所以梁漱溟说:"中国人意识上,仿佛知有天下而不知有国家。"[①]鸦片战争后,严复、黄遵宪等有识之士向西方及日本学习后,才知道"中国"之外还有"万国",打破了以往的"天下观"。严复的翻译让时人确切地知道"国外有国",而黄遵宪的日本经历,特别是他对日本"言文一致"运动的认知,则让国人真切地感知到了一个民族国家的崛起及其可能的途径,这无疑会对此后的开发民智、启蒙立国运动产生积极影响。

二、"觉世"与"新民":梁启超的"三界革命"与"言文一致"

黄遵宪是清末"言文一致"论的最早倡导者,也是"诗界革命"的先行者,但他并没有明确使用"白话"这一概念来推行自己的思想,"诗界革命"的口号也是梁启超最先喊出来的。因此,尽管黄遵宪在理论倡导和实践操作方面都对当时的语体、文体变革有导引之功,可以算得上是清末白话文运动的开路先锋,但还不是这场运动中运筹帷幄的主将,主导清末白话文运动大势的还是梁启超。通常我们用这样的词语来描述梁启超:资产阶级改良派的代表人物,维新变法运动中杰出的政治宣传家,近代中国著名的政治家和思想家,当然后面还有一长串称号:学者、文学家、史学家、法学家等等。但在1918年之前,确切地说是1898年前后几年,梁启

---

① 梁漱溟:《中国文化要义》(节选)(1949),翟奎凤选编:《梁漱溟文存》,江苏人民出版社,2014年版,第488页。

超主要是以政治家的身份而存在的。不过,耐人寻味的是,在确认梁启超的政治家身份的时候,他所倡导的"诗界革命""文界革命""小说界革命"甚至比他对君主立宪政体的提倡更受关注。文学与政治,两个目前被认为需要严格划清界限的领域,在梁启超这里不分彼此,结为一体。而更加值得关注的是,语言在其中起了黏合剂的作用:无论是文学变革,还是政治改良,其实都是通过"言文一致"这一核心观念来体现的。梁启超"三界革命"的倡导,从表面上看是一系列的文学文体的革命,但本质上是一种要求"言文一致"的语体变革,而不管是语体还是文体的改变,最终的落脚点都是"觉世"与"新民"的政治诉求。

(一) 觉世与传世:从"报章体"到"新文体"

对梁启超文学活动的考察,一般是从"诗界革命"开始的。但"诗界革命"的口号其实是与"文界革命"的口号一起,由梁启超于1899年在《夏威夷游记》中提出来的。而梁氏对于"诗界革命"的贡献,口号提出的意义远远大于其在诗歌创作实践方面的影响。真正对"诗界革命"起决定性作用的是黄遵宪,梁启超、谭嗣同、蒋观云等虽也投身其中,但主要只是起推动作用而已。梁启超最为人称道的"以旧风格含新意境"的诗歌理论主张,其实也无非是对黄遵宪的"新派诗"创作及其诗论的理论总结而已。因而,黄遵宪才是名副其实的"诗界革命"代表人物,他的"我手写我口"的诗学观是对传统诗歌语言形式、情感内容由外到内的整体改造,是清末白话文运动要求"言文一致"的先声。前文对此已有申述,此不赘。

"诗界革命"中梁启超的作用并不明显,而"文界革命"则是完全由梁启超主导。这不仅仅是因为梁启超首先明确提出了"文界革命"的口号,更重要的是他几乎凭一己之力创造了影响一时的"新文体"。

关于"新文体",夏晓虹的评述最为全面。在《阅读梁启超:觉世与传世》一书中,她指出,"新文体"是梁启超在《清代学术概论》中对其某一时期文章体式的总结性称呼,也是他的"文界革命"思想的具体实践。而为了对各种歧见进行有力驳斥,她继而对"新文体"的产生背景、基本特征、通行时期、表现形态与功效等作了全面考察。具体来说,她认为"新文体"是在特定的历史条件下由梁启超一手促成的,而所谓的特定历史条件主要指西学东渐、八股取士的科举制度的废除、近代报刊的出现、"桐城派"古文的没落等等;随后她从平易畅达、杂以俚语、杂以俗语、杂以外国语法、纵笔所至不检束、条理明晰、笔锋常带情感七个方面来概括"新文体"的特点,进而指出"新文体"是梁启超在兼取不同语体之所长、打破各种文体之界限的情况下创制而成;紧接着她对"新文体"的通行时间详加考证,认为"新文体"是由"时务文体"转变而来,是梁启超1898年流亡日本后才出现的,而五四以后梁启超已抛弃"新文体"而采用白话文,从而进一步确证"新文体"乃梁启超所独创;最后,她以梁启超的政论文、传记文、杂文等三类新体散文为例对"新文体"的表现形态与功效加以说明。① 至此,梁启超对"新文体"的首创之功毋庸置疑,他也当之无愧地成为"文界革命"的标志性人物。

但是,一人之力显然不足以改变整个历史发展的方向。与其说是梁启超首创"新文体"掀起了文界革命,不如说是梁启超顺应文学发展的历史潮流而做出了恰当的选择。虽然"新文体"的确为梁启超所发明,但无论如何我们也无法割裂"新文体"与此前散文发展的渊源关系。夏晓虹已经指出"新文体"是在"时务文体"的基础上发展而来,而"时务文体"虽然也是因梁启超主笔《时务报》而得名,但它并非由梁氏所独创,与梁启超的关系并不明显,且与"新文体"还存在很大不同。如夏晓虹引杨世骥所言:"这一类作品(按:指甲午以后出现的新学文章),胡适曾经名之为'时务的文章'(见《五十年来的中国文学》),而最早试写这种文章的人却是几个外国在中国传教的教士,如李提摩太(Timothy Richard)、林乐知(Young John Allen),和李佳白(Gilbert Reid)等三人,尤为当时重要的代表——他们……所办的报纸刊物,所做的文章,给予当时影响极大,随后郑观应、康有为、梁启超、刘桢麟、黎祖健、管斯骏等继踵而起,使这种文章

---

① 转引自夏晓虹:《阅读梁启超:觉世与传世》,东方出版社,2019年版,第134—154页。

的体式更完备了,势力更扩大了。"①则"时务文体"在梁启超创《时务报》(1896)之前已经流行。而"时务文体"其实就是维新派人士在报刊上发表政论文章时所用文体的统称,称之为"报章体"可能更为贴切。

"报章体"的出现可以追溯至19世纪70年代。当时已有一批西方传教士在中国创办了具有现代传媒特点的报纸杂志以传播西方文明、介绍科学知识,且影响越来越大。改良派政治家、宣传家也意识到报纸杂志的巨大作用,逐渐掀起办报热潮,王韬是其中的先行者。1874年,王韬在香港创办并主笔《循环日报》,以"强中以攘外,诹远以师长,变法以自强"为宗旨,鼓吹维新变法思想,成为我国近代史上第一位报刊政论家。他所撰政论文不拘格式,畅所欲言,文字只求辞达,深入浅出,富于感情,是"报章体"散文的直接源头。此后,"报章体"经郑观应、梁启超、徐勤、唐才常、谭嗣同等人继续发展,至《时务报》出,则被人称作"时务文体"。这是从报纸杂志作为载体、媒介对"报章体"的形成所起作用而言的,其实,若自思想上的渊源关系推之,则"报章体"甚至可以上溯至龚自珍、魏源。龚、魏主张经世致用,致力于散文革新。前者所著经世致用的政论文往往"以经术作议论",引古喻今,讥切时政,具有卓越的见解和激越奔放的感情,开创了经世散文的新风;后者"贯经术、政事、文章于一",他的散文文笔犀利,内容翔实,说理透辟而又明畅条达,逻辑严密而又挥洒自如。冯桂芬、王韬、郑观应等人的经世文风直接受龚、魏二人影响。

由此可以看出,"新文体"与"报章体"有明显的继承关系,与此前改良派诸人改革文风不无关系,绝非梁启超一人之功。但是,我们仍然有理由强调梁启超在"报章体"向"新文体"转变过程中的决定性作用,没有梁启超的改造,近代或许只会有"报章体"而不会有"新文体"。在我看来,"报章体"与"新文体"属性并不相同。不可否认,"报章体"是散文文体的一次重大转变,最重要的表现就是文体语言的通俗化。王韬的政论文就以畅所欲言、文字只求辞达、深入浅出等著称,冯桂芬也主张"称心而

---

① 夏晓虹:《阅读梁启超:觉世与传世》,东方出版社,2019年版,第151页。

言,不必有义法也"①,郑观应则自言其文章"随手笔录,不暇修琢词句"②。然而,无论他们怎么畅所欲言,不事雕琢,其文章体式依然是文言。只是因摆脱了"义法"的拘束,没有刻意求工的痕迹,且内容多贴近现实,选词造句力避险怪,因而语言趋于平易自然,文章更加明快通俗。但综合观之,"报章体"只是实现了"从报章古文化到古文报章化"的转变而已,它的语言还是"通俗化的文言"。"新文体"则突破了文言的框架,而处在文言向白话转换的历史性变革之中,取夏晓虹的说法而径以"半文半白"名之亦可。梁启超本人对"新文体"的语言特点也颇为得意,他在《清代学术概论》中总结道:"至是自解放,务为平易畅达,时杂以俚语、韵语及外国语法,纵笔所至不检束。学者竞效之,号'新文体'。老辈则痛恨,诋为野狐。然其文条理明晰,笔锋常带情感,对于读者,别有一种魔力焉。"③其中"平易畅达""条理明晰"数语虽与梁氏个人行文风格有关,但其脱胎于"报章体"之迹十分明显;而"杂以俚语、韵语及外国语法"实为"新文体"形成之关键,"新文体"半文半白的性质就体现在它融古文、史传文、辞赋、骈文、佛典、语录、八股文、西学译文,以及日本书的字法、句式、腔调、体制等为一体而形成的文白相杂的语体特点上。夏晓虹特别指出"新文体"是在梁启超东渡日本之后办《清议报》《新民丛报》期间形成的,似乎也有强调欧西文思、日文语法和句式及日文中现成的外来名词等对"新文体"发生的重要性之意。因此,"新文体"的语言已脱离了文言的范畴,而更接近于白话。"新文体"流传范围之广、影响之大,没有语言的白话化是难以想象的。虽然"新文体"只是半文半白的"过渡文体",但它对五四以后现代白话文的发生厥功至伟。"晚清的白话文不可能直接转变为现代白话文,只有经过梁启超的'新文体'把大量文言词汇、新名词通俗化,现代白话文才超越了语言自身缓慢的自然进化过程而

---

① 冯桂芬:《复庄卫生书》,郭绍虞主编:《中国历代文论选》(第四册),上海古籍出版社,1980年版,第51页。
② 郑观应:《盛世危言》,辛俊玲评注,华夏出版社,2002年版,第13页。
③ 梁启超:《清代学术概论》,《饮冰室合集》(专集第九册),中华书局,2015年版,第6828页。

加速实现。"①

"报章体"到"新文体"的语体转变,脱胎于梁启超文学观念的转变。清末白话文运动关涉开民智、维新变法宣传等,"新文体"语言的白话化也与此有关。梁启超借《新民丛报》以"新民"的政治意图从来都不是秘密,有人因此将"新文体"称为"新民体"。这有一定的合理性,但远不是事实。梁启超不仅仅是一个政治家,还是一个文学家。从政治宣传角度讲,梁启超完全可以与改良派报人一样写作"报章体",或者直接用白话来鼓吹改革——同属维新派的裘廷梁在1898年就开始鼓吹白话了,但他却选择了半文半白的"新文体"。说他不会写白话文是毫无道理的,《欧游心影录》如此漂亮的白话文章不至于突然就能写就。只能说"新文体"是作为文学家的梁启超的文体改革实验。换言之,"报章体"的白话实践是所有改良派报人共同的政治宣传需要,而半文半白的"新文体"才是作为文学家的梁启超的一大发明。

如何处理文学与政治的关系,是梁启超一生面对的难题。1918年以前的梁启超把对文学的热情主要转移到了政治上。在1897年的《湖南时务学堂学约》中,他区分了"觉世之文"与"传世之文":"学者以觉天下为任,则文未能舍弃也。传世之文,或务渊懿古茂,或务沉博绝丽,或务瑰奇奥诡,无之不可;觉世之文,则辞达而已矣,当以条理细备,词笔锐达为上,不必求工也。"②并表达了作"觉世之文"以投身政治的愿望,此后亦曾表示自己为文"无藏山传世之志"③。而1918年以后,梁启超由政治家转变为学者,他的"觉世"责任感又转而被"传世"的愿望所取代,以至于产生了"为学问而学问"的想法。④但这样的区分只是就其大体而言,实际上"觉世"与"传世"的矛盾是贯穿其一生的。夏晓虹的观点堪称的论:"说到底,梁启超本质上还是个文人型的政治家,在'觉世'与'传世'之

---

① 夏晓虹:《阅读梁启超:觉世与传世》,东方出版社,2019年版,第327页。
② 梁启超:《湖南时务学堂学约》,《饮冰室合集》(文集第二册),中华书局,2015年版,第159页。
③ 梁启超:《原序》,《饮冰室合集》(文集第一册),中华书局,2015年版,第9页。
④ 梁启超:《学问之趣味》,《饮冰室合集》(文集第十四册),中华书局,2015年版,第3750页。

间,其前后期的侧重点虽有变化,但从政时不能忘情于文学,创作时又不能忘怀政治……可见梁启超并非单纯的政治宣传家,而确有艺术鉴赏力。只是政治家的责任与文学家的良心常常冲突,使梁启超的文学理论与创作呈现出矛盾状态。"①

"新文体"可看成是梁启超解决"政治家的责任与文学家的良心"的冲突所做的努力。一方面,这一通俗的文学体式使其政治思想得到广泛传播;另一方面,作为一种深受时人喜爱并被竞相效仿的新型文体,以《少年中国说》《呵旁观者文》《过渡时代论》等为代表的"新文体"的文学价值也得到了当时乃至今天的人们的肯定,"觉世之文"转而成了"传世之文"。而这一切皆得益于"新文体"半文半白的语体性质。质言之,梁启超倡导并实践的"文界革命",既是一场政治革命,又是一场语言革命。

(二)新小说:"新民"与改良群治

近代以前,小说一直是离白话最近的文体,却也是离政治最远的文体。然而在梁启超的"小说界革命"的号召下,小说一夜之间成了政治的密友,而与此直接相关的是,不入文学大雅之堂的小说一跃成为了"文学之最上乘"。②

一个容易被忽视的细节是,"小说界革命"的口号并没有与"诗界革命""文界革命"同时提出,在倡导诗界、文界的革命三年之后,"小说界革命"才姗姗来迟。且在《论小说与群治之关系》这一"小说界革命"宣言书中,梁启超还把小说提到了"文学之最上乘"的地位。问题马上就出现:为什么"最上乘"的小说直到最后才被注意到? 难道梁启超故意以诗、文的革命作铺垫而将"小说界革命"推向高潮? 这样的说法可资笑谈,但不合学理判断。看似合理的解释是,梁启超的文学观念此时发生了蜕变:此前只有诗文才是"文学",因而 1902 年之前的"文学革命"根本不用考虑

---

① 夏晓虹:《阅读梁启超:觉世与传世》,东方出版社,2019 年版,第 22 页。
② 梁启超:《论小说与群治之关系》,《饮冰室合集》(文集第四册),中华书局,2015 年版,第 865 页。

小说的存在,而当他把小说置于文学的中心的时候,"小说界革命"也随之而来。但这容易使我们产生这样的错觉:梁启超实现了对传统雅俗文学观念的根本转变,从而对传统的白话小说青睐有加。事实上,梁启超对中国古代小说颇多訾议:"吾中国人状元宰相之思想何自来乎?小说也。吾中国人佳人才子之思想何自来乎?小说也。吾中国人江湖盗贼之思想何自来乎?小说也。吾中国人妖巫狐鬼之思想何自来乎?小说也。……今我国民轻弃信义,权谋诡诈,云翻雨覆,苛刻凉薄,驯至尽人皆机心,举国皆荆棘者,曰:惟小说之故。今我国民轻薄无行,沉溺声色,缱恋床笫,缠绵歌泣于春花秋月,销磨其少壮活泼之气。青年子弟,自十五岁至三十岁,惟以多情多感、多愁多病为一大事业,儿女情多,风云气少,甚者为伤风败俗之行,毒遍社会,曰:惟小说之故。……呜呼!小说之陷溺人群,乃至如是!"①正因为传统小说如此恶劣,所以"小说界革命"也就势在必行。

以他对传统小说的态度来看,梁启超并未摆脱传统文人对小说惯有的偏见,虽然他的偏见主要来自小说的内容,但他似乎并不打算明确区分形式与内容,而是完全以小说文体的名义责之,如此显然无法得出小说为"文学之最上乘"的结论。那他对小说的好感又到底从何而来?

戊戌政变失败后流亡日本的经历显得至关重要。梁启超对小说的兴趣是从 1898 年 12 月于《清议报》发表《译印政治小说序》开始的。此后三年间,梁启超通过对日本明治维新时期的"政治小说热"的观察和思考,逐渐意识到小说在改造世道人心、进行政治宣传方面丝毫不弱于诗歌、散文,"小说界革命"的思想因此酝酿而成。与当时的中国一样,明治时期的日本在进行社会政治改良的同时也发生了文学改良运动,在自由民权运动的影响下,知识分子纷纷以欧西各国政治家、思想家借小说传播自由、民主思想为榜样,掀起了一股政治小说的翻译和创作热潮,并抬高了小说在欧西各国文学中的地位,片面夸大了政治小说对社会政治的改

---

① 梁启超:《论小说与群治之关系》,《饮冰室合集》(文集第四册),中华书局,2015 年版,第 867 页。

造之功。但也不可否认,政治小说的盛行的确对明治时期日本的自由民权思想的传播产生了积极的影响。梁启超深知"于日本维新之运有大功者,小说亦其一端也"①,于是开始借鉴日本的经验,转而提倡与创作"政治小说",并认为:"在昔欧洲各国变革之始,其魁儒硕学,仁人志士,往往以其身之所经历,及胸中所怀,政治之议论,一寄之于小说……往往每一书出,而全国之议论为之一变。"②小说既然不再只是市井小民、坊间俗众之道听途说,而是魁儒硕学、仁人志士之政治寄托,则其为"文学之最上乘"亦可知矣。不过,此小说非彼小说也,与"新派诗""新文体"相对应,梁启超也以"新小说"称之。"新小说"之"新"不在于它对传统小说在体制上有何突破,而在于它完全以政治改良思想取代传统小说"诲淫诲盗"的内容。从深层的心理机制来看,梁启超提倡"新小说"并不代表他的文学观念发生了实质性蜕变。虽然承认小说为文学的一部分显示了他的文学观念的进步,但他依然秉承着"文以载道"的文学观念,视小说为承载维新改良之道的工具,使小说发挥与诗文同样的社会政治功能。在这个意义上,"新小说"其实就是传统诗文的变种,"小说界革命"也就成了"诗界革命""文界革命"的延续。

强调小说的社会政治功能只是梁启超证明小说为"文学之最上乘"的第一步,小说至此可与诗文相等同,但没有实现对诗文的超越。魁儒硕学、仁人志士可以著小说以播其思想,也可以借诗文以广其学说,何以小说为"最上乘"?梁启超的理由是"小说有不可思议之力支配人道"③,并将这种支配人道的力概括为"熏、浸、刺、提"四种。关于"熏、浸、刺、提"四力的理解,方家早有详论,此处毋庸赘述。但却必须强调这一事实:梁启超正是从艺术感染力的角度把小说提到了"文学之最上乘"的地位。

---

① 梁启超:《自由书·传播文明三利器》,《饮冰室合集》(专集第二册),中华书局,2015年版,第4807页。

② 梁启超:《译印政治小说序》,《饮冰室合集》(文集第二册),中华书局,2015年版,第238—239页。

③ 梁启超:《论小说与群治之关系》,《饮冰室合集》(文集第四册),中华书局,2015年版,第864页。

当然,梁启超探讨小说艺术感染力的最终目的还是指向政治,《论小说与群治之关系》的总体意图明显带有使小说为政治改良、社会变革服务的功利性,但他对小说的艺术价值和审美功能的认识却是发前人所未发,在中国小说理论史上意义重大。由此亦可以看到,正如半文半白的"新文体"是梁启超在政治与文学相调和的基础上进行的有意识的文体创造一样,"新小说"的提倡也并非完全是由一个政治家的社会责任感所决定的,梁启超对文学的敏感也不容忽视,"小说为文学之最上乘也"实为梁启超对小说艺术感染力的由衷赞语,更何况借此又可以达成改良群治之功,文学与政治和谐统一,则"小说界革命"何乐而不为?

接下来的问题是,倡导"小说界革命"和"言文一致"有什么关联呢?不得不强调,梁启超所谓的"新小说"从根本上说还是白话体的通俗小说。他既重视对新小说思想内容的改造,又强调白话语体的通俗特征。梁启超所作之《新中国未来记》就是典型的长篇章回体白话小说,惜未完成。他把白话小说指认为"文学之最上乘",认为白话小说才能真正地入脑入心,就是对白话这一语体的肯定与赞扬。尽管很少见到梁启超对白话的直接见解,但他对白话的积极态度仍显而易见。以《论小说与群治之关系》一文观之,虽然他对旧小说的思想内容痛加批判,但显然没有反对白话的形式,"小说界革命"所追求的是"新小说之意境"与"旧小说之体裁"的融合;而在论及小说对人的"刺激力"的时候,他又指出:"此力之为用也,文字不如语言。然语言力所被不能广、不能久也,于是不得不乞灵于文字。在文字中,则文言不如其俗语,庄论不如其寓言。"[1]这可谓是对白话(俗语)的直接赞扬。到了1903年,梁启超更是从文学进化的角度来论证白话为文的必然性,他说:

> 文学之进化有一大关键,即由古语之文学变为俗语之文学是也。各国文学史之开展,靡不循此轨道。中国先秦之文,殆皆用俗语,观

---

[1] 梁启超:《论小说与群治之关系》,《饮冰室合集》(文集第四册),中华书局,2015年版,第866页。

《公羊传》《楚辞》《墨子》《庄子》,其间各国方言错出者不少,可为左证。故先秦文界之光明,数千年称最焉……自宋以后,实为祖国文学之大进化。何以故?俗语文学大发达故。宋后俗语文学有两大派,其一则儒家、禅家之语录,其二则小说也。小说者,决非以古语之文体而能工者也。本朝以来,考据学盛,俗语文体,生一顿挫,第一派又中绝矣。苟欲思想之普及,则此体非徒小说家当采用而已,凡百文章,莫不有然。①

可见梁启超并不是仅从小说"浅而易解"的通俗性上来认识白话的价值的,而是认为白话代表了文学语言的整体发展趋势,这已经是非常明确的提倡白话文的主张了,与后来胡适搜求古典白话文学资源撰述《白话文学史》实为同调。

正是在这个意义上,我们才会认为,梁启超倡导的"小说界革命"不只是一次小说领域的文体革命,而是整个清末白话文运动的一部分。其中的关键还在于,梁启超肯定了白话可以作为"文学之最上乘"的语言,同时这一"最上乘"的语言、文学形式还可以承担改良群治、塑造新国民等社会政治功能。尽管梁启超并没有在这里谈论"言文一致"的话题,但是这种对白话语体审美功能和政治功能双重效果的肯定,与黄遵宪倡导的"适用于今,通行于俗"的新文体、语体观并无二致。可以说,黄遵宪找到了语体、文体改革的方向,而梁启超则直接找到了白话这一语体来证明这一方向的正确性。在清末白话文运动的历史语境中,梁启超高度赞扬白话小说的价值与直接提倡"言文一致"在本质上并无差别。

三、返本与开新:章太炎"言文一致"的二重性

黄遵宪、梁启超等维新人士倡导"言文一致"、发起白话文运动,是与

---

① 梁启超:《小说丛话》,郭绍虞主编:《中国历代文论选》(第四册),上海古籍出版社,1980年版,第125—126页。

他们的维新变法主张相适应的。而后来转向保守主义的刘师培、章太炎等人一度也参与其中,则颇为令人费解。其实刘、章二人早年颇为激进,"咸与维新"是可以理解的,只是由于他们后期站在了新文化运动的对立面,学界一般还是以保守派视之。通常认为,承认文言、白话两种语体并存的格局是文化保守主义者固有的认知,他们认可的是白话通俗、启蒙的特质,这一点跟维新派并无二致,因此也会有节制地参与白话文运动;但同时他们又固守着文言、白话的雅俗二分,在述学为文的过程中坚守文言立场,实质上还是传统的二元对立的文言、白话观。不过这无法解释刘师培、章太炎等人白话述学的文体实践。因而也有部分学者认为,清末白话文运动在当时确实造成了较大影响,以至于原本对白话抱有成见的保守派也被迫卷入,不得已对白话的价值重新思考,进而提升了白话的地位,拓展了白话的使用空间。如何评价保守派在白话文运动中的二元姿态,的确是个见仁见智的问题。但其实跳出各自既定的价值立场,仅从参与白话文运动的目的和对待白话的态度来看,则维新派与守旧派,并不存在语言观上的大差异,他们倡导白话都是以新民强国的民族启蒙和"言文一致"的语体改革为旨归的。这在刘师培、章太炎等人身上表现得尤为突出。

(一)"讲说"国学:章太炎、刘师培的白话述学实践

章太炎与刘师培在很多方面都有相似之处。二人都是享有盛誉的国学大师,早年都曾受到激进的无政府主义思想的影响,参与清末维新变法或民主革命活动,也因此都被清政府通缉而先后流亡日本。回国后两人的思想惊人地一致趋于保守,一起站在五四新文化运动的对立面,成为文化保守主义的国粹论者。加上二人字号中都有一个"叔"字,学界因此往往以"二叔"并称。值得一提的是,"二叔"还分别以《中国白话报》《教育今语杂志》为阵地参与了清末的白话文运动,撰述了一批白话述学文章,成为白话写作的积极倡导者和先行者,对当时的白话述学之风和五四时期的白话写作起到了示范和引导的作用。

刘师培的白话述学文写作要早于章太炎。1904年左右,刘师培作为《中国白话报》的主要撰稿人,先后在"学术"栏发表《讲民族》《说君祸》《论责任》《说立志》等学术性述学文,在"论说"栏发表《中国理学大家颜习斋先生的学说》《黄梨洲先生的学说》《王船山先生的学说》《刘练江先生的学说》《中国思想大家陆子静先生学说》《泰州学派开创家王心斋先生学术》《西汉大儒董仲舒先生学术》等思想家系列述学文,还有"历史"栏的《学术》《兵制》《田赋》《刑法》《宗教》《教育》以及"地理"栏的《论中国地理的形势》《讲中国地理的大略》《说运河》《论山脉》等科普性述学文。这些文章都是以通俗的白话语体撰述而成,总计40余篇。如此大规模的白话文创作,在清末白话文运动的倡导者中实属罕见,更难得的是,这不是一般的新闻类写作或通俗演义类的小说文体创作,而是带有专业知识和思想见解的学术论说,突破了文言对学术话语的垄断,具有白话文体实验的探索意义。当然,这并不意味着刘师培彻底改变了他对文言、白话雅俗二元结构的划分,他以"偶词俪语"为正统之"文"的观念根深蒂固,视骈文为文体正宗,但又并不排斥俗语为文的价值:"以通俗之文,推行书报,凡世之稍识字者,皆可家置一编,以助觉民之用。"于是就自然形成了他述学为文的两副面孔:"一修俗语,以启瀹齐民;一用古文,以保存国学。"[①]显然,刘师培还是将白话定位为通俗、启蒙的语言工具,白话述学的意义就在于深入浅出、化繁为简地向民众讲说国学知识、阐发民族精神和激发民众斗志,用他自己的话说就是"三个宗旨":"一桩是讲国学,一桩是讲民族,一桩是主激烈。"[②]需要特别强调的是,"讲国学"和"保存国学"是不同的,"保存国学"是文言才能达成的,"讲国学"才是白话的"职责","两讲一主"的说辞本身就表明了他对白话语体功用性的理解。不管怎么说,刘师培的白话述学还是肯定了"俗语入文"的价值,为清末"言文一致"的语体写作提供了很好的

---

① 刘师培:《论文杂记》,洪治纲主编:《刘师培经典文存》,上海大学出版社,2004年版,第248页。

② 光汉:《历史》,《中国白话报》第9期,1904年,第20页。

范本,客观上助推了清末的白话文运动。

章太炎的文学观念与刘师培如出一辙,他的白话述学文也如刘氏一样强调"讲说",甚至更像是带有演说风格的演讲稿。在他主持的《教育今语杂志》上发表的白话述学文,总计六篇,分别刊于第一、二、三、四册"社说"栏和第二册"群经学"栏、第三册"诸子学"栏。其中第一篇主要讲述"中国文化的根源和近代学术的发达",第二篇讲述"常识与教育"问题,第三篇题为《论教育的根本要从自国自心发出来》,第四篇主讲"留学的目的和方法",第五篇是《论经的大意》,第六篇则是《论诸子的大概》。这些文章的发表,得益于章门弟子钱玄同的编辑与整理。钱玄同在日记中几次提到为《教育今语杂志》创作《发刊辞》《文字源流》等篇,说明他的确对此非常用心。后人甚至有章太炎的白话述学文为钱玄同代笔的说法,这一方面是因为这些文章都是以笔名"独角"而非章氏实名发表,人们对章太炎白话写作的可能性存疑;另一方面也是因为《教育今语杂志》上的部分白话文的确出自钱玄同之手,故而真假莫辨。从后来章太炎自己将《章太炎的白话文》结集出版的态度来看,章氏的版权应该无可置疑,但也存在钱玄同帮忙整理、修改的可能性。一个无法确证但又合乎逻辑的推断是,这些白话文是章太炎在日本东京创办"国学讲习会"时留下的口语白话的演说稿或者是钱玄同听讲时记录下来的讲课实录。留日期间,钱玄同与章太炎过从甚密,钱氏的日记中记载了大量听章太炎讲学、传抄章氏文稿的内容,且有"无书,惟凭口说"[①]的记录,表明太炎先生一般都是即兴授课、演讲。这样的讲说自然带有现场自由发挥的随意性,口语表达也会有跳脱、重复甚至错漏之处,等到刊载《教育今语杂志》时有所修饰和补充完善,经钱玄同之手整理完成也合情合理。

从内容上来看,章太炎的白话文主要还是立足于保存国粹,介绍国学经典,普及平民教育。他对当时盲目崇洋的风气特别反感,试图发掘出本民族的文化、语言、历史和学术典籍来强化"自国"的学问和教育,其用意在于以极浅显的白话,说最精透的学理,可以作为白话文的模范,并以此

---

① 杨天石主编:《钱玄同日记》(整理本),北京大学出版社,2014年版,第185页。

增进国人的民族自尊心和自豪感,显示出极强的民族主义精神和思想革命的倾向。这与他一贯的"用国粹激励种性"的思想一致。章太炎虽然没有参加科举考试,但他受传统经学教育的影响极深,"研精学术,忝为人师"①是其一生追求的学术志向。诂经精舍是章太炎人生道路上的一个重要驿站,他从1890年到1897年前后八年师从俞樾研习古文经学,青出于蓝而胜于蓝,终成一代经学大师。1894年中日甲午海战的惨败,激起了章太炎民族自强的革命意志和家国兴亡的政治情怀,他不顾恩师的反对,毅然投身维新变法运动,失败后逃亡日本,进而广泛接触革命爱国志士,大张民主革命旗帜。在他第三次流亡日本时,同盟会总部主持召开了极为隆重的欢迎会,在《东京留学生欢迎会演说词》中他提出了他的国学强国论:用国粹激励种性,增进爱国的热肠。他相信只要古老的中华文化仍在,国脉仍在,种性犹存,国家就会有光复的一天。至于中国的文字,他总是将其与"爱国保种"联系起来,他一生好用高古冷僻的文字,往往是以发扬小学、保存国粹相号召,即便饱受批评也坚决不改。除了语言文字以外,人物事迹以及典章制度也要格外珍惜,因民族种性深深植根于这些历史之中。而人物事迹和典章制度的记录都离不开语言文字,语言文字等作为国学根基的价值正在于此,精通小学的章太炎正是基于此才对白话文运动产生兴趣并开展白话文实践的。

(二)"一返方言":章太炎"言文一致"观的内在矛盾

1906到1910年期间,章太炎长期居住在日本,此时的他对西学有着广泛的涉猎,并将语言文字放在传统国学的核心地位,对现代中国语言文字的走向有着系统的思考。继1906年出任《民报》社长后,章太炎先后参与了两次轰动一时的有关语言文字问题的论争,分别是:1907年章太炎撰文批判以张之洞、端方为代表,由日本人创立的"汉字统一会";1908年就"万国新语"(世界语)与巴黎《新世纪》的吴稚晖大打笔战。1907年,章太炎关于语言的一部重要著作《新方言》开始在《国粹学报》上连

---

① 金宏达:《章太炎传》,上海人民出版社,2014年版,第8页。

载,到 1909 年修订以后刊行成书。他在《汉字统一会之荒陋》和《驳中国用万国新语说》两篇文章中多次提到《新方言》一书,并提出以"一返方言"为出发点,来对抗"汉字统一"与"万国新语"。章太炎在这两次辩论中的理论基石都来自他对方言问题的独到理解。章太炎先生是怎样通过"一返方言"这一理论基石反对貌似保守、发源于日本的"汉字统一"论,又抵抗看似冒进、奠基于欧洲的"万国新语"的呢? 面对"步武日本""规仿泰西"的潮流,章太炎对"言文一致"又有着怎样的思考?

关于"言文一致",章太炎认为应该努力达成"言""文"地位的相对平衡,不能让"言"或"文"强就一方以实现压迫式的一致。因此,他对当时流行的"俗士"的"言文一致论"和"妄人"的"文言一致论"都持批判态度。这两种论调分别指向的是以张之洞、端方等为代表的"汉字统一会"和以吴稚晖、李石曾为代表的"万国新语派"。

先来看"汉字统一会"。"汉字统一会"原是 20 世纪初期日本国粹派基于"汉字国字论"发起成立的一个文化组织,也是日本言文一致运动中强调立足本土资源塑造国语的一派。日本思想界在明治以后两分天下,"国粹主义"与"欧化主义"各执一方,不分上下。前者目的在于保存本国固有的精神,后者则完全以欧洲为榜样。从语言文字改革的角度来说,欧化派学人倡导采用罗马字母,推广拼音文字,希望用五十个假名囊括一切发音,只要能说就能写,实现文和言的一致。相比国粹派的"汉字统一论",欧化派的论调可能更为晚清的知识界所接受。从日本语言文字历史的角度来看,汉字和假名是日本同时使用的书写系统,汉字是日本乃至整个东亚文化圈思想文化交流的利器,"汉字统一论"原本对于中国更有吸引力。然而日本国粹派学人所极力推崇的"汉字统一",主要是择取汉字中"共通实用"的部分,是要将日本的限制汉字政策推广到包括中国在内的东亚其他地区去。从本质上说,日本"汉字统一会"的初衷在于避免国民被欧洲文化所支配,同时也有借所谓的"汉字统一"实现文化侵略以称霸亚洲的政治意图。对于日本来说,所谓的"欧化"与"国粹",不过是硬币的正面与反面,都是为了建立日本的"自我"主体。毋庸置疑的是，日本国粹思潮对晚清中国的国粹运动影响很大，曾经一度成为中国"立国精神"的旗帜，黄节就说："昔者日本维新，归藩复幕，举国风靡，于时欧化主义，浩浩滔天，三宅雄次郎、志贺重昂等，撰杂志，倡国粹保全，而日本主义，卒以成立。"①这样的"日本主义"，某种程度上就是日本的国家民族主义甚至是军国主义，而并不会带来汉字本身的"统一"，反而会限制汉字的使用和发展。

很明显，倡导以国粹"激动种性"的章太炎读懂了这种"日本主义"。如果日本只是一心狂热地追求"汉字统一"，也许章太炎不会有如此强烈的反应，但是张之洞作为主要代表参与其中显得不合时宜，毕竟张之洞在国内无论是投身洋务运动还是呼吁"保存国粹"影响都很大，而其提倡的"汉字统一"并不是真正的"言文一致"，只是照搬日本的语言文字改革，不符合中国语言文字的历史与现状。这一主张的直接后果就是后人读不懂古书，最终将丢掉传统，汉字的革新道路也将会被阻断，所以章太炎对此非常不理解。为了纠正"汉字统一会"语言文字改革的偏颇，章太炎提出了自己别样的"言文一致"观，即"果欲文言合一，当先博考方言，寻其语根，得其本字，然后编为典语，旁行通国，斯为得之"②；"一返方言，本无言文岐异之征，而又深契古义……殊言别语，终合葆存"。③ 在他看来，中国存在的言文分离问题，是语言文字的历史原因造成的，需要追溯到语言文字的历史深处去解决。那些平民百姓能说但是却写不出来的字，是"士大夫自不识字"所导致的，"方言处处不同，俗儒鄙夫，不知小学，咸谓方言有音而无正字，乃取同音之字用相摄代"。章太炎认为很多古字都保留在方言之中："若综其实，则今之里语，合于《说文》《三仓》《尔雅》《方言》者正多。双声相转而字异其音，邻部相移而字异其韵，审知条贯，则根柢豁然可求。"因此，只有"一返方言"才能真正实现"言文一致"。

---

① 黄节：《"国粹学报"叙》，张枬、王忍之编：《辛亥革命前十年间时论选集》（第二卷上册），生活·读书·新知三联书店，1963年版，第45页。
② 章太炎：《博征海内方言告白》，《章太炎全集》（十），上海人民出版社，2018年版，第291页。
③ 章太炎：《论汉字统一会》，《章太炎全集》（八），上海人民出版社，2018年版，第333页。

方言是连接古今语言的桥梁，里面蕴含着宝贵的财富："今世方言，上合周、汉者众，其宝贵过于天球、九鼎，皇忍拨弃之为"。①

章太炎认为日本倡导的"汉字统一"论虽然一定程度上也表达了对汉字的重视，但是限制人们只能使用一些常用字以达到语言统一实在过于草率，这将会导致很多问题。他主张"一返方言"，强调口语与书面语的统一，有利于实现"言文一致"思想。但也应该看到，章太炎虽注意到口语和书面语的统一问题，却忽略了方言本身并不是一种"统一"的语言，"一返方言"可以在某种程度实现"言文一致"，但不能解决整个国家层面的语言文字统一问题。即便能够统一于某一种"方言"，对于那些非方言区的人来说，"方言"是一种更加难懂的地域性语言，是没有办法实现"言文一致"的。这种"统一"与"不统一"的矛盾，正是章太炎"言文一致"的二重性问题所在。

再来看"万国新语"。以吴稚晖为代表的"万国新语派"，主要以他们所创办的刊物《新世纪》为阵地发表对于汉语言文字前途的看法，所以，他们又自称为"新世纪同人"。他们对于汉语言文字采取一种激进主义的全盘西化的态度，主张废除汉语言文字，以"万国新语"取代。对于"新世纪同人"的此种主张，章太炎给予了驳斥。

首先，章太炎对"万国新语"的科学性提出了质疑。从"万国新语"自身来说，它主要是糅合欧洲各国的语言创造出来的，所以欧洲各国使用"万国新语"有方便之利，如果将其普及推行于世界诸国，"既远人情，亦自相抵牾甚矣"，只会给各国人民之间的交流带来麻烦，"大地富媪博厚矣，殊色异居，非白人所独有，明其语不足以方行世界，独在欧洲有交通之便而已"。②"万国新语"作为普行欧洲一隅的统一语言文字，在章太炎看来是可以的，但若将之通行全世界，则非但不可取，也是不可能做到的。其次，对于"新世纪同人"认为汉字识解为难，不利于开启民智的看法，章

---

① 章太炎：《论汉字统一会》，《章太炎全集》（八），上海人民出版社，2018年版，第333—334页。

② 章太炎：《驳中国用万国新语说》，《章太炎全集》（八），上海人民出版社，2018年版，第353页。

太炎则以俄、日为例进行了驳斥。他认为俄国使用的也是合音文字,但俄国人的识字率却低于中国;日本人使用的是混合文字,在其文字里杂有汉字,但日本人既认识假名也粗略地认识象形汉字。所以章太炎认为,"国人能偏知文字以否,在强迫教育之有无,不在象形、合音之分也"①。最后,章太炎表示如果废除汉语言文字,以"万国新语"作为中国统一的语言文字,则不但不会给中国人民带来方便,反而还会带来更大的不便,中国人民将难以掌握。在他看来,语言文字不仅是一个历史性的存在,也是一个社会性的存在,与其文化存在着密切的关系,我们不可能做到将语言文字从其文化中剥离独立出来。章太炎认为汉语的表述极为丰富,而别国的语言则不同。举例来说,一个"持"字,就有很多别名:"持者,通名也。高而举之曰抗,俯而引之曰提,束而曳之曰捽,拥之在前曰抱,曳之自后曰扡,两手合持曰奉,肩手任持曰儋,并立同举曰台,独立引重曰扛。"②它蕴含的意思实在太丰富了,这是汉语言词汇特有的优长,如果采用"万国新语",就不太可能有如此丰富的表达。

章太炎对汉语魅力的赞赏是一贯的,这在他的很多小学著述中都能发现。正因为此,他对"万国新语"的质疑乃至抵制在当时尤为迫切。但这并不能证明他就是一个彻底的文化守旧派。恰恰相反,章太炎留日时期更多是以激进的改革派形象著称的。在语言文字变革方面也是如此。为了抵制"万国新语",章太炎以激烈的"一返方言"来应对。然而,要想通过方言来实现语言统一并不是那么简单。一方面,需要尊重不同地方的方言,使各个地方的方言都能说出来;另一方面,又要为了交流而使语言统一,这两者其实是存在矛盾的,且很难协调。章太炎自己也承认,各地方言之间的绝对差异性,的确对汉文统一的工作造成了困难。虽然方言有利于文化的保存,但是现实的可操作性确实是一个大难题。这同样暴露了章氏"言文一致"思想的矛盾性。

---

① 章太炎:《驳中国用万国新语说》,《章太炎全集》(八),上海人民出版社,2018年版,第353页。

② 同上书,第356—357页。

(三)返本即开新:作为国粹与白话媒介的方言

章太炎用"一返方言"来反对"汉字统一会"和"万国新语派"的两种语言改革路径,究其实还是以国粹来对抗外来文化,是一种文化保守主义的表现。但他的保守不能简单地理解为"守旧",而是一种复古式创新。在他看来,"一返方言"既是"返本",也是"开新",方言既是国粹的一部分,也是白话真正的源泉。这样的思路当然也没错,但他没有意识到这种"二重性"方言本身存在不可调和的矛盾。一方面,作为国粹的古语文字并不能完全与当下的名物保持一致,从古语中寻找语词来匹配新生事物难免牵强附会,即便有也是跟普通民众绝缘的;另一方面,作为白话的方言其实是一种地域性语言,并不能算是一"国"之粹,且方音各异,难以统一,"一返方言"的结果带来的不是"言文一致",而是语言与文字更明显的分离趋势。从章太炎的语体实践来看,他的"一返方言"的确是在寻找一种音读与书写状态的统一,或者说口语与书面语的一致,但他强调的书面语其实是文言,而不是白话。因为白话本身并不存在与口语不一致的问题,文言才是需要改造并使之与古语文字保持一致的书面语。故而章太炎才会对"汉字统一会""万国新语"等随意选择语言文字的行为大加批判,认为他们都忘却了汉语之根本。正因为此,章太炎才会坚守文言立场,视文言为保存国学之本,白话则只是通俗、启智的工具而已,偶一为之即可,不能作为通用的语体。这样的语言观自然使他站在了新文化运动派的对立面。1921年,白话文取得了对文言的压倒性优势,寓居上海的章太炎戏剧性地将十多年前发表的白话述学文交给泰东书局出版,推出《章太炎的白话文》小册子,不难看出一个保守文言者对新文化运动的轻蔑与嘲讽。

应该说,持这种语言立场的人在清末民初绝非个案,章太炎只是更突出的一位。当然,他也并非绝对地反对白话文。作为小学家,他对白话与文言的关系有一番自己独到的见解。他认为不管是文言还是白话都是用来表达的一种手段,而何时采用文言何时采用白话就取决于表达的需要。不过在他看来,白话有自身的局限性,它有时表达不到位,并不能传达事实的真相。白话文当中也不应排斥成语典故的使用,如果很长一句话用四字成语就能完美地传达,文字看上去就会简洁明了,所以似乎不必为了使用白话而避免成语的使用。更重要的是,有时某些字词或者成语很难甚至根本找不到相应的白话来取代。因此,章太炎认为白话文仍然不能完全脱离文言,这种观念看上去与胡适的观点不谋而合。胡适倡导白话时也认为合适的地方就用白话,如果白话不足以表达就用文言补助,他在《建设的文学革命论》中说:"我们可尽量采用《水浒》、《西游记》、《儒林外史》、《红楼梦》的白话;有不合今日的用的,便不用他;有不够用的便用今日的白话来补助;有不得不用文言的,便用文言来补助。"①这种温和的文言、白话互补观念是值得倡导的。

但是章太炎可能过于强调文言对白话的补益作用,放大了古语文字、成语典故在白话中的分量,最终还是走向了对传统"小学"的片面追求。不仅如此,倘若我们再对胡适、章太炎的白话观做进一步比较就会发现,胡适是相信文白可以互补的,是两种语体的对立统一,最终吸取文言之长处的白话会取代文言;但章太炎可能只强调文言对白话的单向补益,反之则不然。文言是一个自足的语言系统,白话是属于通俗层面的辅助语言。同样是文白二元对立的语言工具论,胡适的白话是精良的、文学的语言;章太炎的白话则是辅助的、宣传的工具,可以用白话来传播国学,"激动种性",也可以用白话来传播革命思想。他在《〈革命军〉序》中就表达了用浅显易懂的文字来宣传革命思想的强烈愿望:"数人者,文墨议论,又往往务为温藉,不欲以跳踉搏跃言之,虽余亦不免是也。嗟乎!世皆嚣昧而不知话言,主文讽切,勿为动容,不震以雷霆之声,其能化者几何?……若夫屠沽负贩之徒,利其径直易知而能恢发智识,则其所化远矣。藉非不文,何以致是也!"②所谓的"跳踉搏跃"之言,就是像"屠沽负贩"这样的普通人也能轻易读懂的语言,只有用这样的语言才能使革命思

---

① 胡适:《建设的文学革命论》,欧阳哲生编:《胡适文集》(2),北京大学出版社,2013年版,第44—45页。

② 章太炎:《〈革命军〉序》,《章太炎全集》(十),上海人民出版社,2018年版,第233页。

想"震以雷霆之声",更快更好地为国民所接受。章太炎白话述学的初衷也是如此,白话只是利于传播、浅显易懂的语言工具。这从《章太炎的白话文》和1922年曹聚仁将他在上海讲授国学的讲演稿整理而成的《国学概论》的语言风格上都可以看出。

总体而言,作为一个精通小学的国学大师,章太炎"一返方言"的语言文字观兼具"返本"与"开新"的二重性,而这样的二重性具有不可调和的矛盾性。一方面,他对白话保持暧昧姿态,承认其宣传的功利价值,并加以利用;另一方面,他对白话又有所拒斥,将它逐出了高雅的文学殿堂,认为只有"文实闳雅"的文言才具有"美感",汉字之美只有通过文言才得以彰显,倡导一种典型的雅俗二分的语言观:"仆之文辞为雅俗所知者,盖论事数首而已。斯皆浅露,其辞取足便俗,无当于文苑。向作《訄书》,文实闳雅,箧中所藏,视此者亦数十首。盖博而有约,文不奄质,以是为文章职墨,流俗或未之好也。"①很显然,章太炎的理想并不在于写一些"为雅俗所知"的白话文字,他内心深处仍然喜欢"文实闳雅"的用文言书写的述学文。不得不说,章太炎处于晚清与民国相交的新旧交替时期,时代与自身的经历造成了他语言思想的矛盾性。但不管是"返本"还是"开新",他始终都保持了自身的独立人格,未在潮流中迷失自己的方向。对于"言文一致"这个语言统一问题,他也始终坚持自己的见解。其中当然也存在思想的激烈交锋。有一点是可以确定的,即在文言与白话的取舍中,他所有的初衷与归宿都来自保存国粹,"激动种性"。说到底,章太炎是一个彻底的国粹派,这决定了他无比眷恋旧有的文言传统存续的文化思想遗产。但他同时又是一个革命派,他葆有一种激进的革命立场,在当时激进的语言文字改革大潮中,他不可能像其他国粹派一样固守传统,而是积极地投身白话实践,并提出"一返方言"等语言改革主张,以此实现"言文一致",从而达到"激动种性"的政治目的。可以说,章太炎的"言文一致"思想,正如他的分裂的"述学文体"观一样,既是矛盾的,实际上又是统一的。

---

① 章太炎:《与邓实书》,《章太炎全集》(八),上海人民出版社,2018年版,第172页。

四、"尽天下之民而智之":晚清白话报的救国意识

梁启超曾将学堂、报章、演说定义为"传播文明三利器",其中学堂成熟较晚,演说一定程度上受到时空限制,且多数演说稿后来都借由报纸得到传播,因此报章可能是晚清传播文明最重要的利器。前述黄遵宪、梁启超、章太炎等人都有过办报或担任报纸主笔的经历。黄遵宪出使日本期间,亲眼见证了报纸在日本社会改革和"言文一致"运动中非同寻常的威力,回国后就与梁启超、汪康年等一同创办了《时务报》。梁启超在流亡日本时期还创办了《清议报》《新民丛报》等报刊数种,章太炎旅日期间也担任了《民报》《教育今语杂志》等的主编,他们都是当时报界的风云人物。但是除了章太炎主编的《教育今语杂志》明确为白话办刊外,其他报刊基本上还是以文言或文白杂糅的语体、文体来宣传维新、革命思想,因而他们都算不上纯正意义上的白话报人。中国最早使用白话文办报是从1876年《申报》的附属通俗小报《民报》开始的,这份小报专为贩夫、女子、童稚等稍识字者服务,具有一定启蒙大众的作用,但对知识界的影响力较小。1897年章伯初、章仲和主编的《演义白话报》是维新派真正借白话报以改良社会、开启民智的肇端,而正式喊出白话维新口号的则是裘廷梁。

(一)"智天下之具":裘廷梁的《论白话为维新之本》

《论白话为维新之本》是裘廷梁1898年孟秋为配合维新运动而发表在他自己创办的《中国官音白话报》上的名文。在这篇著名的改革檄文中,他力主"崇白话而废文言",正式拉开了白话文运动的序幕,晚清白话由自发转入自觉的新阶段。不过这篇文章仍然是用文言写就,以文言来"废文言",其中的逻辑耐人寻味。

此前并非没有反对文言的声浪,把文言与白话对举的也大有人在,但明确要求"废文言"的似乎还没有看到,一般都是坚持两种语体的雅俗二分论,文言、白话在不同的文体中"各司其职",白话基本上还是被死死

地按在通俗、启智的语体文体实践范畴。不过,裘廷梁的"崇白话而废文言",其实也是停留在开启民智、开通风气的政治宣传层面的,并非要求全面废止文言而一律采用白话。他开篇疾呼"国将亡矣",而其因则是"国无智民",民智不开的根源又是"文言之为害矣"。换言之,文言是知识普及的一大障碍,它成了古代中国愚民的工具:"愚天下之具,莫文言若。"他对文言的批判看似激进,但是仔细推敲就会发现,他所反对的只是文言不利于维新变法思想的传播和普通民众的知识普及,几乎不涉及文言在其他领域的使用问题。而对白话的赞扬,也只是基于"民智"开发的考虑:"智天下之具,莫白话若。""白话行而后实学兴。"①所谓"实学",就是晚清时期流行的经世之学,在中西文化碰撞的语境中可以解读为西学之实与中学之虚的对抗与融合,这里更多是指和维新变法相关的致用思想和改革举措等,都是与普通百姓日常生活紧密相关的社会内容。因此,"废文言"只是废除文言在"实学"领域的地位,而"中学之虚"还是要靠文言来维持的。至于白话,"论白话为维新之本"的标题已经暗示了其适用语境,白话只有在维新变法宣传中才是根本,在其他领域的作用并不明确。

  裘廷梁的这种认知还是建立在对白话报开发民智、普及文化的工具性理解上的。维新变法是一场自上而下的政治运动,如何让上层统治阶级和知识精英的思想下达普通民众,是变法者必须要首先解决的问题,裘氏直言:"有文字为智国,无文字为愚国;识字为智民,不识字为愚民。"白话报刊就是维新变法"智民"最重要的媒介,白话的价值和地位至此大幅提升。《论白话为维新之本》中对白话的肯定体现在三个维度。一是时间维度。裘廷梁首先肯定了白话的历史地位,认为白话从一开始就顺应了语言发展的历史潮流,最初的语言都是白话:"因音生话,因话生文字。文字者,天下人公用之留声器也。文字之始,白话而已矣。"虽然裘廷梁没有明确使用言文合一的措辞,但他从语音和文字两个方面来考察语言的

---

① 裘廷梁:《论白话为维新之本》,郭绍虞主编:《中国历代文论选》(第四册),上海古籍出版社,1980年版,第172页。

历史属性,并直指中国语言文字的弊端:"一人之身,而手口异国,实为二千年来文字一大厄。"①实与黄遵宪的言文合一论无异。二是空间维度。他以泰西、日本诸国的白话实践来证明白话是"天下之公器":"(泰西人士)为各国方言,尽译希腊、罗马之古籍,立于学官,列于科目。而新书新报之日出不穷者,无愚智皆读之。是以人才之盛,横绝地球。则泰西用白话之效。"这种带有想象性的文字描述不可能是事实,泰西各国"横绝地球"也绝对不仅是"白话之效",但是对于刚刚睁眼看世界、接触到一点外来消息又不是特别明白的国人来说,这样的描述是带有很强的欺骗性的,大多数人只能接受这种无法证伪的关于白话效用的空间想象。三是语言自身的维度。在批判了文言的种种弊端之后,裘廷梁接着指出,白话有八"益":"省日力""除骄气""免枉读""保圣教""便幼学""炼心力""少弃才""便贫民"。② 这八益基本上还是强调白话在知识普及、文化传播、政治宣传、民智开化等方面的优势,着眼点是普通民众接受识字教育、思想改造的时效与成效问题,本质上还是一种白话的工具理性观。

白话既然有如此多的益处,为何裘廷梁的《论白话为维新之本》依然采用文言叙述呢?如前所述,白话适用于普通民众的开化民智、开通风气的宣传语言,但这篇文章却并不仅仅是给知识水平低下的普通民众看的,它的预设读者更多指向的是维新变法运动的组织者和倡导者。其中的逻辑很简单:裘廷梁没有必要像发布预告片一样地告知民众我们要使用白话文来开展宣传活动,"论白话为维新之本"明显是为上层统治阶级提供决策参考。如果此文是对普通民众直接介绍维新变法的情况,那么以白话撰文就非常有必要。但是从标题来看,裘廷梁撰写此文的意图似乎只是要说清一个道理:要维新变法就必须用白话,其中的隐含读者就是维新变法的组织者,如此则采用文言叙述为宜。陈荣衮的《论报章宜改用

---

① 裘廷梁:《论白话为维新之本》,郭绍虞主编:《中国历代文论选》(第四册),上海古籍出版社,1980年版,第168—169页。
② 同上书,第170—171页。

浅说》同样如此。他在文中明确提出:"大抵今日变法,以开民智为先,开民智莫如改革文言。不改文言,则四万九千九百分之人日居于黑暗世界之中,是谓陆沉;若改文言,则四万九千九百分之人,日嬉游于琉璃世界中,是谓不夜。"①一方面倡导改革文言,一方面却又实践文言,看似矛盾,实则合理。改用白话"浅说"这样的建议是说给有文化的办报者或维新人士听的,并不是不通文墨、需要白话来开化的普通民众。当然,如果裘廷梁、陈荣衮采用白话来讲述这个道理也未尝不可,以常理推之,他们应该都具有白话写作的能力,毕竟作为白话报刊的主要创办者,接触的白话文相对较多,在他们发表这两篇文章之前,其主办的《无锡白话报》《俗话报》上都早已刊登过纯粹的白话文章。但是晚清白话报的创办者基本还是持二元化的语言观,在具体的写作实践中,长期形成的文言惯性会让他们精准地区分文言、白话的适用领域,在有写作语言选择自由度的时候,他们一定会"顺其自然"地选择文言。这大概可以给裘廷梁以文言"废文言"提供一个较为合理的解释。

(二)"他们"与"我们":晚清白话报的启蒙姿态

通过对"崇白话而废文言"口号的文本再读和历史还原,我们可以发现裘廷梁"废文言"的不彻底性,进而窥见其面对文言与白话时隐蔽的二元态度。虽然他并没有如周作人所说的"古文是为'老爷'用的,白话是为'听差'用的"②那么明显对立的语言观,但这仅是程度上的不同,与当时普遍存在的二元白话论并无实质性差别。提倡白话而又同时使用文言,在清末民初可以说是普遍共识和时代潮流,只是对于不同的人群来说,白话与文言两种共存语体的关系,也有以下不同的理解:一是文言、白话完全雅俗二分论,二者各擅胜场,各自守着不同的文体、场域阵地,基本上是井水不犯河水,泾渭分明,这是在白话文运动之前就已经存在的二语

---

① 陈荣衮:《论报章宜改用浅说》,区朗若等编校:《陈子褒先生教育遗议》,广西师范大学出版社,2012年版,第12页。

② 周作人:《中国新文学的源流》,北京十月文艺出版社,2011年版,第58页。

分流状态,看上去是"并列"关系,但白话作为俗言俚语而低文言一等几乎是中国古代文学语言的历史常识;二是文、白"虚实"论,一定程度上也可以说是白话优先论,认为文言作用于"虚学",白话着眼于"实学",这无形中扩大了白话的适用范围,把一部分原本属于文言范畴的书写场域交给白话,似乎提高了白话的地位,但其实并没有改变白话的从属地位,所谓的"虚学"其实是知识分子高雅情趣象征的自留地,文言依然是知识阶层"故弄玄虚"的保留语言,白话看似获得了与文言竞争的机会,但并不能"越界"进入雅文学的殿堂;三是文言、白话互补论,这是一种真正意义上的并列关系论,白话和文言是两种可以相互转换的语体,文、白可以交叉互用,也可以说是文言的俗化与白话的雅化合流,以形成一种雅俗共赏的语言,这是白话报发展到比较成熟的阶段后白话报人开始出现的语言追求,但至少在清末民初并未找到这样的理想语言,当时的白话报人只能在白话、文言二者的优长之间自由取舍,尚未有语言创造的理论自觉。直到五四白话文运动兴起之后,胡适、陈独秀等人彻底地以白话取代文言,同时又兼采文言、外来语等语言之长,形成新的白话,才从理论上改变了这种文言、白话两种语体共存的书面语现状,也彻底更新了人们的白话观。

  归根结底,无论是哪一种理解,只要坚持文言、白话两种语体的共存,其实就意味着语言观念的二分:文言是"我们"的,白话是"他们"的。"我们"与"他们",是启蒙与被启蒙的关系。当然,这种关系是可以动态调整的。启蒙者自身可能也需要被启蒙,被启蒙者接受一定的启蒙之后整体文化素养和认知水平也会提高,启蒙话语的语体也就需要一定的"高阶"转换。从清末民初白话报刊创办的过程来看,早期白话报人对白话往往是倡导有余,践行不足。裘廷梁、陈荣衮等人的经典论文都用文言书写就是证明。即便是白话写作,那时候也更多是"由八股翻白话"[①],或者叫作"演白话"。《无锡白话报》采用的就是"演白话"的方式:"一演古,曰经、曰子、曰史,取其足以扶翼孔教者,取其与西事相发明者。二演今,取

---

① 周作人:《中国新文学的源流》,北京十月文艺出版社,2011年版,第57页。

中外名人撰述之已译已刻者,取泰西小说之有隽理者。三演报,取中外近事,取西政西艺,取外人论说之足以药石我者。"①所谓"演白话",其实也就是把文言译成白话,整个叙述的结构方式其实还是文言的。试看一段"演古"的文字:

> 孟子在齐国时,有一日,满面的忧愁颜色,抱着庭柱叹气。孟母见了问道:"你叹什么气?"孟子答道:"轲听说君子要品行端方,不做苟且受赏的事,不贪荣华富贵。如今齐国不能用我,我要想走,因母亲年纪已老,所以我忧愁。"孟母道:"妇人年轻时,从父母;出嫁后,从丈夫;丈夫死后从儿子。这是照礼如此。如今你已经成人,我年纪也老了。你既义不容留,我就跟着你走,也是礼当如此!你愁什么呢?"②

从叙述的脉络、对话的语气、句子的结构、语序的安排等方面,都可以看出文言文的痕迹,显示出早期报刊白话文的独特样貌。创办较早的《演义白话报》《无锡白话报》《杭州白话报》等都是南方白话报刊,南方方言较北方更为混杂,在日常白话方言的运用上不具优势,只能采用这种文言翻译成白话的方式来处理。

但是在白话报逐渐进入繁荣期后,覆盖面广、发音更趋统一的北方官话开始发挥出优势,《京话报》《京话日报》《正宗爱国报》等主要采用北京官话进行口语化写作的北方白话报大有超越南方白话报的架势,如何让白话更"白"、更纯、更通俗易懂,是北方白话报人努力的方向,他们用地道的"京白",不避俗语、俚语,"话怎么说"就怎么写,直接把口说的"白话"变成"白话文",成为口语化和通俗化的语体写作的典范。姑举一小段文字来说明之:

---

① 裘廷梁:《〈无锡白话报〉序》,《时务报》第61册,1898年5月20日。
② 裘毓芳:《孟子年谱卷一》,《无锡白话报》第1期,1898年5月11日。

我们这个报,因为卖的便宜,街上的人,就给起了一个名字,叫做"穷看报"。字面儿很挖苦,含着的意思,听到耳里,我们倒很喜欢。穷的都肯看这个报,阔的更不必说了。照例每天印出报来,必黏贴在门外一张,请过路的人,息息脚步,随便看一看,总有益处。①

这一段文字和前面的"演古"文字相比,语词、节奏、语感方面都有明显不同。用语浅近、平易,如话家常,不求文采,但求通俗,似乎没有经过任何文字上的修饰与推敲,目的就是要让文化水平不高的底层民众读得懂、看得明白。换句话说,就是直接用底层民众"他们"自己的语言来讲说。

必须特别指出的是,这段文字的作者是晚清著名白话报人彭翼仲。作为当时影响最大的白话报《京话日报》的创办者、主笔,其文化层次、知识水平决定了他的语言能力、修辞技巧超乎一般知识群体,他能够如此"放下身段"地进行口语化写作,只能说是一种"我们"对"他们"的启蒙姿态。前面列举的《无锡白话报》的"演古"文字,也是把"我们"的文言"演"给"他们"看,与彭翼仲的启蒙姿态完全一致。这种姿态可以更形象地描述为:白话是启蒙的工具,而"我们"正是工具的制造者,"他们"是工具的使用者,"我们"通过创造工具给"他们"使用,进而使"他们"开蒙启智。

但随之而来的问题是,"我们"和"他们"的界限在哪? 在怎样的情境中"他们"需要充当被启蒙的对象? 换句话说,当"他们"熟悉了这种工具并一定程度上被开蒙启智后,"我们"是否还可以用同样的工具来进一步启蒙? 清末民初的白话报人给出的答案是,以文言化、书面化的白话语言来改进启蒙工具,实现更高层次的启蒙。其中的逻辑是,启蒙的对象发生了一定程度的改变,"他们"不再只是那些粗衣短褐者,还包括那些属于知识阶层的"中人以上者",也就是说,原本属于"我们"这个阵营的人,也成了需要被启蒙的"他们"的一部分。而要"为中人以上者言",引"文话"入白话以提升语言的质感,就成了势所必然。实际上,民初以后,白话报

---

① 彭翼仲:《穷看报》,《京话日报》第142号,1905年1月4日。

中文白交杂的现象已相当普遍,有些白话报刊甚至明确宣称兼刊文言文,半文半白的叙述风格渐成常态。《大公报》曾在白话"附件"栏中特意标明:"为中人以上者言,故用半文半白话。"不妨来看其中的片段:

> 西人性质好进取,中国人性质好退缩。聚性质以成风俗,使国与家皆受其影响。譬如有一个外国人冒险进取,事成,众人必说其志可嘉;不成,众人亦必说苦心当谅。若是中国人出一个冒险进取的,他的结局可就不忍言了。事成,落一个侥幸成功;不成,落一个轻举妄动。你说这是怎么个缘故呢?数千年政教风俗的习惯,亦不是偶然养成的。大概中国人的性质,忌妒心多于争胜心。人生在世上,忌妒的心不可有,争胜的心不可无。自己无成,又不乐人成,此乃忌妒心;见人之成,自己也想要成,此乃争胜心。中国人的性质,因忌妒养成退缩;外国人的性质,由争胜激成进取。故此一强一弱,一成一败,全不是偶然的。①

从句法上看,这段话基本上以对句的形式组成,与注重骈偶的文言文句式相类,词汇方面也存在较多单音节词,如"成""败""皆""亦""必""强""弱"等,文言书写的趋势较为明显,但又不能说它就是文言文,因为其中的双音节词和散体句式同样很多,用"半文半白"来概括较为准确。

显然,清末民初报刊白话语言的逐渐文言化,本质上还是出于启蒙的需要。不管是"为中人以上者言",还是为满足白话报读者群体文化素养提升后的现实需要,对白话语言的修饰与包装都很有必要。这并不是白话文运动的历史倒退,只是一种启蒙姿态改变后的语言策略调整。胡全章在他的《清末白话文运动》一书中重点关注了这一语言现象,他认为:"从接受角度来看,出自口语而又与口语保持一定距离,且高于口语,比口语更精炼,更典雅,更有表现力,更富文采,更有文化底蕴,更含蓄蕴藉,才能得到更多读书人的认可,才更有利于白话地位的提升。"基于此,他进

---

① 竹园:《论冒险进取》,《大公报》,1905 年 3 月 11 日。

一步强调:"雅化和书面化有助于提高口语白话的表达能力,有利于提升白话书写的社会文化地位。其对近代白话的成长,倒也并非坏事。从这层意义上来说,民元前后报刊白话语言普遍雅化之趋势,非但不是历史的倒退,反而具有语言'试验'意义和'先锋'意味。"[1]他的这一描述是与当时的报刊白话实绩相一致的。不过,我们应该特别关注一下他最后所说的报刊白话的雅化"具有语言'试验'意义和'先锋'意味"这一说法。这种表述本身当然没有问题,语体的变更肯定是叙述者的主动选择,带有一定的试验性质。但是这种"试验"和"先锋"应该不是白话报人出于"文采"或者说典雅化的文学修辞考虑,而是出于"我们"对"他们"的启蒙定位调整和语言策略改变。胡全章在这里主要是从"接受角度"来谈白话报读者对文白夹杂的结果认知,而不是将读者群体多年阅报后语言文化品格的位移以及部分白话报刊"中人以上者"的期待读者调整视为语体转换的原因,但是他在后面也有补充:"民元前后报刊白话书写不约而同地出现的'文话'化和书面化趋向,固然有着多方面的原因,但也可以从白话报刊拟想读者的定位逐渐提高的角度来解释。"[2]如此一来,白话的文言化与拟想读者的定位调整就互为因果了。但总体而言,启蒙对象的定位调整对清末民初报刊白话的文言化与书面化的影响更为明显。原本属于"我们"的"中人以上者",逐渐成了被启蒙的"他们"的一部分,而本就属于"他们"的粗衣短褐者,也在启蒙的过程中不断地向"我们"靠近,"我们"与"他们"的界限变得模糊,报刊白话也就开始向"半文半白"的语言转变。

(三)国民与国家:晚清白话报的救国意识

启蒙与救亡是晚清民国时期无法回避的两个主题,如何"智民"和"救国"自然也就成了白话报刊载的重要内容,《中国白话报》《民报》等报刊甚至公然宣传民族民主革命思想。在这样的历史语境中,我们发现,尽

---

[1] 胡全章:《清末白话文运动》,中国社会科学出版社,2015年版,第166页。
[2] 同上书,第189—190页。

管"国民""国家""民族""民主"等概念在当时还是刚刚兴起的新名词,但在白话报中已经相当普遍。

"国民"这个概念虽古已有之,但近代意义上的"国民"是日本明治维新时期新造的汉语词汇,后经留日学生传入中国,在晚清启蒙思想和民族主义思想合流的大潮中成为不可或缺的标志性概念。据统计,"国民"一词在20世纪初一直是报刊文献上的高频词,特别是1903年、1906年和1912年,每万字文献中出现的频次均在7次以上。[①]连章士钊都不得不感叹:"近世有叫号于志士,磅礴于国中之一绝大名词,曰:'国民'。"[②]至于这一概念的最早传入者,目前尚未有准确的说法。有学者在最早的传教士中文报刊《察世俗每月统记传》中发现了近代意义的"国民"一词,也有人认为"国民"最早出现在中国报业第一人王韬1880年的相关著述中,但这些"国民"的意义与后来通行的概念是否一致存疑。比较公认的说法还是要追溯到梁启超,他在1899年对"国民"做了比较权威的界定:"国民者,以国为人民公产之称也。国者积民而成,舍民之外,则无有国。以一国之民,治一国之事,定一国之法,谋一国之利,捍一国之患。其民不可得而侮,其国不可得而亡,是之谓国民。"[③]这是真正意义上具有现代知识教育、公民权利与道德法治等国家主义观念的"国民"。不过,这些概念都出现在文言语境中。受梁启超国民概念的影响,一批由维新派主导创刊的白话报中也隐约出现了"国"与"民"这一组概念,但还是缺乏清晰的内涵界定。1901年创刊的《杭州白话报》,开始频繁使用"国民"这一概念,国家主义、民族主义、爱国主义色彩渐浓。

真正把梁启超的"国民"概念大张旗鼓地推出的白话报是《中国白话报》。1904年初,林獬在《中国白话报》发表长文《国民意见书》,从民族

---

① 金观涛等:《观念史研究:中国现代重要政治术语的形成》,香港中文大学出版社,2008年版,第575页。
② 章士钊:《篾奴隶》,转引自郭忠华:《立民与立国:中国现代国家构建中的话语选择》,《武汉大学学报(哲学社会科学版)》2014年第3期,第58页。
③ 梁启超:《论近世国民竞争之大势及中国前途》,《饮冰室合集》(文集第二册),中华书局,2015年版,第338页。

主义和民主主义的立场对四万万同胞从"猿"到"人"、再从"人民"到"国民"的形象转换做了一番描述：

> 人民本来没有一定的地方。到后来大家据着一个国土，聚了许多同种同族的，都在这一国土之内居住。国家的规模，各人都晓得去整顿；地方的团体，各人都晓得去联络；人人都有精神，人人都有力量，人人都有知识；能够把自己的国土，守得牢牢固固；能够把国内的政事，弄得完完全全；这便不愧为一国之民了。所以这般人民，就称他做"国民"。"人"比畜生是高一层的，"人民"比"人"又高一层的；直到"人民"再进做"国民"，那真是太上老君——没有再高的了。①

他把国民提到了至高无上的地位，但这种地位的提高是以知识的获取、"精神""力量"等素养的提升为前提的，同时又是以守牢国土、完成政事为目标的，这其实就是把启蒙与救亡两大任务统一于一体的理想"国民"。可以看出，《中国白话报》的启蒙意识与救国意识是不可分的。

这种理想"国民"与梁启超的"新民"有相通之处。梁启超所谓的"新民"，是"淬厉其所本有而新之"和"采补其所本无而新之"二者兼备的"善调和者"，他称之为"伟大国民"。② 这颇有发扬旧传统与取法新文明并重的"中西调和论"意味。然而事实上梁启超又把自由独立、爱国利群、冒险进取等观念设定为中国"本无"的采补对象，而对"本有"的旧传统如何发扬才能使"国民"为之一"新"所论甚少；恰恰相反，他从旧传统中抽绎出了"奴性""愚昧""为我""好伪""怯懦""无动"等六条国民劣根性，集中开展了一次启蒙性质的国民性批判。清末民初的白话报人正是在梁启超"新民说"的启发与鼓动下，掀起了一场批判国民性、再造新国民的启蒙救亡书写热潮，当时流行的白话报，如《中国白话报》《杭州白话报》《京话日报》等，都竞相参与了这场揭示、批判各种"陋习""恶俗""劣根性"

---

① 林獬：《国民意见书·序论》，《中国白话报》第5期，1904年，第3—4页。
② 梁启超：《新民说》，《饮冰室合集》（专集第三册），中华书局，2015年版，第4987—4989页。

的运动。《杭州白话报》上有《变俗篇》专门写国人扶乩、烧香、吃烟、缠足、好赌、好嫖等恶习,揭示国人愚昧、懒惰、迷信等精神状态,《安徽俗话报》上的《恶俗篇》也有类似的描写;《京话日报》则对北京人特别是旗人"人人皆会说谎,人人皆能信谎"的国民心理痛下针砭;前面提到的林獬在《中国白话报》上指斥国人普遍存在三项精神特质的缺失,一是没有国家的思想,二是没有尚武的精神,三是没有冒险的精神。① 概括起来,清末白话报人对国人普遍存在的"劣根性"批判包括但不限于:奴性、麻木、因循、盲从、散漫、自私、自欺、空谈、迷信、懒惰、无公德、不进取、不合群、不冒险、无尚武精神、无国家观念等,比梁启超的国民性批判要全面、细致得多。白话报人的这场全面、深刻的民族自省,本意不单在批判,更在启发蒙昧,揭出病苦,警醒大众,为国民意识的培育、国民思想的改造和民族国家精神的建构指明方向,从而深入思想文化和社会生活的更深层次去再造"国民"。

  同时应该看到,白话报人宣传的"国民"概念往往是与"国家""民族""民主"等同出的。陈独秀 1904 年在《安徽白话报》第 5 期发表的《说国家》一文,主要就是辨析国家与国民之间的关系,对国民进行"国家学"与"民族国家主义"知识的普及。经由国民概念来宣传民族主义甚至种族主义以实现强国保种的政治愿望,这在有着鲜明民族主义革命倾向的《中国白话报》中也是常态。刘师培、林獬等人往往通过重构历史的方式,把黄帝、大禹、陈涉、岳飞、郑成功等民族始祖或民族英雄塑造成具有民族主义、民主主义革命思想的现代"国民",赋予他们民主启蒙和种族革命的政治立场。林獬在交代其创作《大禹传》的动机时就说:"我所以把这话讲出来的,不过教你们中国人,晓得中国的地方,都是经这位大禹平宁过的。你们想起大禹的功业来,凡是我们中国的地方,自然不肯送把异族。就是被异族夺去的地方,也要念着大禹创业的艰难,把这地方夺回来了。可不是大禹的圣子神孙么?"② 其中的国家主义、民族主义思想显而易见。

---

① 林獬:《做百姓的思想及精神》,《中国白话报》第 4 期,1903 年,第 1—4 页。
② 白话道人:《大禹传》,《中国白话报》第 7 期,1904 年,第 21 页。

尽管以"国民""国家"为核心的国家民族主义思想的传播并不限于白话报刊,但其主体性作用和地位不容置疑。实际上,以梁启超为代表的非正宗白话报人在启蒙大众、开展国民教育时所用的语言也基本上是半文半白的,从《时务报》到《清议报》再到《新民丛报》,梁氏一直采用文白杂糅、平易畅达而又富有激情的"时务文体"或"新文体"宣传变法主张和救国真理,与白话报人所起的作用一般无二,他本人也以极大的热情参与了晚清的白话文运动,与后来的白话报人一道成了促进"言文一致"与民族主义、国家主义思想合流的主力军。从晚清白话报人的白话语体、文体实践来看,民族主义的救国意识与"言文合一"的语体改革意识其实是一体两面:要救国先得启蒙,启蒙就得唤醒最广大的民众,而民众能懂的语言只有白话。概言之,倡导"言文一致"的语文观与国民意识的培育、民族国家主义的政治宣传、现代民族国家的建构是互为表里的关系,而这也正是清末白话文运动的意义和价值所在。

第三章　立国与立言：民族主义与国语运动

广义上的国语运动应该是近代以来的语言、文字和语体文体改革的统称。从这个意义上说,清末兴起的作为汉语书面语一种的白话语体文体改革就理应作为国语改革运动的一部分。但事实上学界在国语运动和白话文运动之间一直有所区分,前者偏于语言、文字层面,后者则重在文体改革。只是"白话文"的文体改革必然受制于"白话"本身的语体变化,导致白话文运动与国语运动总是纠缠在一起。周作人就认为白话这一概念既可以指向国语,也可以等同于方言,他同时又认为,古文"也是国语,不过是古人的言语,现在没有人说的罢了"[①],其中就存在语、文不分的问题,且两个"国语"明显存在狭义与广义的理解,狭义的国语单指白话,而广义的国语则是"一国之语",基本上都是指称"汉语",包括口语、书面语及其书写形式(汉字)与存在形态(白话和文言)等。正是国语概念的多义性,使得国语运动的时间段落划分也歧见纷出。黎锦熙在《国语运动史纲》中将国语运动分为"切音"运动(约1900年以前)、"简字"运动(约1900年到1911年)、"注音字母"与新文学联合运动(约1912年到1923年)和"国语罗马字"与注音符号推进运动(约1924年以后)等四个阶段,主体是语言、文字改革,但并不排斥白话语体、文体层面的探讨。倪海曙同样将国语运动分为四个阶段:切音字运动(清末)、注音字母运动(辛亥革命后)、国语罗马字运动(五四运动后)、拉丁化新文字运动(20世纪三四十年代),纯粹是从汉语拼音文字的角度来划分的。王理嘉则将"国语统一运动"与白话文运动、汉语拼音运动并称为清末三大语文运

---

① 周作人:《国语改造的意见》,《艺术与生活》,河北教育出版社,2002年版,第54页。

动,并将国语运动的发端追溯到清政府制定《学堂章程》的 1903 年①,这又是一种狭义的民族共同语层面的理解。此外,还有颜逸明提出的"国语运动"始于 1919 年五四白话文运动的推动、终于 1937 年全面抗战爆发等不同说法②,这都与对国语概念的理解有关。但不管作何理解,国语作为一国之语的意义应该不变,特别是从"国语"这一概念产生的历史语境来看,它与民族共同语的形成、国家观念的发生以及民族国家的建构等都有着千丝万缕的联系。基于此,我们认为,追溯国语运动的历史脉络已无太大必要,本书也并不打算纠结于国语概念的"提纯"与"放大",而更愿意单纯从国语之"国"与"语"的字面意义来还原国语运动的历史面目,也就是从"立国"与"立言"两个方面来确认国语运动的价值与地位。从立国的层面来说,国语运动与民族主义、国家主义因果相连;从立言的角度而言,"言文一致"自然也是国语运动的内在要求。从这个意义上说,国语运动应该是离现代民族国家建构理论最近的"言文一致"运动。

一、切音字运动:语音中心与民族本位

所谓切音,其实就是拼音,王照又称之为"合声"。切音字运动作为清末国语运动的先声,基本上确立了国语运动的目标与方向,即以"音""字"统一为原则的"国音审定"和汉字简化,特别是基于国音的方言基础、注音的方式以及发音特点等层面的"国音审定"工作,成为此后国语运动各个阶段争论的中心议题。而这种对于国语"声音"属性的敏感,显然不是以文字为中心的古代汉语的思维特质,清末维新派之所以如此重视语言的发音问题,除了汉字本身具有的音、形、义特征的内在需求外,最主要的还是因为接触到了西方语音文字、受到了西方"语音中心主义"思

---

① 王理嘉:《从官话到国语和普通话——现代汉民族共同语的形成及发展》,《语文建设》1999 年第 6 期,第 23 页。
② 颜逸明:《"普通话"不必改称"国语"——答全国政协委员提案征询意见信》,《颜逸明文集》,华东师范大学出版社,2015 年版,第 521、594 页。

想的影响。但同时又要看到,这种学习西方语音文字的倾向,并不意味着清末语言文字改革者要抛弃本民族的语言文化传统,恰恰相反,这是一种"采补其所本无而新之"的民族主义语言革新论,是基于国家主义、民族本位的国语作为"国"之根本的创造性转化,其最初也是最终的目标无非是创造一种普遍的、适用的、简易的语言文字来改进国民教育,提升国民文化水平,最终达成创造一个国富民强的民族国家的政治愿望。从卢戆章的"中国第一快切音新字"开始,这种语音中心和民族本位错杂合一的思维就已经存在。

(一) 卢戆章与早期切音新字的兴起

卢戆章《一目了然初阶》于1892年出版,是中国切音新字出现的最早记录。① 实际上,他从事切音新字研制的时间还更早。卢戆章是福建同安人,长期居于厦门,受厦门通商口岸的开放风气影响,早年既接受了传统科举教育,又与西方传教士有一定语言接触,因而在其18岁应试不第后,不久就前往新加坡攻读英文,25岁回到厦门后即以教华人英语和西人华语为业,其间更是接受英国传教士马约翰的邀请帮助其翻译《英华字典》,对西语西学的熟悉程度异于常人。正是这种深厚的西语西学背景,使卢戆章有能力也有兴趣开展切音新字的研制。

卢戆章的《一目了然初阶》,主体就是依据厦门腔制成的一套包括总字母(韵母)并总韵脚(声母)在内共五十五个罗马字式的字母,他把它定名为"中国第一快切音新字"。这套切音新字方案的创造灵感,其实还是来自西方传教士的翻译语言。当时在厦门、漳泉一带的传教士以闽南方言为基础,结合拉丁字母和韵书《十五韵》,创造了一种"因话成字"的"话音字",用来翻译《圣经》。卢戆章在翻译《华英字典》时接触到这种语言,并受到启发:"间隙之时,欲自著华英15音,然恐漳泉刻本之15音字

---

① 王东杰在《声入心通:国语运动与现代中国》(北京师范大学出版社,2019年版)中引述了1909年6月30日《大公报》上一段话:"近世之创造新字者,最初为曾惠敏公(即曾纪泽),惟未有专书。"但未见他证,只能待考。详见该书第66页。

母不全,于是苦心考究,至悟其源源本本,则以汉字、话音字与英话横列对排。然页地有限,恒嫌话音字以数字母合切为一字,长短参差,甚占篇幅。忽一日,偶触心机,字母与韵脚(即15音)两字合切即成音。自此之后,尽弃外务,朝夕于斯。"①于是在十五音字母的基础上发展出五十五个罗马字式的字母,并编写出了用来传播这套拼音方案的教材《一目了然初阶》。但是这套方案并没有得到清政府的肯定与推广,原因很简单,卢戆章是以闽南方言厦门腔来拼切新字的,南方方言存在入声字变化,与使用更广的北方方言差别很大,这种方言语调并不能通行全国各省,再加上开创性地采用拉丁字母来拼切汉字,"写法乖谬",保守的清廷自然难以接受。

细推卢戆章的切音新字,西方语音中心主义思想的影响不容忽视。由一个从小接受传统科举教育的儒生,转变为一个自觉学习西语、传播西学的知识分子,没有语言文化上的强烈认同感是难以做到的。卢戆章选择以拉丁字母来拼写汉字,自然是认为西方的表音文字要比汉字易学、易懂且适于实用,关于汉字与效仿西语新造的切音字之间的比较常见诸笔端:

> 汉字有二百十四字之字部;切音字之字母只数十字而已。汉字古时以云书、鸟迹、蝌蚪象形为字,后代字画渐渐改易,至今有数十种之字体;切音字则不过板、楷两种而已。汉字由一画添至三四十画,逐画须另笔写明;切音字字画简易,一笔可连书十余字。汉字由二百十四字配成四万余字,虽曰"有边读边,无边读上下",然音义多难准,逐字仍须口教;切音字字母认熟,子音切母音则成字,聪敏者学习不终日(多以此言为幻,然实有如此易事),至愚钝者亦不期月而能自读自切。比较之下,其难易不啻百千万倍也。②

---

① 卢戆章:《〈中国第一快切音新字〉原序》,文字改革出版社编:《清末文字改革文集》,文字改革出版社,1958年版,第1页。
② 卢戆章:《四续变通推原说》,《万国公报》第85册,1896年2月,第8页。

"百千万倍"的说法实属夸张,但这样的认知在当时的确非常普遍。切音字运动参与者沈学、王炳耀、江谦等都有类似的表达,江谦曾总结道:"文字之用,主音者简易,主形者繁难。"①社会上也不乏这样的声音。1902年12月30日,上海格致书院还曾给生员出过这样的课题:"中国文字极繁。近时翻译西书,知尚不敷用。问以何法添补,得弥其缺?"崇尚"格致"之学的出题者理应是以西语、西学为标准答案的。

只是汉字与切音字真的如此难易分明、高下立判吗?卢戆章们的证据似乎并不可靠。在他们的叙述中,欧美、日本等国,识字率普遍在90%以上,"虽穷乡僻壤之男女,十岁以上,莫不读书"②,"教育最盛之国,乃至无一人不识字不读书"③,这只能是道听途说或带有浪漫想象的夸大其词,但在西方与中国强弱分明的对话语境中,这样的想象却很容易被合理化。卢戆章进而宣称:"普天之下,除中国而外,其余大概皆用二三十个字母为切音字。"④其中大意自然是要用西语字母之少来反衬汉字数量之多的繁难,强调拼音文字较汉字更利于教育的普及,拼音文字强于表意文字的逻辑也得以成立。在尊西崇洋的大背景下,这样的结论是国人所易于接受的。但也有少数清醒者(当然也包括一些国粹论者)提出了质疑。他们认为,语言的难易程度其实是相对的,对于谙习表音文字的西人来说,汉语固然难学难懂;对于不通西语的国人来说,学懂弄通表音文字又谈何容易?卢戆章所谓的"二三十个"只是切音字的字母数量,若论字(单词)的数量,西语似乎更加繁多。文廷式曾与李提摩太有过一场著名的辩论,就是针对汉语繁难说展开的:

西人拼音,凡数万音,而中国所用之音,不过数千,此简一也;西

---

① 江谦:《质问学部分年筹办国语教育说帖》,文字改革出版社编:《清末文字改革文集》,文字改革出版社,1958年版,第116页。
② 卢戆章:《一目了然初阶》,文字改革出版社,1956年版,第4页。
③ 云窝:《教育通论》(节录),张枬、王忍之编:《辛亥革命前十年间时论选集》(第一卷下册),生活·读书·新知三联书店,1962年版,第558页。
④ 卢戆章:《一目了然初阶》,文字改革出版社,1956年版,第4页。

人字典不下十万字,其常用之字亦将近万,而中国所有之字,除别体、讹体外,不过一万,所常用之字不过四千,其简二也;且数千之音,大半分以四声,道之语言,则平、上、去三音不甚分别,是音尤简矣。各国语言凡衬字余音皆著之笔画,中国则以数虚字形似之,而一切起音、收音概置不用,此所以简而足用也。①

文廷式的辩驳自然也有偏颇之处,虚词的模糊性和声调的变化其实也正是汉语的繁难之处,但就音、词数量方面的对比来看,所言也不无道理。小学大家章太炎也表达过类似的说法,他认为,汉字"本以一音为一文,非以数音成一语也"②,较西语更加简易。然而,这样的声音在当时还是太微弱。随着欧洲列强几次对华战争的胜利,特别是日本明治维新和甲午海战的刺激,"强权即公理"、欧化即文明的观念得到强化,西方语音中心主义的"偏见"也越来越盛行。卢戆章之后,向着西方拼音文字方向改革的切音字运动风起云涌,1892—1911年,国内至少出现了三十多种切音字方案,仅1906年一年就出版了多达十部切音字方面的著作,引发了时人对造新字风潮兴盛的惊叹。一时之间,"声音"前所未有地成为清末语言文字改革者关注的中心。

然而,发现汉字的声音并不是切音字改革的终点。卢戆章们接受语音中心主义的语言文字观,更多是基于西方语音文字在提升国民素质、国家综合实力方面产生的影响。换句话说,语言文字并不重要,重要的是如何更加快速、简易地实现"国之富强":

窃谓国之富强,基于格致;格致之兴,基于男妇老幼,皆好学识理。其所以能好学识理者,基于切音为字,则字母与切法习完,凡字无师能自读;基于字话一律,则读于口遂即达于心;又基于字画简

---

① 文廷式:《罗宵山人醉语》,汪叔子编:《文廷式集》下册,中华书局,1993年版,第804页。
② 章太炎:《驳中国用万国新语说》,《章太炎全集》(八),上海人民出版社,2018年版,第361页。

易,则易于习认,亦即易于捉笔。省费十余载之光阴,将此光阴专攻于算学、格致、化学以及种种之实学,何患国不富强也哉?①

卢戆章在这里罗列的五个"基于",是具有逐级包含的逻辑递进关系的,其服务的核心目标是"国之富强"。但这个目标其实可以悬置,我们感受更深的可能是五个"基于"给我们带来的急迫感。换言之,问题不是目标要不要达成,而是如何更"快"达成。也因此,卢戆章才会将他的切音字方案定名为"中国第一快切音新字","快"才是问题的核心。

在清末所有的拼音文字方案中,"快"与"新"一样成了改革方案的题中应有之义。除卢戆章的"第一快切音新字"外,蔡锡勇的《传音快字》、力捷三的《闽腔快字》、陈贻范的《号码代字捷诀》等方案也以"快""捷"等字为题,另有以"速记符号"为字母样式的速记术拼音方案近十种,"快"俨然成了语言文字文明进化之表征,甚而有人将其与汽车、轮船相提并论:"近世民事日繁,恒苦限于时地,西人精思立法以通之,如火轮舟车、电报及诸机器皆是。快字亦其一也。"②这个"快"字一方面反映了国人启蒙救国的急切心态,另一方面当然也是对汉字与西语难易论不证自明的积极肯定。"传音快字"无疑是对西方语音中心主义论的有力回应,但改革者更希望表达的,应该还是寓于"快"字之中的进德启智、广播新知的救国热情和启蒙关切。

(二) 王照的"官话字母"与国音统一

卢戆章对切音新字的探讨并没有停留在《一目了然初阶》上。他引领了一个时代,但也被同时代的人裹挟前行。随着越来越多的人参与到切音字运动中来,卢氏拼音方案的缺陷也不断被放大,特别是立足于厦门腔的拼切法不能通行于全国的问题,激起了人们对朝野一体的统一国音

---

① 卢戆章:《一目了然初阶》,文字改革出版社,1956年版,第3页。
② 汤金铭:《传音快字书后》,王东杰:《声入心通:国语运动与现代中国》,北京师范大学出版社,2019年版,第75页。

的想象。卢戆章本人也重新调整了拼切方向,做了多种尝试,最后改用京音官话创制成《中国切音字母北京切音教科书》,隐隐有和北方的王照抗衡之意,但他毕竟生长南国,在"官话字母"上难与王照争竞。

王照是直隶府人,又有旅日经历,故而他于1900年在天津推出的《官话合声字母》,模仿日本的片假名,以汉字偏旁或字形之一部分,又参考官话京音,制成声母五十、韵母十二,总共六十二个字母,以双拼的形式正音,取名为"官话合声字母"。这一套拼音方案,在当时甚至得到了桐城派领袖吴汝纶、当权派直隶总督袁世凯等人的支持,后来又有劳乃宣依托官话字母而作的《简字全谱》的改进推广,大有风行天下之势。特别是在袁世凯的直接推动下,直隶学务处通令全省启蒙学堂传习官话字母,将官话字母加入师范及小学课程中,派专人专款督办管理。与此同时,直隶提学司还在天津设立大规模的"简字学堂",专门负责教习官话字母,影响所及,两江总督周馥、盛京将军赵尔巽等也各在省城创办"简字学堂",使得官话字母得以广泛传播。短短几年间,王照的官话字母就传遍了大约十三省的疆界[①],足见王氏官话字母在当时的影响力。

值得注意的是,直隶、两江各省在推行官话字母时都将其称为"简字",黎锦熙在《国语运动史纲》中也将卢戆章和王照两人划分在国语运动的两个不同时期,前者命名为"切音运动时期",后者则称为"简字运动时期"。然而王照本人又称其为"官话合声字母",切音、简字和字母之间,又该如何区分? 其实这三者并无实质性区别。卢戆章的"切音新字"和王照、劳乃宣的"简字"都是拼音"字母",只不过卢氏用的是拉丁字母,而王氏用的是仿片假名的汉字偏旁。之所以"字""音"混用,还是西方语音中心主义观念所致。西方语音文字都是因音成字,音字不分,卢戆章据此把切音的拉丁字母称为"新字",劳乃宣称官话字母为"简字"也顺理成章,而黎锦熙所谓的不同时期也只是称呼转换而已。

当然,王照的官话合声字母和早期卢戆章的切音新字之间的差异还是存在的,最主要的就是方音系统选择的区别,而这种选择又导致了他们

---

① 黎锦熙:《国语运动史纲》,商务印书馆,2011年版,第103页。

在"国语统一"问题上的分歧。"国语统一"是黎锦熙总结的国语运动两大口号之一。早期切音字运动的本意只在"字话一律",也就是笔书与口说的"言文合一",但从自然逻辑上来看,"字话一律"的理论前提就是语言的统一,卢戆章"十九省语言文字既从一律"的提法就是国语(国音)统一的准确表达,同为福建人的高凤谦也认为:"以天下之字使附于音,齐天下之音使归于一,然后能言之人无不能文。"①"齐天下之音"实与国音统一同义。这种观念在1902年吴汝纶赴日考察,耳闻目睹日本国语统一的功效之后得到强化,国语统一相关的言论遂在社会上广为传播。1904年,陈独秀在《安徽白话报》上就撰文谈到了国语统一的重要性,著名报人林万里也在《时报》上说:"国语统一,为教育统一之基础。"②1910年11月6日《大公报》为庆祝其出版3000号,公开向社会征文,列出的八道选题之一就是"论统一国语之方法",以至于数年后仍有人在报刊撰述《中国急宜统一语言说》,指出"开通民智、普及教育诚急务也,然非语言统一则无以收其效"③,足见国语统一论在当时已成风潮。

卢戆章在创制切音新字的初期其实就注意到了"国语统一"问题,希望以最通行的"南腔"来统一国语,达成字话一律:

> 又当以一腔为主脑,19省之中,除广福台而外,其余16省,大概属官话。而官话之最通行者莫如南腔。若以南京话为通行之正字,为各省之正音,则19省语言文字既从一律,文话皆相通。中国虽大,犹如一家,非如向者之各守疆界,各操土音之对面无言也。④

然而,他的"中国第一快切音新字"却并非以南京"官话"作为"主脑",而

---

① 高凤谦:《致汪康年》,上海图书馆编:《汪康年师友书札》(二),上海古籍出版社,1986年版,第1613页。
② 林万里:《罗氏教育计画驳议》,《东方杂志》第9期,1907年9月25日,第190页。
③ 朱斌钊:《中国急宜统一语言说》,《学生》第2卷第2号,1915年2月20日,第19—20页。
④ 卢戆章:《〈中国第一快切音新字〉原序》,文字改革出版社编:《清末文字改革文集》,文字改革出版社,1958年版,第3页。

是采用他熟悉的厦门腔。这种"非主流"的做法显然并不讨好,反被斥为"泥今忘古,狃近昧远"①,但他提出的"以一腔为主脑"来统合十九省语言文字的观点却得到了普遍认可。一时之间,吴音、粤音、宁音、京音、无锡音、福州音等各种方音,纷纷成为清末切音字方案中的拼音标准,而京音"官话"似乎占据了主流,王东杰在《声入心通》一书附录部分列有三十五种切音字方案,其中以京音拼切的多达十二种,远超其他方音,王照的《官话合声字母》即是其一。

但是这并不意味着官话京音就可以理所当然地成为大家都接受的"国音"。事实上,围绕"方音""京音"与"国音"的论争,在切音字运动时期一度趋于白热化。争论的焦点自然是官话京音是否有资格作为统领一国之音的主脑的问题。需要特别说明的是,这里所说的"官话"专指北京官话。顾名思义,官话本义应指官方使用的标准语言,通常是京畿地区的通用语言,但是由于中国数千年持续不断的王朝更迭,京城并不固定,京畿地区的语言也随之屡变,辗转而成方言之一种,较为普遍的有江淮官话、西南官话、北京官话等。到明清时期,官话开始出现南北之别,明以前官话以南音为主,明以后北京音渐成强势。有清一代,北京作为全国政治、文化中心的首都功能得到强化,北京官话也顺势成为占主导地位的方音。而到了清末语言文字改革时期,"官话"一词基本上就特指北京官话了。因此,等到国语统一观念一出,北京官话自然就成了首选。王照的官话合声字母之所以快速盛行,很大程度上就是因为它"尽是京城声口,尤可使天下语音一律"②。前述《大公报》以"论统一国语之方法"为题的征文,应征者几乎一边倒地支持官话。其中署名"由观生"的文章认为,在所有方言中,"最通行者莫如官话,况京师为一国之首都,而其地语言又为各省游宦者之所共习,此其普及之力较诸各省语言最易为功",同时指出,日本也是以"东京语言为通行之语"而实现国语统一,中国"殆亦

---

① 黎锦熙:《国语运动史纲》,商务印书馆,2011年版,第95页。
② 吴汝纶:《与张尚书》,《吴汝纶全集》(第三册),黄山书社,2002年版,第436页。

师其成例也"。① 这样的认知带有普遍性,它至少强化了官话的三重优势:通行范围广、京城声口的社会地位及其辐射力、京话作为国语的异国成例。当然也有从声音层面来考虑的。参与切音字研制的杨琼、李文治就指出:"惟京师之音,阴平、阳平不相悬绝,促声之高正与四准相符。考音者,惟以直隶省之音为主,俾二十四行省皆折衷于此,固统一声音之要法也。"②这些说法似乎都有着足够的说服力,但反对者所纠结的问题也不无道理。无论是厦门腔、吴音还是宁音,还是有着一定权威的京音,说到底都只是一种"方音",单取某一地之声腔,是否就堪当代表全国的、统一的"一国之音"呢?

国音统一论的前提是有一种音能"代表全国"。在这里,"立言"的意图与"立国"的愿景叠加在一起,民族国家建构的过程简化为统一国语的形成。参与国音、国语统一讨论的人,不能说绝对没有"各怀其私",根深蒂固的乡音观念多少会参与到他们的表达中,但体现更加充分的还是一种公共的国家意识和民族本位。1912年,蔡元培在主持全国临时教育会议时说:"中国语言各处不同,若限定以一地方之语言为标准,则必招各地方之反对,故必有至公平之办法。"③他所谓的"至公平之办法",后来简化为由教育部成立读音统一会来审定"法定国音",制定国音字母,但读音统一会的"国音审定"进程并不简单,前后历时共三个多月,来自二十四省的四十四名代表在会上展开了持久而激烈的论争,而争议最大的还是京音是否有资格"代表全国"的问题。反对者给出的理由集中在语言的公有性、民族性等国家意识层面。浙江代表杜亚泉就认为,国音"必使全国之人皆能读之,故必取全国皆有之音以为准"④,而京音既无浊音和入声,便非"全国皆有",自然不能入选。胡以鲁的反对论调则建立在夷夏之辨基础上。他认为京话早已被满语渗透,遂多"软化之韵、头部共

---

① 由观生:《论国语统一之关系及统一之法》,《大公报》,1904年10月30日。
② 杨琼、李文治:《形声通》,文字改革出版社,1957年版,第74页。
③ 我一:《临时教育会议日记》,《教育杂志》第4卷第6号,1912年,第4页。
④ 伧父(杜亚泉):《论国音字母》,《东方杂志》第13卷第5号,1916年5月10日,第3页。

鸣之音",导致京音尤为"文弱",对国人精神气度和民族气节塑造不利,有损民族"元气",故而不可选用语音不纯的京音。①为京音辩护者同样秉持"公"心,针对反对者基于官话"不及于民"的王者专制的指责,他们强调官话乃"公用语之别名也",不必"以其为'官'而恶之",且官话更名为"国语","犹之改专制为共和,招牌已换,有何不可?"②可以看出,正反双方使用的是"专制""共和""民族""民主"等同一套话语,潜意识中直接把国语的生成与民族国家的建构看成平行且同构的一体两面。

黎锦熙认为从卢戆章到王照代表从"音"到"字"的两个阶段,但实际上二者并无十分明显的阶段性差异,如果有的话,也只是拼切字母和方音选择等所有切音字方案都有的普遍性差异。不过,从以上关于国音统一论的讨论来看,卢戆章只是开辟了一个切音字运动的时代,王照的《官话合声字母》则是引发"京音"与"国音"讨论的重要媒介,也可以说是催生国音统一论的关键一环,国语运动在这个时候才真正与"国语"挂钩,这大概才是王照《官话合声字母》区别于之前的切音字的意义和价值所在。

二、师夷制夷:民族主义情绪中的"万国新语"

随着西方列强不断地用坚船利炮打开中国的大门,传统中国的天下观念被彻底摧毁,一个全新的"世界"开始呈现在国人面前,睁眼看世界的知识分子们对西方的态度开始暧昧起来,学习西方、维新求变以融入"世界"体系成了时代共识,而洋务运动的失败又进一步加深了这种认知:中国与"世界"的差距不单表现在物质之"用"上,更表现在关系国之根本的政治文化之"体"上。学习西方语言、采用拉丁字母来拼切汉字而形成的中国表音文字,正是在这样的背景下应运而生的。然而,正当卢戆

---

① 胡以鲁编:《国语学草创》,商务印书馆,1923年版,第90页。
② 蒙启谟:《读音统一会会员蒙启谟等提议》,《中华教育界》第2卷第5期,1913年5月,第34页。

章、王照等人煞费心机地研制切音新字、推进国音统一的时候,"世界语"开始进入清末知识群体的视野,并赢得了部分知识者的好感,一些激进者更是开始鼓吹用世界语取代汉语,这种简单粗暴的语言文字改革思路一度引发了时人对汉字存废的大论战,一定程度上左右了清末民初国语运动的方向。

(一)世界语在中国的早期传播与接受

世界语本义为通行于世界各国的人类共同语,但作为一个专有名词,通常是指波兰医学博士柴门霍夫于 1887 年创制的一种人造语言"Esperanto",在中国也被称为"万国新语"。柴门霍夫宣称世界语是人类共有的财产,并放弃了对世界语的著作权,以开放的姿态认可来自世界各地的语言学家对世界语的改进。这种世界主义的胸怀和民主作风为 Esperanto 赢得了世界范围内的广泛好感,为世界语真正走向世界奠定了基础。1905 年在法国布伦召开的第一届国际世界语者大会,发布了《世界语主义宣言》,声明世界语"'不干涉各国人民的内部生活,也毫不企图排斥现存的各种民族语';它可以给不同民族的人们以相互了解的可能,它在各民族互争语言特权的国家内,可以作为各种团体的调和语言"。[①] 在此之后,世界语运动在世界各地蓬勃发展,出现了学习世界语的第一次高潮。

世界语最早与中国建立联系是在 1900 年前后,俄国人艾弗斯提菲耶夫在哈尔滨设立世界语会,但并没有相关材料证明有中国人参与其中,直到 1905 年,俄国人把世界语从哈尔滨带到了上海,在那里开办了世界语讲习班,中国境内的世界语传播才有了最早的记录。1906 年,参与学习的陆式楷在上海成立世界语学社,这是中国第一个世界语组织,上海成为世界语传播最重要的中转站,有力地呼应了世界语运动第一次高潮的到来。

陆式楷是中国早期世界语传播的旗帜性人物,为世界语在中国的推

---

① [瑞士] E. 普里瓦:《世界语史》,张闳凡译,知识出版社,1983 年版,第 101 页。

广做出了巨大贡献。他依托上海世界语学社,大力开展世界语教育,组织编写了《世界语初阶》《爱斯不难读》《世界语中国语会话指南》等教材,培育了盛国成、袁人杰、刘继善等一大批世界语传播与推广的中坚力量。在壮大世界语者队伍的基础上,发起成立中国世界语会,并发行《世界报》,有组织、有系统地开展世界语宣传。中华民国成立后,陆式楷又与孙国璋、盛国成等一道发起成立中华民国世界语会,这是中国第一个全国性的世界语组织,成为统领全国世界语运动的中心机构,陆式楷、盛国成被推举成为国际世界语协会的正、副通讯员,中国的世界语运动也正式纳入国际世界语运动的版图。

除上海外,世界语在中国的早期传播中心还有北京、广州、奉天(沈阳)等地。北京最早的世界语学习者是京师大学堂译学馆学生林振翰,他最突出的贡献是将柴门霍夫的《世界语第一书》翻译成汉语,此书是中国最早的规范完整的世界语教科书。广州的世界语运动开创者是留法学生许论博。他于1912年在广州平民公学设立世界语夜校,培养了刘师复、区声白、黄尊生等世界语运动的干将。奉天的世界语运动则以吴天民为中心。作为东北世界语组织的主要领导者,吴天民的世界语学习与推广带有鲜明的救国图存的政治意图。他概括世界语有六大特点,一是学习便宜,结构简单;二是可以推进世界大同;三是可以缓解宗教冲突;四是可便利于外交;五是便于工商贸易;六是便于女学。[①] 应该说,这基本上代表了当时中国人接受世界语的一种普遍心态。

值得强调的是,当时的政府,特别是教育部门对世界语的传播起到了积极助推的作用。奉天世界语学社的成立,就得到了清政府的大力扶持,包括奉天府知府、提学司等政界、教育界要员的参与,使得奉天世界语学社具有浓厚的官方色彩。1910年和1911年,清政府还连续两次派员参加国际世界语大会。中华民国成立之初,民国政府就对世界语运动表示公开支持。中华民国世界语会的成立与世界语高等专门学校的创

---

① 程诚:《清末民初中国世界语运动研究》,安徽大学硕士学位论文,2015年,第24页。吴天民编:《奉天世界语学社发生之历史》,奉天世界语学社,1911年版。

办,都是民国政府直接干预的结果。其中,教育部对世界语的推广作用明显。1912 年,蔡元培出任教育总长,下令在全国师范学校开设世界语选修课,并邀请杨曾诰在教育部内开设世界语传习所。1913 年,范源濂继任教育总长后,继续实施开设世界语课程的计划。在教育部的直接推动下,各省政府对世界语推广也态度积极,尤其是湖南、江苏等省。1913 年,湖南省率先通过将世界语加入学校教育的法令,《申报》为此刊文云:"湘省教育会本届春季大会已决议采用世界语加入学校问题,现拟从培植此项教员着手,先组织世界语师范讲习所,一切由省教育会维持,目下正在进行。大约夏假后,即须开课,同时该省省议会某君亦提议采用世界语议案,开议时全省议员一致赞成,竟得通过。日来湘省人士对于世界语非常欢迎,凡识见稍高者莫不争先肄习,进步之速亦可惊矣。"①从湖南一省之状况,可大致感知当时民国政府对世界语的热情。

前述个人、组织或政府机构对世界语运动在国内的蓬勃发展发挥了基础性作用,然而,对世界语在清末民初思想文化界传播起决定性作用的,却是来自海外的两股力量,分别是旅居法国巴黎的吴稚晖、李石曾、褚民谊等组成的新世纪派和以刘师培、张继等留日学生为中心的天义派。一般认为,国内的世界语运动主要致力于世界语的普及推广,无论是上海的陆式楷,还是奉天的吴天民,他们传播世界语的初衷都只是将世界语作为一种"辅助"性语言,在世界语与汉语之间搭建一座桥梁,以便中国更好地融入"世界"。而远在欧洲的新世纪派和留日的天义派则重在鼓吹以世界语取代汉语,主张以西方语言文化和无政府主义思想彻底改造中国思想文化。

在一些文献资料中,新世纪派鼓吹世界语被认为是中国与世界语的最早接触。从时间上来看,吴稚晖等人在巴黎创办《新世纪》是在 1907 年,比陆式楷在上海成立世界语学社要晚一年,而吴稚晖等人是否在 1906 年之前就接触了世界语不得而知,故而时间上的先后难有定论。但

---

① 《世界语普及之先声》,《申报》,1913 年 5 月 10 日,转引自程诚:《清末民初中国世界语运动研究》,安徽大学硕士学位论文,2015 年,第 22 页。

吴稚晖本人在清末语言文字改革过程中的参与度和影响力，决定了他在中国世界语运动中的受关注度，人们可能更愿意认为他比陆式楷的地位更突出。某种程度上可以说，吴稚晖是清末切音字改革运动最重要的参与者，当时的他身处世界语传播的中心巴黎，对世界语的理解与接受更加深刻而全面，因而对世界语寄予了非常高的期望。他在《记万国新语会》一文中热情洋溢地写道："新语通行之后，各国便不致再有误会之事，误会之事既少，则战争之事可息。战争既息，则所谓大同之境界不难立致也。总之，吾辈宜以爱世界为真爱，爱本国为私爱。若专私其所爱，而不知博爱，则非吾辈所取也。"①其中既体现了吴氏世界主义的博大胸怀，也不乏基于本国之"私爱"的民族主义情结。当然，以吴稚晖为代表的新世纪派如此热切地宣传世界语，与他们所服膺的无政府主义思想是分不开的。当时正值克鲁泡特金的互助论盛行，克鲁泡特金宣称自己是一个共产主义的无政府主义者，基于共产主义的理想虚设了一个没有强权、不分国界、取消政府、众生平等的世界。吴稚晖从"人性本善"的理论基础出发，将这个世界与儒家的大同思想联系在一起，从而彻底地成为无政府主义的信徒。而世界语者所宣称的正是跨越语言、民族、国家、肤色等界限的全世界公有的语言平等精神，本质上就是世界大同理想在语言上的表现。鼓吹无政府主义的新世纪派接纳世界语也就顺理成章。

在日本的刘师培、张继等人对世界语的热情同样与无政府主义紧密相关。他们在东京编辑出版《天义》，主要是宣传克鲁泡特金和巴枯宁等人的无政府主义理论，刊载世界各地无政府主义政党的活动消息。刘师培在日期间积极向日本学者大杉荣学习世界语，并且组织张继、何震、钱玄同、苏曼殊等二十余位留日学生在其住处开办世界语讲习会，把世界语看成无政府主义的语言行动方案，正如他在《人类均力说》中所言："破除国界以后，制一简单之文字，以为世界所通行。语言亦然。无论何人，仅学一种语言文字，即可周行世界。"②世界语完全符合

---

① 醒（吴稚晖）：《记万国新语会》，《新世纪》第10号，1907年8月24日，第2页。
② 申叔：《人类均力说》，《天义》第3期，1907年7月10日，第21页。

他对无政府主义的语言想象,因而等到他1909年回国后,即投身国内的世界语运动,在上海组织世界语传习所,仍然坚持推广世界语。而随着海内外世界语运动的持续高涨,一场关于世界语的大论战也悄悄地拉开了序幕。

(二)新、旧种性:吴稚晖与章太炎的"万国新语"论争

作为一种外来的人造语言,世界语传入中国后,不可避免地会与传承数千年之久的汉语发生激烈的碰撞,又适逢清末语言文字改革的热潮,各种语言表达模式正在生成过程中,对世界语来说,这既是机遇也是挑战。事实上,在经过两次较大规模的有关世界语的大讨论后,世界语最终在中国落地生根,作为一种辅助性语言得到了政府和知识界的认可,但并没有按照早期世界语接受者想象的方式而存在,即是说,吴稚晖等人寻求以世界语取代汉语的愿望并没有实现。这当然与世界语本身所存在的问题有关,但更重要的还是汉语的伟大传统和民族文化惯性使然,当然也离不开章太炎等人对这一伟大传统的固守与维护。吴稚晖与章太炎关于"万国新语"的激烈论争,也就不仅仅是一场语言文字改革的路线之争,更是一场关乎民族种性改造和民族文化未来走向的思想文化论战。

论争源于1907年至1908年《新世纪》上发表的一系列关于废除汉字、改用"万国新语"或其他西语的文章。最早系统提出"汉字当废"论的是署名"真"(实为李石曾)的《进化与革命》一文。该文以风行一时的进化论为理论基础,站在语言工具论的角度,论证语言文字的优劣进化之理。作者认为,便利与否是判断文字优劣的标准,而从文字进化的次序来看,由最早的象形到后来的表意,再到当前的合声,正是一个与生物进化同理的由低级到高级的进化链条。文中说:

> 文字所尚者,惟在便利而已,故当以其便利与否,定其程度之高下。象形与表意之字,须逐字记之,无纲领可携,故较之合声之字画括于数十字母之中者为不便。由此可断曰:象形表意之字,不若合声

之字为良。于进化淘汰之理言之,惟良者存。由此可断言曰:象形表意之字,必代之以合声之字,此之谓文字革命。①

按照这种逻辑,作为象形表意文字代表的汉字,自然就应该被合声的西方语言文字所代替。不仅如此,该文还从文字与印刷方式的关系层面来论证汉字不适于现代机器印刷的进化之理,认为汉字只适于早期的人工镂刻法,运用活字印刷术时,字母文字就比汉字"简而易排",而到了机器铸字的时代,则"惟西文可用",因而"机器愈良,支那文愈不能用。从进化淘汰之理,则劣器当废;欲废劣器,必先废劣字"。② 汉字也就在这种优胜劣汰的自然法则中被推到了淘汰的边缘。

此后,《新世纪》开始频频推出介绍和宣传"万国新语"的文章,以回应中国文字废除之后的语言选择问题。1908 年,《新世纪》在第 34、35、36 号上连载《万国新语之进步》,力陈"万国新语"优于其他语言的五大特色,明确提出中国必须废除汉字而直接使用"万国新语",引发了时人的持续关注,投稿参与"万国新语"讨论的稿件逐渐增多,吴稚晖开始主持《新世纪》的相关讨论,连续刊发《新语问题之杂答》和《续新语问题之杂答》二文,其中针对有人提出的废除中国文字使用新文字的三个方案,即"采用一种欧文""用罗马字母反切中国语音"和"用万国新语",吴稚晖的回答是,要使中文"画一声音",不如"径用万国新语"。③ 至此,《新世纪》对"万国新语"的推介渐入高潮。

精于小学的章太炎对于新世纪派的汉字废除论非常不满,对吴稚晖废除汉文、使用万国新语的言论展开了有力驳斥。在《驳中国用万国新语说》长文中,他同样站在进化论的角度来论证汉语之优长。他认为,汉语语音的繁复,正是其优势所在:"言语文字者,所以为别,声繁则易别而为

---

① 真(李石曾):《进化与革命》,《新世纪》第 20 号,1907 年 11 月 2 日,第 1 页。
② 同上。
③ 燃(吴稚晖):《新语问题之杂答》,《新世纪》第 44 号,1908 年 4 月 25 日,第 2 页。

优,声简则难别而为劣。"①以生物进化的原理论,由单细胞生物向多细胞生物的复杂进化是生物演化的重要节点,由简单向复杂的方向发展才更显"文明"。语言方面自然也是如此。按他的说法,汉语语音繁复正是长期进化的结果,象形会意的汉字也不必然比合声的文字更"野蛮",针对《新世纪》"象形字为未开化人所用,合音字为既开化人所用"之论,他说:"象形、合音之别,优劣所在,未可质言。今者南至马来,北抵蒙古,文字亦悉以合音成体,彼其文化,岂有优于中国哉?"这是对新世纪派尊西贬中文字论的有力回击。站在语言工具论的角度,章氏其实对"万国新语"也持包容态度,"苟取交通,若今之通邮异国者,用异国文字可也",这是西语便于中外"交通"的长处,但各国语言都根植于本民族的文化土壤、自然环境与社会风貌之中,并不一定能够"兼容",强行更易,可能会带来水土不服:"以中国字母施之欧洲,则病其续短矣。乃以欧洲字母施之中国,则病其断长矣。"②因此,不仅汉语不应当废除,印度语、欧洲其他语言等都有保存的必要。

经由此,章太炎对废除汉语论的驳斥很自然地从语言工具层面的优劣高低比较,转到了语言与文化的关系论层面。尽管章、吴二人都不太可能具有明确的语言本体论思想,他们的论争一开始也主要是围绕语言工具论而展开,但正如罗志田所指出的,吴稚晖眼中的语言文字"虽为工具,却又不止是工具",他认为新字眼能发生新观念,只有采用新字眼才能表述当下的新文明,"当其主张改换文字时,便说不过如工具之更易,勿庸多虑;当涉及研治和表述'新文明'时,则连排列书写之面目也必须改换成产生该'文明'之文字才行"③,这已经是非常典型的语言本体论思想。而作为国粹派代表的章太炎,这方面的理解可能还要更深入一些。擅长文字训诂的章太炎对古字与历史文化的考索颇有心

---

① 章太炎:《驳中国用万国新语说》,《章太炎全集》(八),上海人民出版社,2018年版,第358页。
② 同上书,第353、357、367页。
③ 罗志田:《清季围绕万国新语的思想论争》,《近代史研究》2001年第4期,第114页。

得,他认为象形文字是中国历史的最好见证,文字训诂可以发现中国"文明进化之迹",民族的历史因时日久远而模糊,"惟文字语言间留其痕迹,此与地中僵石为无形之二种大史"①,语言文字与历史文化在这里几乎"重合"了。把语言文字看成构成"民族"文化的一要素而保存之,也是国粹派对汉字的基本态度。正因为此,汉字的存废就不仅是工具的转换问题,而是涉及民族文化存亡的根本性问题,用章太炎、吴稚晖论辩的原话说,就是"种性"之争。章太炎指出,汉语"一字而引伸为数义者,语必有根,转用新语,彼此引伸之义,其条贯不皆相准,是则杜绝语根也"②,汉字丰富的语义代表着历史的传承和"种性"的绵延,杜绝语根就意味着民族历史的断裂,中国"文明进化之迹"难寻。吴稚晖也认可文字与历史的这种关联,他说:"文字为语言之代表,语言又为事理之代表。"但他基于文字与事理的这种关系却得出了完全相反的结论:"欲以中国文字治世界较文明之事理,可以用绝对之断语否定之。"③言下之意,"野蛮"的汉字无法表达"文明"的事理,故而不得不废弃。面对吴稚晖轻"种界"而重"学理"的辩驳,章太炎也只能发出"抨弹国粹者,正使人为异种役耳"④的愤激之词。

然而,两人基于"种界"的论争并未止于此。章太炎强调:"一国之有语言,固以自为,非为他人……吾土旧有之文,所以旄表国民之性情节族者乎!"他批评无政府主义者"不恩民族,不赖国家,兴替存亡无所问",然欧洲"无政府家如苦鲁巴特金一意尊其国粹,而此土言无政府者反是"⑤,直指新世纪派丧失种族情感。在面对"种族自尊"方面的攻讦时,吴稚晖抛出了他的"种性"论。在他看来,中国之种性野蛮,野蛮简单之种性不足以动民族感情,若"必以代表单纯旧种性之文字,以之保存旧

---

① 章太炎:《与吴君遂》,《章太炎全集》(十二),上海人民出版社,2018年版,第119页。
② 章太炎:《驳中国用万国新语说》,《章太炎全集》(八),上海人民出版社,2018年版,第357页。
③ 燃:《新语问题之杂答》,《新世纪》第44号,1908年4月25日,第2页。
④ 章太炎:《印度人之论国粹》,《章太炎全集》(八),上海人民出版社,2018年版,第384页。
⑤ 章太炎:《规〈新世纪〉》,《章太炎全集》(十),上海人民出版社,2018年版,第335页。

种性于无疆,则质而言之,直为一制造野蛮之化学药料",因此,他提出"先当废除代表单纯旧种性之文字(旧种性者,本于文字外充溢于精神),而后自由杂习他种文字之文学,以世界各种之良种性,配合于我旧种性之良者,共成世界之新文学,以造世界之新种性"。① 只有这种"美富之种性",才合乎进化之理。但章太炎并不认同这种"新种性",认为这是不切实务的空想:"藉令异日民情别怀美富于今日,固未有此种性。舍今日之急图,责方来之空券,非愚则诬。"②于是双方陷入了"野蛮""顽固"与"西方牛马走"的相互指责中,几近于谩骂。但平心而论,至少在"种性"问题上,吴稚晖维护了新世纪派的"种族自尊",甚至还做出了一定的妥协,认为"旧种性"也有"良者",他所说的"新种性"就融合了"旧种性之良者",多少证明了新世纪派也绝非"不恩民族,不赖国家"的数典忘祖之徒。当然,新世纪派指责国粹派固守"旧种性"而"不合进化之理"也失之偏颇,事实上,国粹派也不是"死守有限之旧字",而强调语言文字的发展观,"人群进化,本无穷期,文字随之为转移,亦无止境",故"一国之文字,可以历久不敝,而无终古不变之理",但是要"因而不革、益而不损,型范矩庸,殊无违于朔例,循乎文明事业应历之梯阶"。③ 言下之意,不能如新世纪派这般偏激而冒进。归根结底,吴、章的新、旧"种性"纷争,还是为了造就一个进化的、文明的、"美富"的中国,从根本上说都是从民族主义立场出发的。

(三)"万国新语":无政府主义与世界主义

被吴稚晖、章太炎称为"万国新语"的 Esperanto,在柴门霍夫刚开始创立的时候,就被宣称为世界性和中立性的。柴门霍夫赋予世界语的世界主义精神,在后来的世界语传播中被广泛接受。不过,中国的世界语者,包括吴稚晖的新世纪派和刘师培的天义派,往往将世界语与无政府主

---

① 《苏格兰〈续废除汉文议〉按语》(苏格兰君来稿),《新世纪》第 71 号,1908 年 10 月 31 日,第 12—13 页。
② 章太炎:《规新世纪》,《章太炎全集》(十),上海人民出版社,2018 年版,第 337 页。
③ 田北湖:《国定文字私议》,《国粹学报》第 47 期,1908 年 10 月 20 日,第 2—4 页。

义思想捆绑在一起,但同时可以发现,在具体的论述过程中,他们又站在"超人超国"的"世界"立场,把自己打扮成"世界民",渴望借助世界语的普及推广而达成"世界一家"的愿望,这分明又是一种世界主义的思想观念。如此则不得不面对这样的问题:无政府主义和世界主义之间有怎样的联系?中国的世界语者追求的到底是无政府主义还是世界主义?

无政府主义与世界主义之间是否存在关联,目前未见专门著述。本书也无意于在学理层面对这两个概念进行知识考古,仅就它们之间内涵上的异同做一点探讨。一般认为,无政府主义是19世纪中后期在欧洲兴起的一股政治思潮,经历了从德国的施蒂纳到法国的蒲鲁东再到俄国的巴枯宁、克鲁泡特金等人的思想演进,逐渐形成了一整套以实现个人绝对自由、各阶级完全平等的理想社会为目标的思想体系。无政府主义最本质的特征为:反对强权,反对一切压迫、约束、权力与权威,向一切政府和政党宣战,消灭一切国家;主张个人的绝对自由,倡导群体互助,废除财产私有,实现平等自治。无政府主义迎合了人们渴望实现财产公平、平均、社会民主、自治、个人平等、自由的愿望,并为他们规划了一个消灭阶级与剥削的世界大同的理想社会蓝图,从而赢得了大批底层受压迫者的信赖与支持,特别是在灾难深重的近代中国,一批正在寻找救国出路而未果的知识者成了无政府主义的忠实拥趸。

世界主义的理念可以追溯到遥远的古希腊的斯多葛学派,中国早期儒家的天下大同思想也可以说是世界主义的潜在思想渊源,但现代意义的世界主义主要还是与欧洲启蒙运动时期资本主义与世界贸易的急剧扩张、人文主义的复兴与现代人权观念和人类理性的不断强化密切相关。世界主义自诞生之时起,就因其自带的全球视野和普遍价值而呈现出概念上的广泛多元,但任何一种主义本质上都是一种哲学与世界观,世界主义就是"一种强调每个人作为世界公民的基本权利与自由、义务与责任,强调国家、社会组织与每个人在保障人的基本权利与自由方面的责任与义务,强调人类社会共同体是一个规范性的共同体的哲学理论"。简言之,世界主义"认为全世界的人类同属一个伦理、道德、社会政治共同体"。① 而最普遍的世界主义观念,从一开始就指向一种人类共同体内部一视同仁地提供帮助的"道德"许诺,人们往往用世界主义来表明一种超越国家、民族或其他社会政治团体的思想开明和公正无私的"世界公民"姿态。世界主义者绝对不屈从于任何宗教或政治权威,不因独特的民族国家忠诚和文化守成而怀有偏见,他们是道德理性支配下的自由、平等、独立的个体。

世界主义与无政府主义在思想史上并无太多交集,法国的克鲁茨勉强可以算一个个案。他首先是一个无政府主义者,但同时他又将无政府主义的基本思想理念提升到服务于世界的高度,主张废除一切民族、政党意义上的国家,建立一个带有世界主义性质的和谐、平等的人类共同体,因而又被认为是激进的政治世界主义者。尽管这样的交集并不多见,但从以上对世界主义和无政府主义两个概念内涵的分析来看,二者之间还是存在一些明显的公共性:(1)共同指向一个世界大同的理想社会;(2)倡导个体的独立、自由、平等;(3)反对现存的国家、民族或政权组织形式;(4)抵制一般的民族主义、国家主义。从学理上区分两种"主义"在这些公共领域存在的差异,不仅可能而且必须,但对于清末民初那些对各种"主义"都囫囵接受以至于来不及消化的知识者来说,这种可能的差异分析几乎不可能。

倡导"万国新语"的新世纪派、天义派等公开宣称服膺无政府主义,然而"万国新语"这一概念本身却是世界主义意味的描述。无政府主义是要消灭一切国家的,只有世界主义承认万国的存在,但万国之间可以破除疆界而实现政治、经济、文化的齐一大同,当然也包括万国的语言齐一。柴门霍夫在创制 Esperanto 时表达的也是一种世界主义的关怀,他本人跟无政府主义没有任何关联。事实上,新世纪派在谈到"万国新语"时往往强调"世界通行",所持的还是"世界"立场,与"无政府"直接关联甚

---

① 陈勋武:《关于世界主义的基本观念》,《北京科技大学学报(社会科学版)》2016 年第 5 期,第 52 页。

少。后来深受无政府主义思想影响的钱玄同则直接将"世界语"与"世界主义"挂钩,为此还招致了陶孟和的批评。而如果我们跳出"万国新语"的语言场域,直接面对新世纪派和刘师培等人对无政府主义和世界主义的描述,又会发现,他们往往把这两个"主义"混用,如新世纪派说:"今之无政府党、社会党,皆大同主义也。"①这里的大同主义明显指向的是世界主义;诚如刘师培所言:"近日欧美、日本民党之中,其抱社会主义、无政府主义者,所持之点有二:一曰世界主义,一曰非军备主义,均反对本国政府持侵略主义者也。"②这无异于在无政府主义与世界主义之间画等号。由此而带来的次生问题是:正如陶孟和批评钱玄同将世界语与世界主义等同一样,新世纪派和天义派的无政府主义与"万国新语"也容易等同起来。后来的研究者基本上也会默认这种关系,有关新世纪派和天义派的"万国新语"论研究,几乎无一例外地会与其无政府主义思想直接挂钩,然后又顺理成章地谈到世界主义,丝毫没有注意到这两者之间可能存在的逻辑裂缝。孟庆澍的《无政府主义与中国早期世界语运动》③通篇都在谈无政府主义与中国世界语运动的关系,而在另一篇专门谈钱玄同的语言观的文章中,他意识到了"世界语内在的'世界主义'理想以及无政府主义对世界语的注重"对钱玄同的双重影响,但他显然不想纠结于两个"主义"的关系,而是简单地将其称之为"无政府主义的世界主义文化逻辑"④。罗志田对此"文化逻辑"有精当描述。他在近60页的《清季围绕万国新语的思想论争》中把"无政府主义"列为了关键词,尽管通篇没有出现"世界主义"的措辞,但很多地方都隐含了世界主义的描述,比如他在谈到作为无政府主义者的刘师培时,直接将其与"世界语文"相勾连:"他也主张创造一种世界语文,其设计的未来社会便要在'破除国界以

---

① 《〈礼运〉大同释义》(荷兰来稿),《新世纪》第38号,1908年3月14日,第2页。
② 刘师培:《亚洲现势论》,《天义·衡报》,万仕国、刘禾校注,中国人民大学出版社,2016年版,第177页。
③ 见《洛阳师范学院学报》2006年第1期,第75—78页。
④ 孟庆澍:《"'用石条压驼背'的医法"——无政府主义与钱玄同的激进主义语言观》,《中国现代文学研究丛刊》2005年第2期,第120—132页。

后,制一简单之文字,以为世界所通行;语言亦然,无论何人仅学一种语言文字,即可周行世界'。"①这当然符合无政府主义者的判断,但何尝又不是世界主义者的思想表达?当新世纪派站在"超人超国"的"世界"立场倡言"废除汉字",发出"无政府,则无国界;无国界,则世界大同矣"②的呼声时,其实我们很难判断是哪个"主义"在主导他们的思想。

如前所述,本书无意于挑起有关"万国新语"的"主义"之争,只是想梳理出一种清末民初语言纷争的隐含的文化逻辑,即:"万国新语"和其他所有的清末民初语言文字改革方案一样,也只是渴望救国的改革者面向西方时做出的一种选择,世界主义是"万国新语"本身内在的思想特质,而无政府主义只是刚好与"万国新语"的某些隐含的思想特质相通。对于新世纪派、天义派等中国早期无政府主义者来说,他们选择无政府主义和万国新语都具有一定的偶然性,并不一定是其中任何一种主义的坚定信仰者。事实上,无政府主义思想除了清末至五四前后在中国短暂风光外,后来基本上没有影响;世界主义作为世界语的思想基础更只是一种普遍的世界大同想象而已。从吴稚晖、刘师培到后来的钱玄同等新文化运动同人在语言文字改革的阶段性选择来看,如何救国才是他们共同的运思方向。无政府主义也好,世界主义也好,都不是他们最终想要的"主义",恰恰相反,与无政府主义、世界主义相对的"民族主义",事实上成了他们一生都在为之服务的"主义"。吴稚晖后来成了孙中山"三民主义"的信徒,刘师培到新文化运动时期成了民族主义的国粹派的代表,钱玄同虽然一向主张"太丘道广",但民族主义一直是其思想的主旋律。道理其实很简单,主张"万国新语"并不意味着"亡国灭种",这本质上和倡导国粹一样,只是基于中外国家利益冲突、民族矛盾不断激化而迫不得已选择的救亡图存之路而已,正如罗志田所说:"绝大多数尊西中国士人多少皆具隐显不一的民族情绪,结果既是西文而又最能模糊其区域和民族认同

---

① 罗志田:《清季围绕万国新语的思想论争》,《近代史研究》2001年第4期,第118页。
② 民(褚民谊):《续普及革命》,《新世纪》第17号,1907年10月12日,第2页。

的万国新语便成为一些人最佳的选择。"①尊西文、学西语而以为"中用",实与魏源所说"师夷长技以制夷"一脉相通。

三、国语统一:"国音审定"与国语教育

无论是切音新字、简字还是"万国新语",都是某个个体或团体针对汉语声音属性的缺失而提出的国语改造方案,但是任何一种方案,都只有寻求代表国家的政府的支持才能最终成为"一国之语"。事实上,民元之前热闹一时的数十种切音字方案,之所以最后都没有成功,很大程度上是由于缺乏清政府的支持而未实现"国有化",而民国初年统一国语运动的顺利进行则与当时教育部读音统一会的成立及其开展的"国音审定"密切相关。到了1920年前后,随着中小学国语教科书的不断出现,国语的音读和书写形式通过国民教育的普及推广而趋于统一和规范化,作为"一国之语"的国语在官方的加持下逐渐成型。

(一)"国音审定":国家意识与语音标准

依据王东杰所做的概念梳理,国语和官话一开始是可以互用的同义词,即便在官方措辞中也几无分别。但是随着国语统一论的出现,现代意义上的国语开始从官话概念中独立出来。他专门分析了从官话到国语的名称转变的过程,认为其核心差异实质上就是一种国家意识的强化:"国语的核心是'国':'国语的建设,是以国家为前提的。'"②此说不无道理。官话和国语原本都有通行全国之语之意,但考察国语一词出现的语境可以发现,国家意识的不断强化使得国语一词的边界更加清晰。在切音字运动倡导者那里,这种意识尤为强烈。

卢戆章的切音新字方案就一直被冠以"中国""中华""国语"等名

---

① 罗志田:《清季围绕万国新语的思想论争》,《近代史研究》2001年第4期,第88页。
② 王东杰:《声入心通:国语运动与现代中国》,北京师范大学出版社,2019年版,第439页。

号,国家意识非常明显。为实现其切音新字的"国有化",他一直在努力寻求官方的认可。早年他曾通过同乡京官林辂存呈请都察院代奏,将《切音新字》课本直达天听,当时朝廷已经"著总理各国事务衙门调取卢戆章等所著之书,详加考验具奏"①,然而一场戊戌政变导致此事没了下文。七年后,他旧事重提,再向外务部、学部呈进其切音字方案,好不容易打通学部,将其书报送译学馆审定,却遭译学馆指谬而驳回。进入民国后,教育部专门成立了读音统一会来审定国语读音,卢戆章也是会员之一,然而时移世易,官话在当时已占尽优势,卢氏以闽南方音为主的字母方案难以被采纳。尽管他也拼切过官话,一度将其切音字母命名为"国语字母",甚至把1916年编定的"中华新字"读本其中之一也称为《国语通俗教科书》,但这一"国语"只能是基于他所取的"官话"音而来的宽泛意义上的命名(实际上当时普遍存在"官话"与"国语"混用的情况),并未得到官方的认可。卢氏切音新字成为一国之语通行全国的愿望落空。

王照的官话合声字母是最接近国家意志的一种拼切方案。如前所述,官话合声字母从一开始就得到了实权派袁世凯、管学大臣张百熙以及桐城宿老吴汝纶等人的热烈支持与大力推广,但袁世凯很快就倒台了,官话合声字母也被禁止传习。尽管后来有劳乃宣在王照的基础上修订成《简字全谱》,继续谋求清政府的官方支持,也曾获得了慈禧太后的批示和江谦、严复、汪荣宝等一批资政院议员的联名支持,但随着清政府的覆亡,劳乃宣的简字也就同遭厄运。相对于卢、王、劳等人的方案来说,其他的切音字方案尽管也曾努力寻求官方的支持,但收效甚微。官话合声字母的折戟,在某种程度上也可以说意味着整个清末轰轰烈烈的切音字改革无果而终。

值得庆幸的是,切音字运动所带来的国语改革浪潮并没有因此消歇,民国的诞生,反而激发了国民对于统一国语的想象。"国音审定"正是在这样的背景下发生的。如果没有前期切音字运动的充分铺垫,民国

---

① 黎锦熙:《国语运动史纲》,商务印书馆,2011年版,第93页。

临时政府也不大可能会在成立之初就以官方的名义来推进国语统一运动。可以看到,来自全国各省的参与"国音审定"的代表绝大多数就是此前热衷于切音字运动的改革者。对于他们来说,这是一次将其个人的语言文字改革经验转换为国家意志的绝佳机会,因而其间的竞争相当激烈。有关"国音审定"的交锋过程这里不再复述,其间交锋的激烈程度从吴稚晖、王照先后辞去读音统一会主席一职即可见出。但必须强调的是,这种交锋也并不完全是个人的意气之争。从最后的结果看,国语统一的观念已经深入人心,"国"与"统"是这次"国音审定"参与者的共识,至于分歧的广泛存在,则属于"技术"层面的语音标准讨论的问题。

应该说,"国音审定"最重要的意义就在于以国家意志来推动语言文字改革的进程,促进了统一"国语"的生成,确立了"国音""国语"的权威地位。在此之前,官方并没有明确的现代"国语"意识。1903年,在张百熙、张之洞等人的推动下,清政府颁布《奏定学堂章程》,其中《学务纲要》第二十四条:"各国言语,全国皆归一致,故同国之人,其情易洽,实由小学堂教字母拼音始……兹以官音统一天下之语言,故自师范以及高等小学堂,均于国文一科内,附入'官话'一门。"[1]这是清政府首次以正式文告宣示语言统一的问题,从措辞来看,"国文"出现了,一个"统一天下之语言"的现代"国语"概念呼之欲出,但最后仍然使用了"官音"和"官话"。到了1909年,学部尚书荣庆的提议中出现了"添设国语一科"的说法,但紧随其后的又是"设立官话研究所",可见这里的"国语"还是与"官话"等同。而从当年学部奏报的分年筹备立宪事务清单内容来看,"官话"依然是官方更乐于认同的概念。针对官方"官话课本"的说辞,吴稚晖认为其堪为发噱",应改称"国语读本"或"汉语课本"。[2]江谦在资政院也建议将"官话课本"改名"国语读本",以"示普及之意,正统一之名"。[3]可见,直接

---

[1] 黎锦熙:《国语运动史纲》,商务印书馆,2011年版,第102页。
[2] 吴稚晖:《书神州日报东学西渐篇后》,转引自王东杰:《声入心通:国语运动与现代中国》,北京师范大学出版社,2019年版,第442—443页。
[3] 江谦:《质问学部分年筹办国语教育说帖》,文字改革出版社编:《清末文字改革文集》,文字改革出版社,1958年版,第117页。

参与切音字运动的改革者对"国语"一词的"国家"意味和"统一"观念体会更深。正是在他们的积极建议下,官方的语言国家意识也开始明确起来,到1911年学部改订筹备事宜清单时,就提出1911年要"设立国语调查会,颁布国语课本",次年"通行各省师范学堂,试办教授国语"[①],原来所称的"官话"一律被"国语"所取代。当然,这一计划事实上因辛亥革命之后的政权易帜而搁浅,但恰恰是中华民国的成立所带来的民主国家意识强化了统一国语的观念。1912年南京临时政府教育部根据前定"筹议国语统一之进行办法"[②],颁发《读音统一会章程》,拉开了正式统一国音、国语的序幕。

就此而言,1913年由读音统一会主持的"国音审定"事实上有了官方和民间一致强调的统一国音、国语观念的基础,接下来要做的其实就是国音标准的"技术"操作了。尽管其中存在偏旁派、符号派和罗马字母派等"技术"路线方面的分歧,但参与者基本上都能保守国音"代表全国"和作为"一国之音"的底线,"京音"作为"官话"的代表性语音已为大多数人接受,而所谓的标准之争最后也只是集中于南方特有的"浊音"与"入声"是否应当添加的问题。平心而论,这种补充"浊音"与"入声"的"会通异言"的技术操作更能体现国音"代表全国"的广泛性,可以避免一种"方音"直接被指认为国音带来的地方性偏见。而从最后采用章门弟子主张的"注音字母"来注京音为主的国音这一结果看,其中技术层面的妥协与调和显而易见,这种妥协与调和虽然也反映了参与者地方主义的偏见,但更多的恐怕还是一种要求"统一"的国家意识的体现。

既然由读音统一会共同审定的"国音",是各方势力妥协与调和之后的结果,那自然就意味着建立在这一套"国音"基础上的国语是一种新生事物,某种程度上可以说是一种"人造语言"。赵元任就曾说过,除了他给这套国音灌录了一张唱片外,"没有第二个人说这种话[③]",他的说法虽

---

① 《学部改订筹备教育之纲要》,《申报》,1911年2月13日。
② 黎锦熙:《国语运动史纲》,商务印书馆,2011年版,第121页。
③ 赵元任:《国语统一中方言对比的各方面》,《赵元任语言学论文集》,商务印书馆,2002年版,第639页。

显偏执,但却也道出了新生国语作为南北混杂产物的尴尬。既然新生国语并不为时人所熟知,那如何才能让它真正行"统一"之效呢?于是,国音、国语的教授与推广就成了当务之急,而统一的国语教科书的编定和面向全体国民的国语教育显得尤为重要。

(二)"猫狗教育":国语教科书与国语教育改革

关于新生国音、国语的教授与推广问题,1913年的读音统一会就统一了意见,形成了《国音推行方法》七条:

> 一、请教育部通咨各省行政长官饬教育司从速设立"国音字母传习所",令各县派人学习。毕业回县,再由县立传习所,招人学习,以期推广。
> 二、请教育部将公定字母从速核定公布。
> 三、请教育部速备"国音留声机",以便传播于各省而免错误。
> 四、请教育部将初等小学"国文"一科改作"国语",或另添国语一门。
> 五、中学师范国文教员及小学教员,必以国音教授。
> 六、《国音汇编》(五月八日议决《国音字典》改名为《国音汇编》)颁布后,小学校课本应一律于汉字旁添注国音。
> 七、《国音汇编》颁布后,凡公布通告等件,一律于汉字旁添注国音。①

不难看出,读音统一会对于国音如何教、如何推广、如何编定教材以及国音、国语日常使用规范等都做出了规定。然而遗憾的是,由于时局动荡,人事辗转,此后几年间,国音、国语的官方核定和宣传推广工作几乎停滞,直到1916年后才略有起色。一批主张"言文一致"和国语统一的文字改革论者趁着共和国体恢复之机,推举蔡元培为会长,发起组织了中华民

---

① 黎锦熙:《国语运动史纲》,商务印书馆,2011年版,第126—127页。

国国语研究会,其宗旨是"研究本国语言,选定标准,以备教育界之采用",实质上就是继续推进读音统一会未竟的事业。在他们的积极鼓吹下,1918年11月23日,民国政府教育部正式公布了此前读音统一会审定的注音字母,这是对《国音推行方法》第二条的官方回应。这是推广国语的基础性前提,其他六条则是国音推行的必经步骤。对照这六条的实施过程来看,事实正如黎锦熙所言:"中国向来革新的事业,不经过行政方面的一纸公文,在社会方面总不容易普及的。"①此后的几年,真正推动国音、国语普及工作的恰是作为教育部附属机关的国语统一筹备会。会中多是此前成立的国语研究会会员,但更主要的是里面有很多人同时还是教育部各司、处及科室的行政人员,在处理国语相关议案、政令时自然得了方便。

黎锦熙在《国语运动史纲》中所列的国语统一筹备会的"纪事本末"止于三项:注音字母之公布、《国音字典》之公布和改学校国文科为国语科,显然是"概括性"太强。实际上,《国音推行方法》中所列七条,国语统一筹备会后来都有相关议案来应对。比如第三条"国音留声机",1921年国语统一筹备会第三次大会就审定了王璞的《中华国音留声机片》和赵元任的《国语留声机片》两种,黎氏也提到了,只是没有单列而已;至于第一条关于国音、国语由部司到县的传习、推广问题,《国语运动史纲》中并没有概括进去,而国语统一筹备会其实专门拟定了在各地设立"国语专科学校"的"办法大纲",摘录如下:

(1)先设四处如下;再视各地方言之难易,以次分区设立。

A. 北京一处——为中枢。北部各省及蒙新等处属之;并调查北方官话区域内之特别方言。

B. 上海一处——东部各省属之;并调查苏浙徽饶等系之方言。

C. 广州一处——南部各省及南洋华侨属之;并调查闽粤等系之方言。

---

① 黎锦熙:《国语运动史纲》,商务印书馆,2011年版,第134、139页。

D. 汉口(或武昌)一处——中部及西南各省属之;并调查南方官话区域内之特别方言。

(2)科学暂定九门如下……

(3)应地方社会及教育界之需要,随时分设各科:

A. 专修科　研究专门学理、并实习测验者入之。

B. 师范科　预备任小学国语教员者入之。

C. 普通科　各界人士及一般平民、凡志愿学习国语者分别入之。

D. 定期讲习科　暑假、寒假或星期日开设之。

(4)关于测验语音,或调查方言,以及统计、编纂、宣传等事,可随时组织种种调查会、编纂会、讲演会等。

(5)附设国语陈列所,陈列关于国语之一切印刷物、图表、器械(如国语留声机、发音测量器等)等,任人参考游览。并备各界或他邦考察国语之询问。

(6)附设国语练习会,定期练习,评定甲乙,酌给奖励,以资提倡而谋普及。①

教育部对此项工作高度重视,明令各县必须设立国语讲习所,这种强迫式的官方举措在国语教育人才的培养和国音、国语的传习方面取得了明显的效果,各地纷纷设立国语传习所,聘请国语专家定期开展国语教学。不过这种传习还停留在知识者层面,只是针对"国语教育者"的教育,可以说还属于国语知识传递的中间环节,《国音字典》《国语辞典》的编纂和《国语留声机片》的灌注等,都属于国语宣传推广的基础手段,国语的真正"普及"最终还要落脚于中小学校的国语教育改革层面,这就涉及整体层面的全体国民教育改革问题了。当时的国语运动事实上已经与提倡新文化者所倡导的白话文运动合流,胡适提出的"国语的文学,文学的国语"口号不仅是建设新文学的宗旨,也是国语改革的方向。尽管依然存在

---

① 黎锦熙、蔡元培:《中国国语教育进行概况》,黎泽渝等编:《黎锦熙语文教育论著选》,人民教育出版社,1996年版,第50—51页。

国语标准的讨论与"国音""京音"之争等问题,但在白话文运动的裹挟下,国语作为与白话同义的概念已基本稳固了自己的地位。国语的标准是什么已不再重要,重要的是如何教授与传播国语。胡适曾经引古语"未有学养子而后嫁者也"来说明"决没有先定了国语标准而后采用国语的",认为"嫁了自然会养儿子,有了国语,自然会有国语标准"。① 这话听着不错,前提是国语从何而来?于是国语教科书的编定提上了日程。改"国文科"为"国语科",编定与之相匹配的国语教科书,就成了国语统一筹备会推动国语运动的中心工作内容。

这项工作在国语统一筹备会召开第一次大会时就已提出,刘复、胡适、钱玄同等人的《国语统一进行方法》议案就是为解决小学课本一事而提的:

> 统一国语既然要从小学校入手,就应当把小学校所用的各种课本看作传布国语的大本营;其中国文一项,尤为重要。如今打算把"国文读本"改作"国语读本":国民学校全用国语不杂文言;高等小学酌加文言,仍以国语为主体。"国语"科以外别种科目的课本,也该一致改用国语编辑。②

"国文"改"国语",可以简单理解为文言改为白话,这在白话文运动如日中天之时完全没有问题,事实上当时的教育行政部门也是这么做的,还专门发了这方面的训令:

> 国语要旨,在使儿童学习普通语言文字,养成发表思想之能力,兼以启发其德智。首宜教授注音字母,正其发音。次授以简单语词语句之读法、书法、作法。渐授以篇章之构成。并采用表演、问答、

---

① 胡适:《〈国语讲习所同学录〉序》,欧阳哲生编:《胡适文集》(2),北京大学出版社,2013年版,第151页。
② 黎锦熙:《国语运动史纲》,商务印书馆,2011年版,第160页。

谈话、辩论诸法,使练习语言。①

这道训令给当时的小学国语教科书提供了编纂的思路与方法。考虑到国语统一筹备会与教育部的隶属关系,训令所示基本上就是国语统一筹备会的意图,事实上,国语统一筹备会的核心成员钱玄同在此之前已经开始采用注音字母自编国语读本了,而最早的小学国语教科书《新体国语教科书》在教育部的训令出来之前也已经由商务印书馆出版了,足以说明当时教育界和出版界对于国语教科书改革意见的统一,也在一定程度上表明了白话语体和注音字母已经得到了官方和民间的充分认可。此后的几年间,小学国语教科书编写蔚为风潮。据黎锦熙的统计,"民九(1920)审定的国语教科书凡一百七十三册,民十(1921)凡一百十八册,民十一(1922)约一百册"②,一般每套教材4—8册,这三年间审定的国语教材测算下来当在50套以上。这都是经过教育部审定的教材,尚不包括不在审定范围内的教材及其他儿童读物。北京师范大学图书馆现藏有这一时期的小学国语教科书16套,近120册,略可窥见当时小学国语教科书兴盛之貌。

1920年的教育部训令只涉及"改编小学课本"问题,对于中学国语教科书则没有规定。但既然小学阶段改为接受国语教育,中学阶段也不能不发生改变。最早的中学国语教科书《白话文范》四册其实在1920年就已由商务印书馆推出,但当时对中学国语教学改革尚在讨论阶段,故教育部只审定为参考书。直到1922年教育部以大总统令公布了《学校系统改革案》,中小学开始采用"壬戌学制",次年又由全国教育会联合会组织成立了《新学制课程标准》起草委员会,拟订了新的《中小学各科课程纲要》,其中关于国语的要点有:

(一)小学及初中、高中,一律定名为"国语科"。

---

① 转引自黎锦熙:《国语运动史纲》,商务印书馆,2011年版,第161页。
② 同上书,第167页。

(二)小学读本,取材以"儿童文学"(包括文学化的实用教材)为主。

(三)初中读本,第一年语体约占四分之三,第二年四分之二,第三年四分之一。

(四)高中"目的"之第三项为"继续发展语体文的技术"。

(五)《略读书目举例》,初中首列《西游记》《三国志演义》,高中首列《水浒传》《儒林外史》《镜花缘》。①

不难看出,国语教育已要求覆盖整个小、初、高学段,但各学段差异性明显,小学阶段应是全程国语化教学,初中阶段国语逐年递减,高中阶段基本上是巩固前期的国语教学成果,文言教学的比重较大。此外,作为课程标准的指导性文件,这份纲要对于各学段国语教材编写的内容也做出了相应规定。此前的训令除了要求教授"注音字母"外,就只对国语语词读法、书法以及国语教学的方式等做了说明,但对于国语教育到底教什么、国语教材编写什么内容并未明确。而从这份简单的清单可知,"国语的文学"成了国语教材的重要来源,"国语的文学"和"文学的国语"在国语教材的编写上真正实现了合流,就连本应以正音、识字、读写为主的小学国语教材都主张以"儿童文学"为主。我们几乎可以说,国语教育就是国语文学的教育,可见当时的国语运动受新文学运动影响之深。

但恰是在国语教材的编写内容方面,一些旧派文人对"文学的国语"提出了质疑与批评,特别是"儿童文学"进入国语教科书,从一开始就饱受非议,甚至到了20世纪30年代初期还延伸出了一场关于"鸟言兽语"的论争。1931年,何键在《申报》发表《咨请教部改良学校课程》一文,对童话故事等进入小学国语教材横加指责:"民八以前,各学校国文课本,犹有文理;近日课本,每每'狗说''猪说''鸭子说'以及'猫小姐''狗大哥''牛公公'之词,充溢行间,禽兽能作人言,尊称加诸兽类,鄙俚怪诞,莫可

---

① 黎锦熙:《国语运动史纲》,商务印书馆,2011年版,第167页。

言状。"①他的说法还得到了当时的初等教育专家尚仲衣的呼应。其实,这样的声音在1923年《新学制国语教科书》刚出版时就有。此书第一册第一课是《狗》,第二课是《大狗小狗》,后面还有《猫追老鼠》《黑猫》《黑羊饿了》等写猫、狗、羊、鸡之类的童话、儿歌、寓言,数量占了大半。以《黑羊饿了》为例:

> 白猫说:"你要吃鱼吗?我请你吃鱼。"黑羊回答说:"我不要。"母鸡说:"你要吃虫吗?我请你吃虫。"黑羊回答说:"我不要。"黄狗说:"你要吃骨头吗?我请你吃骨头。"黑羊回答说:"我不要。"老马说:"你跟我去吃草罢?"黑羊就跟他去。②

这本是非常通俗易懂、富有童心童趣和生活气息的童话小故事,但由于里面有"超乎自然"的"猫狗说话",被旧派文人斥骂为"猫狗教育"。这里有必要指出,何键和尚仲衣等人对"猫狗教科书"的指责还是有一定区别的。何键与早期的旧派文人反对"猫狗教育"所持的是旧道德、旧文化的传统立场,认为"大狗叫,小狗跳,大狗小狗叫一叫、跳两跳"这样"粗浅"的教育完全无益,他们可能并不认同儿童文学的价值,甚至连国语教育也反对;尚仲衣则只是视"禽兽能言"为"鄙俚怪诞",不愿意相信"鸟言兽语"的童话有儿童文学的价值,但并不一定反对儿童文学读物进国语教材。不过在新文化倡导者和国语教科书编纂者给出的回应中,基本不会有这样的区分。吴研因就将何键禁止"鸟言兽语"进教材与文化复古和文言复兴联系起来,但矛头却指向了支持者尚仲衣:

> 可悲的很,我国小学教科书方才有"儿童化"的趋势,而旧社会即痛骂为"猫狗教科书"。倘不认清尚先生的高论,以为尚先生也反

---

① 何键:《咨请教部改良学校课程》,《申报》"教育消息"栏,1931年3月5日。
② 吴研因、庄适、沈圻编著:《新学制国语教科书》(初小),天津古籍出版社,2013年版,第32页。

对"猫狗教科书",则"天地日月"、"人手足刀"的教科书或者会复活起来。果然复活了,儿童的损失何可限量呢?①

尚仲衣是真的反对"猫狗教科书"还是另有"高论"其实并不重要,吴研因真正在意的是"天地日月""人手足刀"式的教科书的复活。从何键对1919年以前"国文课本"的怀念以及对"先哲格言"教育的推举来看,其恢复旧传统、旧道德为主的经学教育的心理还是很明显的,他的尊孔读经思想与后面汪懋祖、许梦因等人发起的"文言复兴运动"不无关涉,但因此而把何键、尚仲衣的反对"猫狗教科书"与后来的文言复兴混为一谈还是不妥,至少尚仲衣只是反"鸟言兽语"的童话,而不是整个儿童文学。吴研因自己也说"鸟言兽语不能代表整个的儿童文学"。因此我们可以看到,即便教育部当时采纳了何键的建议,禁止商务印书馆出版的好几本儿童读物,但"小学教育界仍旧全国一致地主张国语课程,应当把儿童文学做中心"②,教育部1932年正式颁布的教学大纲《小学课程标准国语》和1938年组织编审会编写《初小国语教科书》的"编辑大意"也都明示了小学国语教学与儿童文学的密切关系。1932年的《小学课程标准国语》"目标"中有:"指导儿童学习平易的语体文,并欣赏儿童文学,以培养其阅读的能力和兴趣。"③这当然与吴研因等人持续著文展开激烈的批驳有关,但反"鸟言兽语"的童话而又不能不承认儿童文学在小学国语教育中的地位,则似乎更应该归功于新文学运动和国语运动的整体推进,尤其是新文学作家们在儿童文学理论和实践方面的建树。

尽管周作人《儿童的文学》堪称中国儿童文学诞生的宣言书,但仅强调他个体的贡献显然与五四新文学作家在儿童文学方面呈现出的集体高潮现象不符,用"儿童的发现"来描述那个时代文学家们的整体狂欢更合

---

① 吴研因:《读尚仲衣君〈再论儿童读物〉乃知"鸟言兽语"确实不必打破》,《申报》,1931年5月19日。
② 吴研因:《清末以来我国小学教科书概观》,《金区教师之友》1936年第73期,第4页。
③ 课程教材研究所编:《20世纪中国中小学课程标准·教学大纲汇编·语文卷》,人民教育出版社,2001年版,第22页。

乎叙事逻辑。追溯儿童文学在中国的缘起,无关本书宏旨,在此只想阐明,儿童文学在当时的兴起并非偶然。五四新文化运动所倡导的白话文或者说"国语的文学"过渡到"儿童文学",是一个自然展开的过程。新文化倡导者从一开始就将白话文定义为"平民的文学"和"人的文学","人的发现"是新文学建设的重要内容,在"立人"的过程中,曾处于弱势地位、一度被遮蔽的妇女、儿童更容易受到关注,"妇女的发现"和"儿童的发现"顺势成了新文学重点书写的主题,一大批新文学作家包括鲁迅、胡适、郭沫若、茅盾、郑振铎、叶圣陶、冰心等都加入了儿童文学的理论探讨与创作实践,一些西方儿童文学作品和理论也被他们适时翻译和介绍过来,儿童文学和现代儿童观念就此在中国迅速扎根。可以说,"'五四'时代的开始注意'儿童文学'是把'儿童文学'和'儿童问题'联系起来看的"①,作为新国民之一的"儿童"的发现是"儿童文学"兴起的真正内驱力。

与此同时,国语运动也从国音、国语的普及教育层面"发现"了儿童,儿童成了联结"国语的文学"与"文学的国语"的"中间物",他既是文学革命阵营中立人立国的重要依托,也是国语教育改革立言立国的不二载体,而他们共同的阵地,就是中小学国语教科书。无论是新文化倡导者还是国语教育者,似乎都认同了胡适的话:"若要造国语,先须造国语的文学。有了国语的文学,自然有国语。……真正有功效有势力的国语教科书,便是国语的文学;便是国语的小说,诗文,戏本。"②"儿童文学"就在新文学运动和国语运动共同打造的"国语的文学,文学的国语"大旗下,扛起了"立人"与"立言"的双向救国重任,而被旧派文人所斥责的"猫狗教育",也因此彰显了其塑造未来新"国民"的民族主义价值。

---

① 蒋风主编:《中国儿童文学大系·理论(一)》,希望出版社,1988年版,第225页。
② 胡适:《建设的文学革命论》,欧阳哲生编:《胡适文集》(2),北京大学出版社,2013年版,第44页。

第四章 启蒙与立人:民族主义与五四新文学运动

诚然,清末民初以来的民族主义的发生有着多源性,但这并不意味着民族主义的诸种概念因语境不同而全然互斥,相反地,它们在细节处进行着多重复杂的联结和生成。民族和国家是人民的集体形态,也是期求建立的政治实体,而民主议题则涉及人民在内部权力结构上的更迭。也正因此,清末民初民族主义的生成有着国家主义、民主主义等现代思想的参与,但也离不开如民本思想等一些"内生性"的思想资源。我们可以明显看到,站在开新的节点,清末民初知识分子基于民族复兴立场,不得不审视传统、西方文化与救亡的关系。甲午中日战争后,对于救亡问题,他们历时性地实践了改良与革命二途,而对于如何完成对思想传统的现代性转化,知识界又存在着不同的态度,这些不同的态度后来被冠名为激进主义、保守主义、自由主义,他们在文化路径上亦有"复古主义""全盘西化"等具体体现。

晚清民族主义的兴起,与这一启蒙与救亡背景下的多重文化思潮的冲击密不可分。鸦片战争后,中国人民族意识觉醒,反对西方侵略的"排外"运动日益高涨,这种排外态度渐渐置换了"攘夷"传统,为晚清民族主义的兴起奠基,又随着民族主义的深化而有所调整。"排外"早先经历过盲目的阶段,以义和团运动为高潮。而之所以称之为"盲目",在于方式的"野蛮",聚集千人以行"仇洋闹教","杀洋人,毁教堂,攻使馆,戕公使",无异于"攘夷旧说",这也受到改良派、革命派的反对。需指出的是,改良派、革命派对"排外"意识是一致认可的,他们所反对的,是盲目的方式。而"文化取向危机"则促使晚清知识界对"排外策略"进行脱旧更新,"排外"也渐渐摆脱"攘夷",而选择以文明的方式抵抗着"达尔文主义"式的文化剥蚀。

在这种背景下,"国家/中国"与"别国/西方"形成对位结构,"国家想象"便有了两层梯度:一是现实的"中国","国家"成为被拯救的对象;二是理想的"国家","国家"成为被建构的对象。二者原本并不冲突,因为关于如何救亡或建构国家,其实有一个共同基点,那就是"公民""人民"。一方面,晚清以来的知识分子们展开了对中国危机的内源性思考,先是面对西方的船坚炮利生发出的对"器物"文明的反思,欲"师夷长技",后在传教士、国人"译介西方",西方现代"民主"话语进入国民政治生活的背景下,引发了"夏不如夷"的根源之思、制度之思,带来了"维新"之变。另一方面,他们又将"救亡"和"启蒙"联结起来,从龚自珍的"人各怀私",到郑观应、王韬等人的"君民同供"乃至康、梁等人的"权归于众",在伦理、政治等方面肯定了人之本性及政治地位的合理性,新"民"观念和民权思想由内而生。

面对救亡和建构民族国家的诉求,清末民初知识分子不得不思考新民的启蒙问题。黄遵宪考察西语、比较中日文字时,即认为国民的素质、国家的强弱与语言文字相联系,故针对当时"言文分离"的现实,提倡"言文一致"以达到"通行于俗"的效果,实现语言文化开启民智的效用;维新派也逐渐意识到"言文分离"的汉语难以助力新思想的传播,所以梁启超在《沈氏音书序》中说:"国恶乎强?民智斯国强矣。民恶乎智?尽天下人而读书、而识字,斯民智矣。"[①]对于处"数千年未有之大变局"的知识分子来说,这样的启蒙意识是一贯的,所不同的是,康梁关注的是"民",而民初到五四时期的新文化倡导者着意的是"人","新民"还是"立人",这是清末白话文运动和五四新文化运动在启蒙思想上的根本分野。

---

① 梁启超:《沈氏音书序》,《饮冰室合集》(文集第二册),中华书局,2015年版,第133页。

一、三大主义:陈独秀的文学革命与启蒙立场

前述已提及,晚清中国是在思想与制度极为落后,西方列强的蚕食瓜分极为严重的情况下走上现代化道路的,因此救亡成为宗旨,而启蒙又与之纠结难分。清末经世之学逐渐成为传统士大夫们服膺的对象,并形成了以追求经世致用为特点的学术转向,到桐城派已经较为明确地主张学习西方、谋求新变,维新派在通往制度革新的道路上也已经触及了思想文化的革新。梁启超的"新民"说就是一种社会启蒙思想,这种自康梁维新所建构的启蒙思想不仅促进了国民观念的进步,也为如陈独秀等后来者提供了在启蒙道路上深入下去的启发。在经由"启蒙主义的人文主义""写实主义"和"白话文学"形成的"三大主义"中,我们可以隐隐看到陈独秀在"白话语言""文学革命"和"思想文化启蒙"之间完成了他对于白话文学的理论建构。

(一) 文学革命的发生与"三大主义"的提出

1. "脱序的现代化":文学革命与清末民初的"怪现状"

清末至五四前后,中国的现代化之路总是伴随着中国与西方的文化重叠,传统与现代的价值观念冲突。如果从器物、制度和思想的框架来谈现代化,思想行为层次的现代化也许是最为艰难的:由于"不侵害到中国人的生活方式",因而以器物技术的转变为代表的经济现代化"总是比政治与思想的现代化为早而顺利的";制度改革已经触及文化内层,因而制度现代化往往会"遭遇旧的制度和旧的精神的阻碍"(蒋廷黻);而思想行为的现代化是关乎个体的,因而深刻而缓慢。因之,在现代化的漫漫长途中,当器物、制度已经急迫前进,思想文化似乎尚在缓步挪行。如此,我们可以目睹清末民初如此之"怪现状":

> 中国社会上的状态,简直是将几十世纪缩在一时:自油松片以至

电灯,自独轮车以至飞机,自镖枪以至机关炮,自不许"妄谈法理"以至护法,自"食肉寝皮"的吃人思想以至人道主义,自迎尸拜蛇以至美育代宗教,都摩肩挨背的存在。①

此处,我们援引金耀基在《从传统到现代》中所提出的观点,即中国的现代化是"脱序的"。清末民初现代化转型过程中的"脱序"现象,若不离器物、制度和思想三维,至少包括两个层面:一是器物技术与思想行为的"脱序",二是制度与思想行为的"脱序"。② 就这种"脱序"现象,我们可以看到清末民初现代化的一些特点。其一是防御性和破碎性。清末民初的社会语境,决定了中国的现代化不可能以西式资本主义扩张的方式来进行。而民族政治危机和文化危机也使中国在民族、文化上呈现出一种复杂的面貌。若说全盘西化是一种激进的现代化,那么文化保守主义即代表了中国民族立场和忧患意识的一面,而文化保守主义对待本民族文化,亦分激进、温和之貌,前者或与激进的民族主义相联系,因而呈现出防御性的特点。就文化自身所遭遇的"离乱"而言,时人面对着自身的长河落日,似有力不能挽的悲剧性情感,但究竟也不得不面对传统或民族文化在西式文明的侵蚀下所呈现出的支离破碎的面貌并奋力营护。其二是矛盾性和重叠性。经历清末新政和"新民"行动,"民"一词的关注度远超以往。从报刊舆情中为人热议的词汇来看,似乎可称乐观,如《国民报》(1901)、《新民丛报》(1902)、《国民日日报》(1903)、《国民公报》(1910)等。至1911年,海内外以"国民""新民"命名,或以启发国民自觉、振奋国民精神为目标的各类期刊有十余种之多。③ 按理来说,在前人苦心的推行下,到20世纪初,不做奴隶和臣民、争做自由国民的观念自当深入人心,可随着辛亥革命和民国建立,令人费解的矛盾现象出现了。陈独秀在1919年指出,"中华民国的假招牌虽然挂了八年,却仍然卖的是中

---

① 鲁迅:《热风·五十四》,《鲁迅全集》(第一卷),人民文学出版社,2005年版,第360页。
② 金耀基:《从传统到现代》,法律出版社,2010年版,第128页。
③ 史和、姚福申、叶翠娣编:《中国近代报刊名录》,福建人民出版社,1991年版,第218—219页。

华帝国的药,中华官国的药,并且是中华匪国的药"①。民国和帝国的重叠,官国与匪国的并置,让这个国家看上去充满了矛盾色彩,新旧体制转换磨合的不适,根深蒂固的国民根性,说到底也许反映出的是一个更深层的问题:虽然国家与社会均对"民""国民"等与民主息息相关的话语予以重视,然而脱离庸庸大众,忽视现代科学、伦理等方方面面的思想资源对大众心理模式的改化来谈"国民""民主",实在不得不令人怀疑,"国民"之词是否已在某种程度上沦为政治话语博弈场上的一枚棋子,而且这也说明,民国的新制度在名义上虽已建立,但"国民对新兴的政治观念和模式还相当隔膜,国人的价值观念、文化性格、心理习惯和思维模式等等未能发生变化"②。革命本身有其不彻底性,加之国民意识薄弱,使民主难以真正通行。正因如此,陈独秀才说:"今吾国之患,非独在政府。国民之智力,由面面观之,能否建设国家于 20 世纪,夫非浮夸自大,诚不能无所怀疑。"③那么往后的道路无论如何行进,还是绕不开启发民智、再造国民。

新文化运动及文学革命即在这一背景中产生。"再造国民"这种具有启蒙意识的话语是陈独秀在文学革命中坚持的一个重要基点,与康梁的"新民"比较,这里显然有一个更为纵深的目标,它正是陈独秀基于对清末民初社会现状的理解所确定的,涉及语言与思想的联结关系以及如何为单纯的"白话语言"赋予某种特定的意识形态特质,因而陈独秀的白话文学理论建构背后有一种"隐设的政治意图"。

2. 隐设的政治意图:"三大主义"与陈独秀的思想文化理路

在五四新文化知识分子的大力推行下,新文化运动很快在全国产生了广泛的影响。1938 年 5 月 15 日,陈独秀发表了《"五四"运动时代过去了吗?》,较为完整地阐述了他的整体五四观,可视为陈独秀对五四新文化

---

① 陈独秀:《实行民治的基础:"地方自治与同业联合两种小组织"》,《独秀文存》(论文下),首都经济贸易大学出版社,2018 年版,第 19 页。
② 付长珍:《批判与重构:陈独秀的国民想象》,《杭州师范大学学报(社会科学版)》2011 年第 1 期,第 94 页。
③ 独秀:《爱国心与自觉心》,《甲寅》第 1 卷第 4 号,1914 年,第 5 页。

运动诉求的一个总结。内容主要涉及两方面,一是"重估传统",即要破旧,要反帝反封建;二是"如何建立",即要立新,要科学、民主,要新语言。科学、民主是不是飞来之物,一方面要学习西方先进文化,另一方面需要教育、文化普及等手段。文化教育与普及离不开语言,要实现这一目标就必须检讨语言问题,也就是要反文言、倡白话,因而倡导白话又与此前的白话文运动相续。

　　探讨陈独秀的文学观念与启蒙立场,仅关注文学革命是不够的,我们还需要关注到文学革命发生前陈独秀对文学的态度及相关活动。1903年,陈独秀继续挚友苏曼殊未完成的翻译工作,终于连载出版了《惨世界》(即《悲惨世界》)的译著,从目的上看,陈独秀译《惨世界》是为了给文学改良提供范本,从内容上看,他有意添加人物以抨击孔教,其中有唤醒民众思想意识的意图。1904年,陈独秀发表《论戏曲》一文,明确提出"戏曲改良"的口号,希望借助戏曲这一特殊的传播形式,来改变"国事危急,风气不开"的严峻现实,同时提出了改良五法,即"新排有益风化的戏""采用西法"和"三不唱"。这些改良方法所体现的,一是启发民智、启蒙思想的目的,要使戏曲"有益风化",唱演英雄爱国的戏剧是为了激发国人的爱国之心;"采用西法",简单融入西方戏剧的体制和"光学电学"戏法,也是为了使民众"长见识"。二是推崇现实主义的文艺观,不唱神仙鬼怪、淫邪、功名富贵,而鼓励反映社会现实内容的作品,这与他所推崇的"时事小说"是有相同旨趣的,目的都是在破除迷信。同年,陈独秀创作故事新编小说重写夏商周历史,借以传播"国家""民权"等观念;1915年,《新青年》创刊不久,陈独秀针对国内文坛状况发表《现代欧洲文艺史谭》等文,介绍西方近代文艺思潮的变迁过程,并表达了与后来《文学革命论》中一致的观点,即以写实主义去涤荡中国文艺界的拟古主义、形式主义和伪饰主义。其实,仅从以上"发生前史"即可得出,陈独秀此时期主要的文艺思想是强调文艺启迪民智作用,在艺术风格的勘探选择上,又立定为现实主义风格。也就是说,启蒙主义和现实主义是陈独秀在文学革命前的文艺观念的内容,同时他对于文艺作品进步和发展的立场,又带有改良的特点。

陈独秀文学观念由"改良"而"革命"的转变过程,可在1916年与胡适的书信来往中发现痕迹。在书信中,陈独秀几次为文艺改良而苦恼,如何从现实主义的理论向现实主义的创作转化,实在不是一个好解决的问题。他寄希望于译介外国文艺作品来实现文学改良。胡适在拟定《文学改良刍议》之前,已同陈独秀提过改良八事,陈独秀在其中看到希望;而当胡适在"八事"的基础上,更提出"白话文学",陈独秀遂振奋起来。关于陈独秀对于白话文学的态度,可通过胡适在《文学革命论》发表之后与陈独秀的一次通信来说明。这次通信中胡适谈及"改良八事"及"三大主义",对文学革命的态度颇为恭谦,显示出一种平和,更说"此事之是非,非一朝一夕所能定,亦非一二人所能定""决不敢以吾辈所主张为必是而不容他人之匡正也"。[①] 与胡适的恭谦不同,陈独秀直指眼下国语并未达"文言一致地步",如已实现,那么"以国语为文"自然天经地义,故而以一种决然的语气说道:"改良中国文学,当以白话为文学正宗之说,其是非甚明,必不容反对者有讨论之余地,必以吾辈所主张者为绝对之是,而不容他人之匡正也。"[②]由是,陈独秀的思想文化思路渐渐明确。

启蒙主义的人文主义、写实主义和白话文学,这就是陈独秀文学革命的基本路向。在胡适的《文学改良刍议》发表一个月后,陈独秀的《文学革命论》正式提出了"三大主义":

> 曰,推倒雕琢的阿谀的贵族文学,建设平易的抒情的国民文学;曰,推倒陈腐的铺张的古典文学,建设新鲜的立诚的写实文学;曰,推倒迂晦的艰涩的山林文学,建设明了的通俗的社会文学。[③]

[①] 胡适:《寄陈独秀》,欧阳哲生编:《胡适文集》(2),北京大学出版社,2013年版,第22页。
[②] 陈独秀:《再答胡适之》,《独秀文存》(通信),首都经济贸易大学出版社,2018年版,第62页。
[③] 陈独秀:《文学革命论》,《独秀文存》(论文上),首都经济贸易大学出版社,2018年版,第78页。

比起胡适的"八不主义",陈独秀的"三大主义"就简单多了,甚至简单到很难理清其中的具体指向。这也许正是陈独秀营造舆情的一种策略,他本可以详尽地将自己的新文学理论阐述清楚,但"三大主义"更多的是点到为止;可虽是点到为止,却留有讨论的丰富空间。如果要深究陈独秀"三大主义"背后隐在的语言文学观念,首先要盘理的是"启蒙主义的人文主义""写实主义"和"白话文学"与"三大主义"之间的理论联系。

"启蒙主义的人文主义""写实主义"和"白话文学"是"三大主义"提出的重要基础,"三大主义"首先是建立在思想政治和社会改造的基础上的,虽言说重点并不在白话文学,但"文学革命"本身已经将白话语言纳入其中,即"文学革命"是"白话语言文学的革命"。

新文学理应是白话文学,而白话文学又在清末民初中国的现实政治语境中建立起与特定意识形态的必然联系,即它以一个现实的政治与革命的意识形态为内核,而不同于过去白话语言的倡导——用以传播新思想的白话语言,反过来也可能成为复燃旧火的白话语言,因而白话语言应当是"有根之木"。由此,陈独秀在"白话语言文学"中建立了一种特定的意识形态特质,沟通了晚清以来中国语言文学现代转型的趋势,这对未来"国语文学"和"大众语文学"的出现有不可忽视的意义。陈独秀所依据的"启蒙主义的人文主义""写实主义""白话文学"等思想,使其有了广阔的中西方对比视野和纵深的社会思想政治的勘探之力,因而,我们才能看到陈独秀不同于胡适《文学改良刍议》的论说方式,他不仅在中国文学内部梳理文学语言的发展源流,还基于清末民初中国现实的黑暗思想政治而产生了"欧洲文明"的导向,并对"新文学"的社会功能进行定位。"三大主义"也因之表现出对文学社会功能的高度重视与瞩望,饱含着对提振国民精神、促进社会进步的强烈情感。这些都是清末民初以来,中国社会与思想巨大变革在语言文字方面的聚合与反映,陈独秀以现代白话文的倡导激活了五四时期中国"新的政治"。

(二) 启蒙、写实与白话:陈独秀的白话文学理论建构

1. 国民性的再造:陈独秀白话文学理论的启蒙立场

"三大主义"中提到了三个要推倒的对象和三个要建设的目标,其中国民文学的平易抒情,联系贵族文学的雕琢阿谀,陈独秀似乎在告诉我们:一方面应当注意文学为谁而作的问题,即"为他作"还是"为己作";另一方面强调抒情性,重视写作者的自我意识。这与陈独秀所希望实现的"自我意识的觉悟"是一致的,这两方面均涉及语言文学的"发声"主体,而在陈独秀的论述中,这一主体又和"国民"有着深刻而复杂的联结,"国民"是迂阔的,但同时新的"国民"又应当是"生成"的,因而需要再一次倡导"新民"。而无论是沿袭康梁的"新民"论,还是强调写作者的主体意识,这些内容都与前述启蒙主义相一致。

早自 1901 年起,陈独秀为了找寻"国家落后的原因",就辗转中日之间。陈独秀前后五次东渡日本留学或逃避追捕,先入早稻田大学的前身东京专门学校,之后创办刊物,参加各种组织,参与各种运动,也在那里接触了西方的政治社会学说,这使他对国家落后的原因有了深入的理解。陈独秀在《亡国篇》第三章中说"也不是皇帝不好,也不是做官的不好,也不是兵不强,也不是财不足,也不是外国欺负中国,也不是土匪作乱,依我看起来,凡是一国的兴亡,都是随着国民性质的好歹转移"[1],将国家兴亡与国民性质之间联结起来;又说"我们中国人,天生的有几种不好的性质,便是亡国的原因了"[2],如此便将中国产生民族危机的原因归结于国民性质的恶劣。这些"不好的性质"其实是与传统社会结构和伦理观念的影响相关,如忠国忠君之混为一体,实是忠君压倒了爱国,在面对国家衰亡时,总想象追慕某朝遗老,而不知发挥心智,振兴共有之国。在此后的一系列文章中,陈独秀又将国民性问题的讨论深入,指出中国的衰弱和危机,就自身而言,与所谓国民性的弱点有关,当时《新青年》的一位作者

---

[1] 三爱(陈独秀):《亡国篇》,《安徽俗话报》第 17 期,1904 年,第 1 页。
[2] 同上。

光升亦提及这一问题,说"则以吾国民性固有绝大之数弱点在焉"①。中国的国民缺乏自我意识,想要实现社会革命,就必须重新塑造国民启蒙意识,否则"国人思想倘未有根本之觉悟,直无非难执政之理由"②。这也是陈独秀、胡适、鲁迅等五四知识精英所意识到的重要问题,他们主动承担起唤醒和教育国民这一责任,新文化运动与文学革命也在这种思想下开始酝酿。陈独秀选择文化的思想启蒙道路,正是在此背景下进行的。五四运动前后,陈独秀投身报刊业,先后创办、参与编辑了《国民日报》《安徽俗话报》《甲寅》《新青年》《每周评论》《劳动界》《伙友》《共产党》《劳动与妇女》等报刊,借助这些报刊,陈独秀倡导先进思想、先进文化,以期促进社会进步。

回到1915年,这一年《青年杂志》(后改名为《新青年》)第1卷第1号面世,陈独秀的发刊词《敬告青年》,至今读来仍振聋发聩。文章中,陈独秀不无轻蔑地提到"彼陈腐朽败之分子,一听其天然之淘汰,雅不愿以如流之岁月,与之说短道长,希冀其脱胎换骨也",与其耗费宝贵的时间和陈腐者说道而寄希望于他们脱胎换骨,还不如与无多浸染、新鲜活泼的青年人同志同行,故说"予所欲涕泣陈词者,惟属望于新鲜活泼之青年,有以自觉而奋斗耳"。③

《文学革命论》中,陈独秀指出中国虽经历三次革命,但却"黑暗未尝稍减",未有成效。而深究此前革命虎头蛇尾、终究失败的原因,还是在于社会文明进步中存在的矛盾,这一点我们在前述中用清末民初"脱序"的现代化做了说明。正因如此,陈独秀思考政治革命时,指出政治革命"所以于吾之社会不生若何变化、不收若何效果",主要在于"盘踞吾人精神界根深底固之伦理道德文学艺术诸端,莫不黑幕层张,垢污深积",有意将"精神界"上存在的痼疾作为政治革命难有成效的主要原因;又说"吾人疾视革命,不知其为开发文明之利器",指出革命的用途不只是更迭政

---

① 光升:《中国国民性及其弱点》,《新青年》第2卷第6号,1917年2月,第5页。
② 陈独秀:《答王庸工》,水如编:《陈独秀书信集》,新华出版社,1987年版,第6页。
③ 陈独秀:《敬告青年》,《独秀文存》(论文上),首都经济贸易大学出版社,2018年版,第1页。

权,更可以"开发文明"。①

这种归因无论是否属于策略性的表述,都可以显示出陈独秀文学革命的立场。从价值意义上,将革命视为文明进步的一种手段,而"精神界"关涉的是内容和目的。于此我们可以知道,陈独秀的意图是以革命的手段扫除精神界的层层黑幕、污垢。

正因这场文学革命本身就是文学性与非文学性的结合产物,所以文学革命并不限于文学自身,甚至包含了许多非文学性的内容。在陈独秀的论述中,文学革命属于一场精神界革命,也即思想文化革命。这场思想文化革命包括多个内容,但陈独秀在文章中拎出两个方面:伦理道德和文学艺术。伦理道德方面,针对的是陈独秀长期与之斗争的孔教问题;文学艺术方面,针对的则是文言与中国文艺界的陈腐的古典文学,以及拟古主义、形式主义和伪饰主义等陈腐风气。承此理解,再联系陈独秀从戏曲改良五法至译著域外小说和创作时事小说以来的诉求,我们也就理解其"三大主义"之所以要打倒贵族文学、古典文学和山林文学,在于这三类文学有其共同缺点,即"所谓宇宙,所谓人生,所谓社会,举非其构思所及",而"此种文学,盖与吾阿谀夸张虚伪迂阔之国民性,互为因果"。②

也就是说,在陈独秀的白话文学理论的建构中,文学革命与国民性问题紧密关联,从"戏曲改良"到"文学革命",陈独秀通过"精神界"之文学改造国民精神这一点是一脉相承的。既然国民性的迂阔造成了旧文学的现状,那么想改革旧文学,就必须完成"国民性的再造"。

陈独秀的"再造国民"是自梁启超"新民"而来。此处援引张东荪的说法,清末维新、辛亥革命和五四新文化运动之间的共性在于:其一,它们都是以政治为起点,通过政治运动的实践来实现改变社会的理想道路,即使是新文化运动本身,我们也不能不说其背后不无政治角力;其二,它们都意识到

---

① 陈独秀:《文学革命论》,《独秀文存》(论文上),首都经济贸易大学出版社,2018 年版,第 78 页。
② 同上书,第 80—81 页。

国民素质对于推行新政治、新制度,乃至建立民族国家的重要性。维新派将戊戌变法的失败归结为"新其政不新其民",所以梁启超的"新民"启蒙思想,将改造文明从器物、制度等客体迁移到国民主体,是一条内化的道路;而辛亥革命以来,特别是面对袁世凯复辟帝制而行尊孔之复古逆流,社会上反孔反袁的反响颇巨,如梁漱溟所说,辛亥革命已有文化革命的倾向。正基于此,我们可以认为"新民"也好,"再造国民"也罢,其意图都是要以一种文化启蒙的方式去构建满足民族国家建构的"国民想象"。

2. 从"新民"到"再造国民":陈独秀启蒙主义的"个人本位"

陈独秀的"再造国民"是较"新民"更加深入的一条思想文化路径。五四新文化运动将"直入文化"作为解决之道,也许是建立在对清末戊戌维新不满的基础上的,所以1916年陈独秀才说:"当此除旧布新之际,理应从头忏悔,改过自新。……吾人首当一新其心血,以新人格,以新国家,以新社会,以新家庭,以新民族,必迨民族更新,吾人之愿始偿,吾人始有与皙族周旋之价值,吾人始有食息此大地一隅之资格。"[①] 从目的上看,从文明、文化的视角去推动社会进步,是新文化运动与之前的改良运动和革命运动的共性;从其"新国"的内容上看,也都是要建立一个民族国家,何至于要说"从头忏悔,改过自新"? 既然之前就有此道路,何以要到新文化运动时进行整体性地文化转向? 的确,从清末以来,戊戌维新和辛亥革命都在进行思想启蒙工作,其"觉民""新民"之旨在于"救亡""建国",可"民国"已经成立,而民国成立后整个社会仍然处于"脱序"的状态,还没来得及后进,袁世凯复辟帝制亦使人不得不为之可惜,于此,包括陈独秀在内的五四先驱不得不对"中国文化"做"全面彻底"改变的打算,在文化与思想启蒙的态度上更加彻底坚决。除此,陈独秀对文化与思想启蒙的内容理解也更加深化,这种深化主要表现为一种启蒙主义的"个人本位"。

从其对清末以来运动的承续来讲,若讲"新民",清末以来的启蒙虽

[①] 陈独秀:《一九一六年》,《独秀文存》(论文上),首都经济贸易大学出版社,2018年版,第26页。

亦着眼于民,但更多的是"群"或整体意义上的人民、国民。康有为、严复结合西方的人性论,着力建构"人之所以为人者,仁也"的人道之学,同时又特别强调"顺而率性者愚,逆而强学者智"的强学之道。①梁启超在二人基础上,将现代"人"的打造纳入其鼓动的"新民"运动中,将"独立人格"的"人"作为"国民"的基本条件,赋之以"私德""公德"和"合群精神"。但他的关注点始终在"民"的觉悟上,致使那个具体的"个人"虽已出现,却始终难以伸张。

在新文化运动与文学革命中,陈独秀的"再造国民"将主体和内容阐述得更为具体了。若说"再造国民"解决了方向性问题,那么如何"再造国民"又涉及策略性问题。陈独秀于是提出了"国民"建构的另一条路径,即"个人本位",先有"个人"之立,才有大多数"国民"的觉悟。陈独秀认为,中国要社会进步,必须向西方文明学习。"欲转善因,是在以个人本位主义易家族本位主义。"②这里的"个人本位主义"已经接近于西方公民范畴了;这里的"人",已不仅是"国民"中"民"的部分,更是"人类中的一个人",突出了"个人"的独立价值。为使这种"个人本位"成为不疑之论,陈独秀解释"西方的个人主义"说:

> 举一切伦理、道德、政治、法律、社会之所向往,国家之所祈求,拥护个人之自由权利与幸福而已。思想言论之自由,谋个性之发展也。法律之前,个人平等也。个人之自由权利,载诸宪章,国法不得而剥夺之,所谓人权是也。人权者,成人以往,自非奴隶,悉享此权,无有差别。此纯粹个人主义之大精神也。③

陈独秀告诫国人,西方也有国家利益,但西方并不特别强调国家、社会利益,尤其是当国家利益与个人自由权利相冲突的时候,因此西方实质上还

---

① 康有为:《长兴学记》,陈汉才校注,广东高等教育出版社,1991年版,第5、8页。
② 陈独秀:《东西民族根本思想之差异》,《独秀文存》(论文上),首都经济贸易大学出版社,2018年版,第22页。
③ 同上。

是以个人主义为基础和根本的。据此他断言:"人间百行,皆以自我为中心,此而丧失,他何足言?"①陈独秀显然使用的是西方"天赋人权"的说法。

在这种"个人本位"下,陈独秀对所"新"之"民"开始有所梳理,他在新文化运动中有意地将力量集中在青年人身上,正如其所说,"青年之于社会,犹新鲜活泼细胞之在人身",因为青年人的价值观念、文化性格、心理习惯和思维模式等尚未僵死,犹有改造之机;而"人身遵新陈代谢之道则健康,陈腐朽败之细胞充塞人身则人身死",所以"社会遵新陈代谢之道则隆盛,陈腐朽败之分子充塞社会则社会亡"。②

在论述中,陈独秀刻意回避了作为对"民主"重要补充的"契约论",但也更将"觉悟"重提。同样谈"觉悟",以往之觉悟,是要使民众意识到国家民族之处境,而有奋发进取之风貌;五四新文化讲的更多的是"自我意识"的"觉悟"。这种"自我意识"的"觉悟",也许正有赖于《敬告青年》中陈独秀向青年人陈列的"六义",即自主的而非奴隶的、进步的而非保守的、进取的而非退隐的、世界的而非锁国的、实利的而非虚文的、科学的而非想象的③。这六义,实际上已经构成了陈独秀的"国民想象":青年人要进步,自然要以民主自由的眼光去看待现实社会、世界,也要以科学理性的方式去解决实际问题。

3. 写实的白话文学:陈独秀白话文学理论

陈独秀在"三大主义"中将古典文学与写实文学对提,这是为了指出中国文艺界的不良风气,即拟古主义、形式主义和伪饰主义,中国古典诗歌发展了几千年,在内容主题上少有突破,竟渐入"死境",而写实文学之新鲜和立诚,是在文学上要求作家关注社会现实,忠于对社会现实的反映,这不能不令人想到他所提倡的"时事文学"。同时,写实文学和社会

---

① 陈独秀:《一九一六年》,《独秀文存》(论文上),首都经济贸易大学出版社,2018年版,第27页。
② 陈独秀:《敬告青年》,《独秀文存》(论文上),首都经济贸易大学出版社,2018年版,第1页。
③ 同上书,第2—6页。

文学又共同强调了要发挥文学的社会功用,摒弃山林文学这样远离人间的、非人的文学,而要使文学能够平易、通俗,极大地发挥它的社会价值,则又离不开更加通俗的语言形式。

陈独秀在论述中逐渐加强了对文学及其语言发展的欧化导向:

> 西洋近代文学,喜以剧本、小说实写当时之社会,古典实无所用之。实写社会,即近代文学家之大理想、大本领。实写以外,别无所谓理想,别无所谓有物也。①

这种欧化导向以"写实主义"为特征,可视作陈独秀对文学语言的一个综合认识。当文学、写实达成一种直接联系,即可确保文学对现实社会发挥功用。

在文学语言的使用方面,基于对语言文学转型时期创设一般书面语的考虑,陈独秀以"上流社会"语言为靶,欲将它拉下神坛:"吾辈有口,不必专与上流社会谈话。人类语言,亦非上流社会可以代表。优婉明洁之情智,更非上流社会之专有物。故《国风》《楚词》,多当时里巷之言也。"②而从其对所提《国风》《楚辞》的语体判断上看,他着眼于"里巷之言"的通俗性,而又有意提出一种"优婉明洁"的文学语言。对于文学语言的通俗性,陈独秀持辩证观点:"鄙意今日之通俗文学,亦不必急切限以今语,惟今后语求近于文,文求近于语,使日赴'文言一致'之途,较为妥适易行。"③文学语言的通俗性固然与白话相类,但这种"文学语言"与白话本身并不完全等同,故而他又进一步提出"白话"与"文"的双向关系——"语求近于文,文求近于语",表明语言与文学的互相建构的倾向。

关于白话与白话文,陈独秀也曾明确指出:

---

① 陈独秀:《答陈丹崖》,《独秀文存》(通信),首都经济贸易大学出版社,2018年版,第29页。
② 同上。
③ 陈独秀:《答曾毅》,《独秀文存》(通信),首都经济贸易大学出版社,2018年版,第58页。

> 通俗易解是新文学底一种要素,不是全体要素。现在欢迎白话文的人,大半只因为他通俗易解;主张白话文的人,也有许多只注意通俗易解。文学、美术、音乐,都是人类最高心情底表现,白话文若是只以通俗易解为止境,不注意文学的价值,那便只能算是通俗文,不配说是新文学,这也是新文化运动中一件容易误解的事。①

这反映出陈独秀在为"白话文学"赋予启蒙主义、写实主义内涵的同时,对"白话文学"的独立价值亦予以肯定。这种态度我们可以在1916年常乃惪致陈独秀的信及陈独秀的回复中得以窥见。当时常乃惪从"文""文章"的考辨入手,将语言的形式之美视为文学的特性,更区分了"美术之文"与"纪事说理之文",指出文言文体作为"美术之文"的审美独立性:"美术之文,虽无直接之用,然其陶铸高尚之理想,引起美感之兴趣,亦何可少者?譬如高文典册、颂功扬德之文,以骈佳乎?抑以散佳乎?此可一言决矣。"他在信中直陈"吾国之骈文,实世界唯一最优美之文",进而建议"以文言表美术之文,以白话表实用之文"。②

这就是陈独秀与常乃惪的"文学之文"与"应用之文"之辩。陈独秀与常乃惪看似都在强调文学的独立性,但因为白话文学实践尚处于匮乏状态,陈独秀有意避开了语言形式上的交锋,指出"文学美文之为美,却不在骈体与用典也",而在于"结构之佳,择词之丽……文气之清新,表情之真切而动人",故而"应用之文,以理为主;文学之文,以情为主"。③

如前所述,陈独秀在"白话语言""文学革命"和"思想文化启蒙"之间完成了他对于白话文学的理论建构,基于对清末民初社会现状的理解确定了"三大主义",并赋予"白话语言"以某种特定的意识形态特质。而陈独秀的思想文化路径深化主要表现为一种启蒙主义的"个人本位"。在这种"个人本位"下,陈独秀对所"新"之"民"进行了梳理,有意地将力量

---

① 陈独秀:《新文化运动是什么?》,吴晓明编选:《德赛二先生与社会主义——陈独秀文选》,上海远东出版社,1994年版,第138—139页。
② 常乃惪:《致陈独秀》,《独秀文存》(通信),首都经济贸易大学出版社,2018年版,第14—15页。
③ 陈独秀:《答常乃惪》,《独秀文存》(通信),首都经济贸易大学出版社,2018年版,第16页。

集中在青年人身上,强调"自我意识"的"觉悟",构成了一种"国民想象"。其"三大主义"欲使文学能够平易、通俗,极大地发挥它的社会价值,这又离不开更加通俗的语言形式。由此,陈独秀所构建的白话文学理论,也使白话构成了联结清末民初中国社会思想文化诸端的语言媒介。

二、从"白话"到"国语":胡适的语言民族主义想象

语言形式变革是社会文化变革之要,这要从近代以来自西方引进新的文学与思想的方式谈起。清末民初域外文学与思想的译介,在胡适后来的论述中被认为是失败的,是"劳而无功的死路",这是清末民初选择文言翻译决定的。1897年,《巴黎茶花女遗事》横空出世,此后,并不懂外语的林纾,颇费周折地经他人转述,完成了大量外文小说的翻译工作,其中意图除了使民众增广见识和了解西方,亦不无用一己之力发扬韩柳古文的想法,但当时不少知识分子们已经意识到,要译介西方文学,需要一种与之相适应的语言文字。清末民初的中国正处于内外交困的境地,以实现社会发展为宗旨,改良主义、革命主义话语层出不穷。虽然改革的声音日渐高涨及至众声喧哗,但并没有得到普通大众的呼应,诸多改革只是知识群体的"独舞",缺乏语言文学和社会变革的群众基础。

正因从近代语言文学与政治意识形态的复杂关系中看到了语言形式变革对于思想文化领域变革的重要性,一种对新的语言文字形式的诉求呼之欲出;知识分子认为需要用一种更合适的语言文字形式去适应"新民"需要。于是有黄遵宪的"我手写我口"、梁启超的"言与文合"、裘廷梁的"愚天下之具,莫文言若;智天下之具,莫白话若"(《论白话为维新之本》)以及刘师培的"文字进化之公理"等。社会改革如此,文学的改革亦是如此,文学改革由内容转向语言形式似乎是避免不了的。胡适在新文学的建设过程中即以"白话""国语"概念注入文学革命体系中,形成胡适新文学理论的语言路径,而从"白话"到"国语"的概念置换反映出的则是胡适的语言民族主义想象。

(一)"活的文学":胡适新文学理论的语言路径

胡适曾对五四文学革命进行过理论总结,提出五四文学革命只有两个"中心理论","一个是我们要建立一种'活的文学',一个是我们要建立一种'人的文学'",并指出前一个理论说的"活的文学"是指"文字工具的革新",后一种"人的文学"主要指"文学内容的革新"。[①] 也许简单地将五四文学革命理论分成两个有失妥切,且当我们比较胡适所谓"形式"与"内容"的相关论述,往往会觉得他在文学内容革新方面有些惜墨,而其"活的文学"又更多地关注"文字工具"即语言形式的革新,其实这正反映出胡适个人在新文学理论构建过程中的偏重之处。

胡适在关注语言形式的变革过程中,先后强调了"白话"与"国语"这样两个语言概念。先说说"白话",提到白话与白话文学,我们更多地想到五四时期的白话文运动与晚清白话文运动的承续关系,它们不仅在时间上具有明显的连续性,在内容上也具有同一性,那就是倡白话;而在现实作用上,都在文学乃至政治的"革命"上掀起巨澜。但有意思的是,人们更愿意相信这是性质不同的两场运动,胡适在《新青年》第 2 卷第 5 号发表的《文学改良刍议》常常被认为是二者界限之所在,背后有强调新文学运动与晚清白话运动不同之处的意图。谈及理由,主要是认为语言、文学的由"旧"转"新",要改变的不仅仅是形式,更重要的是性质。晚清白话文运动在内容上提倡的是"旧白话""旧文学",同时也并未以破一立一的态度看待文言与白话,而五四新文学运动建设的是"新白话""新文学",其中文言与白话的关系有了更深的政治联结与对生性,这一点我们在后文会细呈。周作人在《中国新文学的源流》里对晚清和五四时期白话的区别有精彩论述,他认为晚清时期倡导的白话"不是白话文学,而只是因为想要变法,要使一般国民都认识些文字,看看报纸,对国家政治都

[①] 胡适:《中国新文学运动小史》,欧阳哲生编:《胡适文集》(1),北京大学出版社,2013 年版,第 112 页。

可明了一点,所以认为用白话写文章可得到较大的效力"①。在《文学改良刍议》的行文中,胡适并未直接将"白话文学为中国文学之正宗"的核心理念说明,这一理念更多是在文学改良"八事"中的"不避俗语俗字"的逻辑论证中表述的,至少可以窥测出此时的胡适还没有把文学改良的所有主张聚集于"白话文学"是建设新文学的正宗上;次年的《建设的文学革命论》又将文学改良"八事"改成"八不主义"。可不论文学改良"八事"还是"八不主义",胡适所指斥或批判的古代文学的弊病都是他认定的"死文学"的症状,而从其对"死文学"的否定性的剖析中亦透露出"活文学"的特征。在论述中,胡适虽然从说话的主体与文学时代性两个层次将其文学主张"化零为整"地聚集于"话"字上,但是文学改革的"内容"方面却被抛开了。实际上,这正说明胡适当时正把主攻方向集中于文学形式特别是语体的改革上,完成以白话取代文言的使命。在白话文运动的基础上,胡适进一步提出了新文学运动的宗旨是建立"国语的文学""文学的国语":"我们所提倡的文学革命,只是要替中国创造一种国语的文学。有了国语的文学,方才可有文学的国语。有了文学的国语,我们的国语才可算得真正国语。"②于此,胡适新文学观的语言路径已经比较成熟了,只是这个时候他在具体的用词上还是有些游移,没有明确固定使用"白话"的概念。每一种新思想的提出无不经历种种不同声音的挑战与打磨,胡适的提法也难免招致了一些论敌的责难。

(二) 从"白话"到"国语":概念置换与语言民族主义的显现

不论如何,胡适在新文学的建设过程中以"白话""国语"概念注入文学革命体系中,形成了自己的新文学理论的语言路径。在胡适的表述中,似乎"白话文学"即"国语文学"。他自己在解释用"国语"不用"白话"一词的原因时曾说:"把'白话文学'正名为'国语文学',也减少了

---

① 周作人:《中国新文学的源流》,北京十月文艺出版社,2011年版,第57页。
② 胡适:《建设的文学革命论》,欧阳哲生编:《胡适文集》(2),北京大学出版社,2013年版,第42页。

一般人对于'俗语'、'俚语'的厌恶轻视的成见。"①这似乎在暗示俗语、白话、国语之间纠缠的关系。如果"白话"这一概念足可以作为胡适文学语言观念变革的中心话语,那么胡适又出于何种原因将"白话"概念置换为"国语",将"国语的文学,文学的国语"作为建设新文学的"唯一宗旨"?这个问题首先涉及对白话、国语概念的认识问题。

1. 缘门立木:白话与文言的对生性

胡适在《五十年来中国之文学》一文中提出了众所熟知的"双线的文学史观"。所谓的五十年,指的是胡适文章梳理的时间区间,即从1872年到1922年;"双线"指的是中国文学的发展有两条语言路径,即日渐衰微的文言文和蓬勃发展的白话文。胡适1917年致钱玄同的信中说"释白话之义,约有三端",意欲从三个角度给"白话"下个相对完整的定义,可读过其中的解释,不免令人感到三者之间有交叉、重复和矛盾。其一,白话即俗话。要求"白话的'白',是戏台上'说白'的白,是俗语'土白'的白",可戏台上的说白因戏种、角色不同,而在"俗话"的分量上有所不同。其二,白话要"明白如话"。这里的"白","是'清白'的白,是'明白'的白……不妨夹几个文言的字眼"。其三,白话要去雕琢。"白话的'白',是'黑白'的白,白话便是干干净净没有堆砌涂饰的话,也不妨夹入几个明白易晓的文言字眼。"②

在生物科学中,"对生"是"叶序的一种,茎的每个节上长两个左右相对的叶子"③,白话与文言具有这种对生性,从现代语言学的角度看,无论"文言"还是"白话",都是汉语系统内的言语结构,语言是思维的载体,语言与思维几乎同步,熟练使用"文言"与"白话"的作者与说者,都能直接用"文言"或"白话"思维,因而感觉不到语言的存在。但在不同的场域中,语言可能会成为陌生的"物",所以在清末民初,语言文字的鸿沟造成

---

① 胡适:《中国新文学运动小史》,欧阳哲生编:《胡适文集》(1),北京大学出版社,2013年版,第118页。
② 胡适:《答钱玄同书》,欧阳哲生编:《胡适文集》(2),北京大学出版社,2013年版,第33页。
③ 字词语辞书编研组编:《新编现代汉语词典》,湖南教育出版社,2016年版,第297页。

了智力、文化的鸿沟,作为清末民国"言文一致"的倡导者和白话文运动的主将,胡适更是直斥"中国的古文在二千年前已经成了一种死文字……但民间的白话文学是压不住的"①。

从语言的发生来看,"文言"与"白话"同源,在初民之间最早是作为语言交际的唯一语言,而自文字产生,书面语形成,出现了在自然演化过程中的分化,即书面语因记载工具的制约与口语走向分化而自成体系。需要注意的是书面语和口语的分化仍有内在的联结,如汉语言母语的书面语化过程中,形成了文言书面语,但这种文言书面语并不一枝独秀,与之并存的还有范钦林所强调的"白话书面语":

> 自宋元以来除了文言的书面语之外还并存着一种白话的书面语——白话文。就其运用的实绩而言,诗词、戏曲、小说、议论都有典范作品传世。我们并没有理由否定李、杜、白、陆诸人白话诗词的书面语地位;也没有理由否定王实甫、马东篱等人白话戏曲的书面语地位;更没有理由否定施耐庵、吴敬梓、曹雪芹等人白话小说的书面语地位。②

不难看出,胡适所倡导的白话本身并非凭空独造的语言,而是与此前的古白话、戏白甚至文言保持着千丝万缕的联系,对汉语书面语和口语的成分都有所吸收,充分尊重了汉语发展的历史与现状,因此在他论及白话、国语时,时有俗语、方言等概念的杂入。

2. 俗语、白话与国语:标准国语的生成性

很显然,俗语并非白话,也不是国语。但俗语是白话、国语的来源,而方言也是具有地方性的俗语(其间或杂有文言,构成一种杂方言或杂文言语体),所以俗语、方言是有可能形成白话与国语的,正因如此,胡适说

---

① 胡适:《五十年来中国之文学》,欧阳哲生编:《胡适文集》(3),北京大学出版社,2013年版,第225页。
② 范钦林:《如何评价"五四"白话文运动——与郑敏先生商榷》,《文学评论》1994年第2期,第113页。

"一切方言都是候补的国语"①,"国语的语言——全国语言的来源,是各地的方言,国语是流行最广而已有最早的文学作品","总之国语起源于方言,我是希望国语增加它的内容,增加它的新的辞藻,活的材料,它的来源只有一个,就是方言"。② 同时,胡适也以欧洲的意大利、法国、德国、英国等国文学革命为参照,指出方言成为国语的两个标准:"第一,这一种方言,在各种方言之中,通行最广。第二,这一种方言,在各种方言之中,产生的文学最多。"现代白话文学必然是朝着国语文学前进的,因此胡适指出了中国现代文学产生国语的可能性:

> 我们现在提倡的国语,也具有这两种资格。第一,这种语言是中国通行最广的一种方言,——从东三省到西南三省(四川、云南、贵州),从长城到长江,那一大片疆域内,虽有大同小异的区别,但大致都可算是这种方言通行的区域。东南一角虽有许多种方言,但没有一种通行这样远的。第二,这种从东三省到西南三省,从长城到长江的普通话,在这一千年之中,产生了许多有价值的文学的著作。自从唐以来,没有一代没有白话的著作……自元到明,白话的小说方才完全成立。《水浒传》、《西游记》、《三国志》代表白话小说的"成人时期"。自此以后,白话文学遂成了中国一种绝大的势力。③

若从胡适对"白话"的释义来看,有时"白话"无疑是他确认的"国语",有时也将"国语"悬置为"白话"与"方言"的目标,又说"国语"是流行最广、产生文学最多的"方言",这样就把"方言"与"白话"视为意义等同的概念,即方言就是白话、白话就是方言,并且在胡适眼中,能够成为白话的也

---

① 胡适:《国语文法概论》,欧阳哲生编:《胡适文集》(2),北京大学出版社,2013年版,第301页。
② 胡适:《什么是"国语的文学"、"文学的国语"》,欧阳哲生编:《胡适文集》(12),北京大学出版社,2013年版,第41页。
③ 胡适:《国语文法概论》,欧阳哲生编:《胡适文集》(2),北京大学出版社,2013年版,第301—302页。

只有方言。所谓方言是一种区域性的通行话语,大多方言的出现是与官话相对的,但也并不全然如此,有些方言以民间俗语为主体,而有些方言却以官话为主体。鉴于方言的纷繁复杂与概念边界之模糊,我们不能"大刀阔斧"地解释概念,武断地说方言就是白话。官话不完全是白话,文言成分相当多,特别是那些达官贵人借之以显示其地位和身份,故而又以文言为贵;而且那些远离官场的方言即使出自民间,也文白间杂或夹有文言字眼,实在难以确认其为"清白、干净"的白话。其实,民间的人居复杂,其中既有下野的官吏,又有落第的文人以及芸芸平民;言说主体的多样性,带来的正是话语之繁多,也就是说民间所说的并不都是白话,即使平民百姓说的方言,也需要经过较长时间的历史演变和人群交流,因此这种方言并非胡适所强调的"清白干净"的白话。

以上说明,"语言"特别是民间场域中的"白话"与"方言",它们有时粘连,有时断裂,有时互为因果,有时互相"生成"。我们此处援引法国后现代哲学家吉尔·德勒兹所提出的"生成"概念,来指明俗语、方言对白话与国语建构的过程,其实是一个"生成"的过程。一般说来,德勒兹的"生成"(becoming)主要有两层含义:一是"概念的生成",指的是"一旧概念被改造成新概念,但仍保留着旧概念的家族相似性的路径";二是"肉体的生成",主要指"某物或某人持续变为他者(同时继续是其所是)"。[①]"生成"作为一种主体与他者之间的粘连关系,它重点关注的是"他者之变",完整地说,就是主体如何通过与他者之间的相互关系来提升其"自在生命力",实现主体"个体存在方式"的跨越,这是一种朝向生命的创新方式和内在性伦理。俗语、方言对白话和国语的建构,以及"文学的国语"这一目标体现了标准国语的生成性,这种生成性主要有两个方面:

其一在于标准国语自身的形成具有生成性。胡适1952年对"国语"的界说[②]与其31年前在《国语文法概论》中对"国语"的解释大同小异,他

[①] 程党根:《游牧思想与游牧政治试验——德勒兹后现代哲学思想研究》,中国社会科学出版社,2009年版,第320—321页。

[②] 胡适:《什么是"国语的文学"、"文学的国语"》,欧阳哲生编:《胡适文集》(12),北京大学出版社,2013年版,第41页。

在《国语文法概论》中称:"'国语'这两个字很容易误解。严格说来,现在所谓'国语',还只是一种尽先补用的候补国语:并不是现任的国语。"①也就是说,当时标准国语尚处于形成阶段,这个阶段需要通过大量的白话文学实践去完成标准国语的构建。所以标准国语可以视作白话与现代民族国家之间的一种更深层的联结。

其二在于语言变革目标本身具有生成性。五四白话文运动中所强调的"白话"与"国语运动"中所强调的"国语"背后的语言变革目标是不同的,从"白话"到"国语"体现的是语言变革目标的升格。这个目标不再囿于白话与文言的对生性结构,而涉及现代民族共同语的建构,是现代民族国家的语言想象。中国历史悠久、幅员辽阔、民族众多,因而大大小小的区域方言实在繁如星辰,如果能够有意识地汇集并整合方言,将之提炼成新文学创造所需要的白话,那我们建设的"国语文学"既有文学形态上和地域特征上的"百花齐放",更有地域性、民族性与世界性相融合的现代特色。

从文学与国语相互对应的认知框架来看,胡适提出"国语的文学""文学的国语"作为建设新文学的"唯一宗旨",并非只是玩语序颠倒的文字游戏。虽然在"国语的文学""文学的国语"的互动关系中,胡适对"文学的国语"有所侧重,但是他也看到了它们之间具有辩证性的相互生成过程,以及"文学现代化"与"语言现代化"的双重目标,即建构"国语的文学"不只是为了文学本身的现代化,更为了其深层目标——建立现代民族国家共同语,而"国语"并不是空中楼阁、飞来之物,它必须依托于现实的土壤,也就是"文学的国语",有了"文学的国语"方有标准国语,也即实现语言的现代化;而且随着国语标准化或者白话规范化的程度加深、普及率提高,"文学的国语"就越来越能为"国语的文学"的建构和文学创作开辟语言的天府之国,提供优质的白话资源。

---

① 胡适:《国语文法概论》,欧阳哲生编:《胡适文集》(2),北京大学出版社,2013年版,第301页。

3. "文学的国语":标准国语与语言民族主义想象

在清末严重的民族危机中,知识分子为了救亡图存而开展了广泛的社会动员。在这一过程中,知识者对文言所造成的言文分离体会颇深。要救亡图存和唤醒民众进行广泛的社会动员,就要求破除文言造成的知识禁锢和垄断。于是有了切音字运动的发展、"言文合一"的主张和大规模创办白话报的晚清白话文运动。与后来的五四白话文运动相比,这时的运动有其自身的局限性,但它们对白话的初步试验与探讨,为胡适的"文学的国语"理论的诞生积累了经验并奠定了社会基础。可胡适的语言路径为什么非得从"白话"到"国语"呢?

我想,胡适之所以把"白话"改为"国语",不仅仅与其1918年参与教育部国语研究会直接相关,也不只是因为前文所提的"减少了一般人对'俗语''俚语'的厌恶轻视的成见",更与其语言路径走向"深层的目标"相关。对于这一问题的细节,我们还是应该把说话的权利还给胡适和他所处的时代:"话语体系的出场形态绝非是一种'脱域'的存在,而是受制于一定历史语境,依赖于一定路径。"[1]胡适曾说"(新文学革命)主张要把白话建立为一切文学的唯一工具",故而认定"白话"是文学革命论的中心。然而建立白话文学并不是唯一的或者说最终的目标,所以胡适又说:"蔡元培先生介绍北京国语研究会的一班学者和我们北大的几个文学革命论者会谈。他们都是抱着'统一国语'的弘愿的,所以他们主张要先建立一种'标准国语'。"[2]胡适所提的语言路径在新文学阵营固然产生了共鸣,但当时革命论者们所持的这种"先建立一种'标准国语'"的"弘愿",也说明新文学的语言变革并不局限于文学本身,仍然隐含了"语言"与"现代民族国家"的关系。

然而,标准国语并不像政治法令那样可以被人典定颁布。胡适认为:

---

[1] 王海龙:《五四运动与马克思主义话语体系的中国出场》,《湖南科技大学学报(社会科学版)》2019年第1期,第124页。

[2] 胡适:《中国新文学运动小史》,欧阳哲生编:《胡适文集》(1),北京大学出版社,2013年版,第116页。

> 标准国语不是靠国音字母或国音字典定出来的。凡标准国语必须是"文学的国语",就是那有文学价值的国语。国语的标准是伟大的文学家定出来的,决不是教育部的公文定得出来的。国语有了文学价值,自然受文人学士的欣赏使用,然后可以用来做教育的工具,然后可以用来做统一全国语言的工具。①

不难发现,胡适在这里一直坚持着他所持有的语言工具论思想。新文学革命中所强调的是作为文学语言变革工具的"白话",而此处强调的则是成为统一全国语言的工具的"国语"。而更有深意的是,胡适在强调"国语"必须经由文学价值来实现它的"活性""生命":"所以我主张,不要管标准的有无,先从白话文学下手,先用白话来努力创造有价值有生命的文学。"②

而在语言变革目标的升格中,"白话文学"与"国语文学"的同义与模糊关系亦有其条件。从时代性上看,我们要区分古代白话文学与现代白话文学。虽然现代白话文学是古代白话文学的传承与再造,但是却不能把古代白话文学等同于国语文学,因为在古代,白话文学并非文学的正宗,当时的正宗文学是文言文,即胡氏所说的"死文字";而现代民族国家成立后,白话文学与文言文学的地位就发生了根本性变化,把白话文学与国语文学当成同义语是不会引起误解的。这不仅因为白话文学已成为现代国家的正宗文学,而且它也是文学现代化的重要标志,即现代国家的白话文学就是国语文学。这一观念形成也有其线索,如胡适1921年给教育部第三届国语讲习所编写的《国语文学史》,是从汉魏六朝到唐宋的文学中选定的白话文学;而1928年他的《白话文学史》(上卷)讲的仍是古代的白话文学却不名之为"国语文学"了。

对于现代民族共同语与现代民族国家的关系,我们也许可以有诸种

---

① 胡适:《中国新文学运动小史》,欧阳哲生编:《胡适文集》(1),北京大学出版社,2013年版,第116页。
② 同上。

说法,但私以为,以现代民族国家为语境所创造的正宗的白话文学才是国语文学,它也就是以民族国家统一的语言创建的文学。"国语的文学""文学的国语"中对"国语"的强调,说明了胡适对于文学与语言相互关系的认识有了一定深入。胡适区别其他白话文运动倡导者的最为本质之处,也许就在于他看到了文学更加丰富的结构层次——文学是语言的艺术。认识的深入,带来了白话、白话文学的变革目标的变化,也就是说白话文学运动的语言变革理想所关注的中心已由最初与文言对立而封闭的(文学)语言,置换为内涵空间更加包容、意义阐释更加开放的崭新语言范式,这种语言范式是一种作为理想目标的"国语",也是正在发生的文学现实;文学是语言艺术,其背后对审美价值的重视,也必然给文学带来崭新的面貌——当新文学经由"国语的文学"这一建构路径传达文学现代化的时代诉求时,文学语言在形式与内容两方面的意义将得到基本统一,这种语言建构理想背后是更为广阔的语言民族主义想象——构建一种现代民族国家共同语。因此,建设新文学"国语的文学""文学的国语"的双重目标,对民初参与文学革命的文学家们提出了更高的要求,他们一肩挑起两担,经由"国语的文学"而至于"文学的国语",完成"新文学"建构的同时也完成"民族国家共同语"即标准国语的建立。于此,我们如何能不对胡适等五四文学家们已创造的如碑如塔的功绩和如火如炬的前程而升起崇敬之意呢?

三、从"废文言"到"废汉字":
钱玄同的"言文一致"理论与实践

与胡适、陈独秀从一开始就坚定地站在新文化的立场推广白话文不同,钱玄同因为自身的家庭环境、个性及其与章太炎的师徒之谊,其思想变迁的路径要复杂得多,但他在"言文一致"的理论与实践方面的贡献并不比胡、陈少,在某些方面甚至比他们的影响还要大,因而钱氏也是考察清末民国"言文一致"运动绕不开的人物。

(一) 钱玄同"言文一致"语文观的复杂思想面相

钱玄同思想的多变早已成为学界共识,然而对他频繁"变脸"的内在动因的探讨尚不多见。倪伟在《〈新青年〉时期钱玄同思想转变探因》一文中说:"钱玄同一生思想多变,常以今日之我否定昨日之我,且往往是那种大翻转式的变化。其多变、善变虽不能说是曲学阿世,却也并非缘于思想的不断精进。他终究还是没有一套从自己的生命经验中顽强生长出来、又经过艰苦的思考和反复的纠错而形成的想法,没有坚定的思想信念,更没有投身饲虎的勇气,就只能被时代潮流裹挟着东飘西荡了。"[①]此间表述大体不错,但仍有可商榷处。

钱氏的思想固然很难说在"不断精进",甚至经常给人退步、摇摆的迹象,但我们也应该看到,处在一个混乱而未定型、各种思想接踵而起的社会乱局之中,一个新旧交杂的复杂个体呼应着时代思潮的潮起潮落,其实是再正常不过的事情。从一个极端转向另一个极端,以"今日之我"与"昨日之我"战,看起来有悖常理,但对于处在"三千年未有之大变局"的晚近诸君来说,这种反复无常的"变脸"却绝非个案,康、梁的由维新趋于守旧,陈独秀、胡适、刘半农在新文化运动后期的思想蜕变,均可作为明证;刘师培、周作人等人的思想"变节"也可资参照,特别是刘师培由一个主张排满、革命的激进民族主义、无政府主义者退化为一个保守主义、国粹主义者,对钱氏的思想转变影响颇深。钱玄同在日记中多次表示了对刘师培思想的认同并愿意师事之,其阶段性的思想转变轨迹和路向也与刘氏颇有几分相似。

这其实是一个极具普遍意义的文化现象。在"国将不国"的巨大现实忧患下,敏感的知识精英救国心切,迫不及待地引入各种思想学说以救亡图存。这种"救亡压倒启蒙"的急切心理造成的后果是,各种"主义"短时间内泛滥成灾,思想的代谢异乎寻常地加速。人们根本来不及消化

[①] 倪伟:《〈新青年〉时期钱玄同思想转变探因》,《杭州师范大学学报(社会科学版)》2015年第4期,第51页。

一种新思想,下一股思想浪潮又奔涌而来,因而很多时候知识群体对新思想的接受并不是全面理解后的认可与信仰,而是源于救急的"经世致用"心理。经世致用是晚近时期流行的社会思潮。当知识群体普遍处于民族救亡的亢奋中时,启蒙理性的冷思考缺失,思想能否"为我所用"才是判断其价值的关键。于是我们可以看到,民族主义与世界主义、无政府主义与君主立宪、全盘西化与国粹主义、革命与改良、文言与白话等各种思想资源纠结在一起,在每一个处于时代旋涡中的知识分子身上都打下了印记,只是表现各有侧重而已。他们对自身思想走向的每一次调整都显得顺理成章,却又并非每一次的选择都能调适到位。有的人开始激进但后来保守,甚至开了历史的"倒车";有的人在各种思想中摇摆不定最后跌进陷阱误入歧途。钱玄同看起来也是在其无规律的忽"中"忽"西"、且进且退的思想"斗争"的激流旋涡中挣扎,如果没有一套从自己的"生命经验"顽强生长、积累而成的"思想信念",那他确实也只能"被时代潮流裹挟着东飘西荡"了。

  一个人受到一种外来思潮的影响很容易,但要将其内化为自己的思想——或者说精神、心性等——则很难。不过钱玄同是有自己坚定的思想信念的。他一生接触到各种主义、思潮的冲击与洗礼,民族主义、无政府主义、自由主义等都曾熏染其身,然而他始终没有成为什么主义的信徒。在他的日记中,有几处都坦陈"思想屡屡变迁,自己也记不清楚"①,个中缘由看似不甚明了,钱玄同自己干脆称其为"无意识",他于庚子国变后接受康、梁维新思想时说,"昔之反对新书为无意识,今之喜读新书亦无意识也"②,实则每次转变都是因势利导,顺势而为。其中的"势""利"绝非个人情势和一己之利,而往往是关乎国家民族之"大势利",如接受康、梁是因"国势凌夷,教祸日迫",弃国粹而主欧化则是"受洪宪天子之教训"③,坚持从事国语则是相信它是"中华民族起死回

---

 ① 杨天石主编:《钱玄同日记》(整理本),北京大学出版社,2014年版,第336页。
 ② 同上书,第5页。
 ③ 同上书,第5、300页。

生的一味圣药"①。可以说,钱氏思想的每一次波动都是从"苟利国家生死以"的立场出发,在各种思潮中选择合己成分而吸纳扬弃,因而并不受某一观念的固化,进而给人思想多变之感。正是因为有这种"大势利"熏染而成的安身立命的"功利主义"思想一直支撑着他,才使得他没有"东飘西荡",更没有"开倒车"或误入歧途。尽管他确曾左冲右突、"复古"与"反复古",但坚定的"功利主义"思想使他一直坚守"汉字革命"论、"白话体文学"说和疑古精神的价值立场,成就了他在新文化运动史上激进的斗士形象。

钱玄同的"功利主义"思想从何而来? 既然是经国济世的"大势利",自然与当时社会盛极一时的"经世致用"思潮密不可分。无论是"清初三大儒"黄宗羲、顾炎武、王夫之和倡"实学"的颜李学派,还是继之而起的乾嘉学派,再到晚近时期以林则徐、龚自珍、魏源为代表的开明士绅以及接踵而至的洋务派、维新派、革命派甚至守旧的国粹派等,尽管思想各异、理路纷歧,但在经世济时、务实致用这一点上都保持着惊人的一致。钱玄同自幼接受清代经学大师的熏炙,对颜元、戴震、刘逢禄、庄存与、段玉裁、刘献廷等人的经学思想有所偏爱,后来更是直接师事今、古文经学大师章太炎、崔适,对倡言新学的康、梁和主张排满的邹容、刘师培、吴稚晖等人也由拒斥转而接受,可以说是以一人之身兼集有清一代人之思想,因而必然逃不脱这种崇尚"实学""实行"的经世致用的整体思潮的浸染。关于钱氏对清代各家经学思想的具体接受及其在今、古文经学中的左右逢源,刘贵福的《钱玄同思想研究》(北京师范大学出版社,2011年版)一书缕述颇详,此不赘述。

之所以颇费周章地叙述钱玄同的思想面相,只是试图证明,无论他的思想如何转变,作为一个整体性概念的"言文一致",在他的文学、语言思想中并没有改变。他论国语运动,一开始提"文字一灭,国必致亡",后来坚持"废弃汉文",中间却又一步步地"退却"为"罗马字拼音""注音字

---

① 钱玄同:《〈国语周刊〉发刊辞》,《钱玄同文集》(第三卷),中国人民大学出版社,1999年版,第156页。

母""简体字"等主张。不过,他所谓的"退却"其实都是"因时制宜"的适用、便利方面的策略而已;他早年迷恋古音、古字、古文,后来却在新文化运动中成为反传统、倡白话的斗士,这也并不矛盾,因为他的初心一直就是"言文一致"。以下分别从他在汉字、白话、国语等方面的改革理论与实践来说明之。

(二) 从世界语到"罗马字":钱玄同的汉字革命思想

1. "汉字革命"与"言文一致"

汉字改革是钱玄同用力较多的一个领域。他为此专门写了《汉字革命》《汉字革命与国故》《历史的汉字改革论》《中国今后之文字问题》等多篇文章,是当时倡导汉字改革最得力的人之一。钱玄同把汉字与旧思想旧文化联系起来,认识到旧典籍就是旧思想旧文化的"巢穴",因而把矛头指向了孔孟、老庄等儒道经典。他在新文化运动期间积极倡导白话文,反对文言文,实际上也与此有关。而他汉字改革的总体思路就是强调语音和文字的一致性,也就是我们一直在说的"言文一致"。

为什么要改革汉字呢?与早期"言文一致"倡导者一样,他主要也是出于教育普及的考虑。钱玄同认为汉字是一种工具,是记录语言的符号。工具无法满足人们的需要时,便要优化工具。汉字不适于大众学习,而教育普及迫在眉睫,只有不断优化汉字,降低学习汉字的难度,减少识记汉字所需的时间,才能早日实现发展教育的目标。当工具不具有优势时,可以选择替换工具。在钱玄同看来,汉字本身存在固有的缺陷和无法解决的问题:形体上,汉字难写、难识、难记;内容上,汉字记载的是旧文化,是孔门学说和"道教妖文";使用上,汉字难以接受新文化和外来文化,没有足够的优势,不适用于当下。当时钱玄同还受到了西方语音中心主义的影响,认为表音文字适合教育普及,利于学习新学问,推动文学进步。工具不好,使用的人则受累,文字乃为工具,工具不适用了就应该改革。钱玄同主张象形文字可以改成拼音文字,他指出文字是语言事物的一种记号,语言是由声音组成的,文字就是表示声音的符号,这样的文字才能达到"言"与"文"的一致。

2. "废灭汉文"论与提倡世界语

受到袁世凯、张勋复辟及复古思潮的反复刺激,钱玄同逐渐从迷恋古字、古文、古衣冠的困境中走出,开始拥抱新思想、新文化。他深感汉字的难掌握妨碍了文化的普及,导致国民思想愚昧,容易被封建统治者利用,因而开始倾向废除汉字以及汉字所承载的思想文化,提出了废除汉字的激进主张。至于废除汉字后采用何种文字,钱玄同回到了他一开始深恶痛绝的世界语。

1918年4月15日,钱玄同在《新青年》发表《论中国今后之文字问题》,这标志着钱玄同"废灭汉文"的主张正式形成。主要内容为废除汉文,提倡世界语。他认为世界语是人类必学的优良语言,发音纯正、语法简易、语根精良,他同时提出,在向世界语转换的过程中,可以某一外国文字为辅助文字,我国文字字数则要受限制,再慢慢由世界语取代。但钱玄同也意识到废除汉字、提倡世界语这一目标无法在短期内实现,于是在不放弃废除汉字的前提下,提出了"改良的办法",其中之一即推行国语罗马字。

世界语的定位不是替换全球已有语言,而是国际辅助性的语言。钱玄同此时认为应该废除汉字,对世界语产生兴趣并推广世界语,认为这样有利于文化交流。他不满汉语长期的言文分离,认为这样容易落后于时代。他开始关注注音字母,提倡应用文改良。他希望通过用注音字母或罗马字母给汉字注音,减少汉字的弊端。但他对注音字母和罗马字母并不全面肯定,认为这些只是汉字被拼音文字取代前的一个过渡。钱玄同更加希望世界语的愿景能实现,届时世界语将成为人类共同的语言。

世界语的倡导在当时其实不乏知音,前已述及,世界语运动曾在中国开展得如火如荼。但钱玄同不同于一般倡导世界语者的地方在于,他并没有打算将世界语作为一种辅助性语言,而是想直接以世界语取代汉语汉字。只是反对的声音太过强烈,所以他不得不设置各种过渡阶段。他如此偏向世界语,本质上还是从"言文一致"的观念出发的。他认为世界语能适应新时代的发展,便于人们学习西方科学知识和世界先进文化。但钱玄同也认识到废除汉字的困难所在,所以后来不得不转变思想,暂不废除汉字,而把使用世界语视为一个长期培育、影响的过程。为了缩短这一过程,他极力主张全民共同学习世界语,边学边教,边教边学,可见他对世界语的热情。

3. 作为中介的国语罗马字

在国语运动期间,"数人会"定下国语罗马字。钱玄同提倡注音字母和世界语以及国语罗马字的思想基本与之同步,他1920年开始专注于国语罗马字,1923年之后,与其他志同道合之人致力于研究和设计国语罗马字。钱玄同对于国语罗马字的设计和制作是全力以赴的。在研究中,他写了很多理论性论文,在思想上要求革新,强调文字革命和理想革命的统一性。钱玄同在一次演讲中指出,现代活人应有现代新思想,不应故步自封,思想革命为如今重中之重,而发展新思想,国语的文字便是最有力的工具,国语必须建立起来。

1923年,《国语月刊》第1卷第7期"汉字改革号"特刊出版,钱玄同的《汉字革命》为首篇,这时国语罗马字已被定为中国的新文字。钱玄同把汉字改革的理想和规划写进了《汉字革命》,说明汉字革命绝对可以改用拼音文字。实际上,钱玄同的汉字改革思想的核心内容就是"拼音化",前已述及,他一度希望引进世界语来取代汉语,但迫于压力只能从长计议,于是他转而主张"罗马字母式的字母",后来又称"国际音标"。但这种拼音文字也有缺陷,如音不全面,且有重复。标准音符过于繁杂难记,而文字应是易记易读易写的。所以钱玄同最终放弃了国际音标,主张采用国语罗马字,维护国语罗马字拼音方案。

国语罗马字在当时得到了大多数改革者的响应,后来发展成为一套较为成熟的汉语拼音文字方案,具有很强的科学性。国语罗马字提高了文字改革运动的水平,标志着拉丁化运动的开始,从此注音符号被取代,拉丁字母占主导地位,成为拼音方案的主流。

钱玄同的文字改革理想较为激进,但"废除汉字"的主张在白话文运动中起到了一定的积极作用,一些旧文人调转围攻,反而给白话文腾出了发展空间,减少了阻力。更为主要的是,钱玄同的主张并没有停滞在这一阶段,而是不断务实、趋于合理。他的思想和态度也在不断发生改变,钱玄同从反对派的言论中感受到了阻力,意识到了汉字易废、汉语难废,一时半刻难以脱离汉字的环境,于是转变为重视对汉字的改良。我们可以感受到他在用世界的眼光,站在世界语言文字的高度进行思考,为中国的语言文字发展把握方向。

(三) 从语体到文体:"言文一致"与"立诚的文学"

钱玄同的主要贡献是小学,而称不上文学大家,但作为《新青年》的轮值编辑,他在催生了鲁迅的《狂人日记》等新小说的同时,自己也积极投身白话体新文学的创作,发表了一批杂感式的学术类、时政类散文。钱玄同44岁时曾想搜集前文汇编出版,但最终放弃了这一想法,原因是他觉得自己的文章"简直都是废话,完全要不得"①。其中有对自己的"文学"书写不满而过于"自谦"的成分,但也有基于自身创作特点而形成的关于文学本真的理性认知。钱玄同的语言文字和文学功底当然毋庸置疑,他的"废话"式写作肯定是有意为之,常以"赘几句老套头的废话"②的游戏姿态来反"体式鬼"③,从中不难看出他的文学理想和为文之道。一方面他确实觉得"废话"不可取,称自己"向不会写文章",只是"信笔乱写,写得真太不成东西了"④;另一方面他又热衷于"废话"式写作,并以此对抗桐城派、选学派对"雅洁""谨严""文法"等形式美的追求。这看似不可调和的矛盾其实正与其从功利主义角度出发强调文学之"用"密切

---

① 张家康:《钱玄同其人其事》,《文史精华》2007年第5期,第46页。
② 钱玄同:《赋得国庆》,《钱玄同文集》(第二卷),中国人民大学出版社,1999年版,第210页。
③ 钱玄同:《废话——废话的废话》,《钱玄同文集》(第二卷),中国人民大学出版社,1999年版,第201页。
④ 钱玄同:《赋得国庆》,《钱玄同文集》(第二卷),中国人民大学出版社,1999年版,第213页。

相关。

对于秉持"功利主义"之"人生观"的钱玄同而言,文学毫无疑问是"有用"的,因而在陈独秀提出世界语"未能应用于华美无用之文学"的说法时,他既为世界语的"适用"性辩护,认为"恐非确论";又对陈独秀的"华美无用之文学"论不满,称"文学之上加以'无用'二字,弟尤不敢赞同",强调"文学之真价值,本在内容,不在形式","形式华美与否,则全无齿及之必要",他嘲讽"鹦鹉名士"所谓的"华美"是"堆砌种种陈套语、表象词",指向的就是作为"工具"的语言,并把这种"美文"毫不客气地称为"金漆马桶"。① 而有真价值的内容又是什么呢？在《反对用典及其他》中,他明确表示:"若论词曲小说诸著在文学上之价值,窃谓仍当以胡君'情感'、'思想'两事为标准。"② 很明显,"真挚情感"和"高尚思想"是钱玄同所谓的文学的核心内容,类似于"文以载道"的"道"。在他的理解中,不仅语言文字是工具,用语言文字写成的"文"其实也是工具,这个文总是服务于某个"道"的,过去的文是载"孔门学说"和"道教妖言"的,是"瞒"和"骗"的文学;而现在的文则是记载个体现实生活最真实的情感和关乎当下国家民族前途命运之思考的,是"立诚"的文学。只要是"立诚"的,那么不管文章长短,当然也不论是否是"废话",甚至"废话的废话",都是可取的,"可以短到几个字,可以长到几千字;爱说什么就说什么,想着什么就说什么"③。"废话"在这里成了最自由、最真实、最"有用"的书写,是解构"十三经"、对抗"老八股"等"体式鬼"的有力武器。

看起来钱玄同的文学观和他的偏功利化的语言文字观并无二致。在经世致用观念的作用下,文学真实可感的现实性和利于世用的实用性被他无限放大,最终也就成了"经国之大业"的工具。然而,令人颇感意外

---

① 钱玄同:《论世界语与文学》,《钱玄同文集》(第一卷),中国人民大学出版社,1999年版,第18—20页。

② 钱玄同:《反对用典及其他》,《钱玄同文集》(第一卷),中国人民大学出版社,1999年版,第7页。

③ 钱玄同:《废话——废话的废话》,《钱玄同文集》(第二卷),中国人民大学出版社,1999年版,第201页。

的是,钱玄同似乎并没有否定这个工具的审美价值。《关于魏建功的〈胡适之寿酒米粮库〉》是一篇阐发其文学思想的重要文章。文章开篇的拉拉杂杂颇有点钱氏"废话"体的意味,中间转入对魏建功文章的评论后就变得"严肃"起来了。可以看到,他对魏文的赞美主要是基于"修辞立诚",这符合他一贯的文学思路。但接下来他话锋一转:"我以为美的文章,不独在内容上要'立诚',而在外形上还要灵活生动,方能引人入胜。能如此者,便是'文学'。"①为了进一步说明什么是文学,他连续引用了胡适的三段话以及章学诚的"文情论",力证文学除了传统意义上的"辞达"或是胡适所谓的"要明白清楚"之外,还必须"有力能动人"和"美",或是"得其情也"。他认为魏建功的这篇文章符合以上标准,"做得很灵活生动",所以他"更要喝彩"。而魏文"做得格外好",主要还是因为"选了'平话'这一种很好的文体",说明在他心中文章美不美或是否"灵活生动",文体这一形式至关重要。在这里,形式似乎具有规定文学审美属性的魔力,形式本身即可具有"活泼自由之美","平话"这样的文体就代表着"文学的立场",运用"平话"这样的文体形式来进行创作,就可以"开极美丽灿烂之花"。② 显然,一种审美价值判断主导了钱玄同对"平话"这一文体形式的认知过程,文学之文的美感作用由此得到确认,而他所坚持的"立诚的文学"的现实功用性则无由体现。这不得不让人怀疑钱玄同的文学观实现了由工具论到审美论的转向。如果说这种转向确实存在的话,我们甚至可以在 1925 年他给黎锦明的一封长信中窥见端倪。与文学革命初期一味强调文学贴着实实在在的人生而成为"人生的表现"不同,钱玄同在信中确信文学的价值与功用"尤在妄想胡说这一点"③。这"妄想胡说"的文学观当然是对文学的想象力和创造力的肯定,可以理解为对"非写实"的浪漫主义想象和无功利的审美趣味追求。钱氏紧接着

---

① 钱玄同:《关于魏建功的〈胡适之寿酒米粮库〉》,《钱玄同文集》(第二卷),中国人民大学出版社,1999 年版,第 269 页。
② 同上书,第 270—273 页。
③ 钱玄同:《给黎锦明先生的信》,转引自孟方:《从一篇佚文看钱玄同文学观的坚执与变化》,《中国现代文学研究丛刊》2003 年第 4 期。

还阐释了他对这种"妄想胡说"的"文学的形式"的偏爱,认为"一切科学,哲学,历史的书,最好用文学的形式表达之"①,字里行间显示出这种"妄想胡说"的"文学的形式"是超越于完全"写实的"客观真理、纯粹真实的社会现实之上的,文学似乎因此而具备了跳脱出工具理性的审美价值。

然而这样的推测并不牢靠。在这封有点"另类"的信中,钱玄同其实依然固守着他的文学工具论立场。即便是在"妄想胡说"论中,他也强调了文学的"功用",认为"能够妄想,敢于胡说,才能发明科学,才能拼命向前疾驰"②,他对文学的观察终究还是落脚于现实功用性层面。类似的情况在《关于魏建功的〈胡适之寿酒米粮库〉》一文中也表现明显。在谈到平话这种文体的好处时,钱玄同连用了三个"适用":"这种散韵相间的文体,很活泼,很自由,故很适用。凡说理、叙事、写景、抒情,散文都能适用,韵语或无韵之偈言也都能适用。"他判断文学创作之好坏,还是回到了"适用"的标准。他的逻辑也很简单,"平话""最适于民众之用",因而就是好的文学,应该大力提倡,"取通行于民众的故事与传说,取适合于民众的语言与文体,输入新道德、新思想、新知识等等","方于民众有益"。③ 审美效果在这里又被忽略了。关于这一点,论者往往指称为钱玄同文学观的自相矛盾,在我看来,与其说是自相矛盾,不如说是自我调适,是钱玄同对文学"审美"与"功用"的融通与调和。忽略审美并非否定审美。钱玄同还是承认文学之文的确需要审美参与,但"美不美"是以"适用"为标准来衡量的,而能否"适于世用"显然又跟现实(或者说真实)密切相关,因此,"写实"或"立诚"的文学才是真正的美文,"妄想胡说"看起来逾越了"写实"的范畴,但最后他还是把它拉回了"科学"与"人生"。简言之,文学之美必须合用,如果不合用,那么这种美就是"金漆马桶"式的冗余物,表现在语言上就是"陈套语""表象词",在文体形式上就

---

① 钱玄同:《给黎锦明先生的信》,转引自孟方:《从一篇佚文看钱玄同文学观的坚执与变化》,《中国现代文学研究丛刊》2003年第4期,第276页。
② 同上。
③ 钱玄同:《关于魏建功的〈胡适之寿酒米粮库〉》,《钱玄同文集》(第二卷),中国人民大学出版社,1999年版,第271—273页。

是"体式鬼"。而不用"陈套语""表象词",实际上正与胡适在《文学改良刍议》以及陈独秀"三大主义"中表述的文学观相通。从语言、文字的适用与实用的角度而言,当他在强调文学的"立诚"时,使用"言文一致"白话文自然是一个预设的前提。

(四)从国音到简字:钱玄同的语言文字改革实践

除了参与汉字改革和白话文运动的理论与实践外,钱玄同将主要精力投入到了《国语周刊》、国语统一会的筹备建设以及简体字运动中,通过"正音"与"正字",来实现口说的"言"与手写的"文"的一致,虽然并不可能真正达到一致,但钱氏通过语言文字的改革实践,试图把汉语汉字"简化",尽可能实现其普及、日常化。

1. 国音、国语与国语教科书

钱玄同参与到"国语统一"的改革活动中主要是在加入国语统一筹备会之后。他本来就精于小学,对音韵训诂的兴趣可能强于新文学,因而加入国语运动后,更是如鱼得水。在国音标准音制定、注音符号的推行、《国音字典》的编纂、国语教育改革等方面,钱玄同都起着非常重要的作用。"正音"是确定国语标准的基础,也是钱玄同的特长,他坚持以"北京音"为标准,从"国语统一"的角度出发,组织编纂《国音大字典》,参与制定国语罗马字方案,完善注音符号,为统一国语的形成提供了坚实的音韵学支撑。单从参与国语统一筹备会各类提案来看,《国语运动史纲》中就收录有钱玄同《增修〈国音常用字汇〉(G. C. Tz.)案》《规定〈说文〉〈广韵〉〈集韵〉的今读以作〈新编国音字典〉的初步案》《修订"闰音符号"案》《编制"基本国语"(J. G.)案》《规定极详备的〈词类连书条例〉案》《制定"方言罗马字"(F. R.)的拼法案》等十余种,不仅数量多,而且都与国语音读有关,足见钱玄同在国语"正音"上贡献卓著。

"正音"得到推广后,国语教育提上日程。钱玄同对国语教育改革也颇为用心。钱玄同认为教育的目的是使受教育者帮着社会向进化的路程上多走几步,以教育来提升中国社会的进步。钱玄同是传统科举教育出身,他的父亲钱振常从小就对钱玄同的教育相当重视,常亲自为他启蒙,严厉督促,且在以旧国学教导他的同时,还以新思想激励他,这使得钱玄同在很小的时候思想就较为开放,能守旧,也容易接受新事物。这大概就是钱玄同思想屡变乃至复杂多元的深层原因。不过从总体上看,钱氏始终保有一种自由而激进的革命理念,认为万事"进化"不止,教育也应当改革。

在国语教育改革的理论探讨方面,钱玄同发表了《初中国语教育及汉字问题》《〈请教育部令全国学校使用新文字案〉的附记》等一系列文章,核心观点就是大力倡导国语教育,实际上也就是白话文学教育。传统国学教育的理念显然已经无法跟上新时代的思想与现实,改国学教育为国语教育的核心还是语言文字的转换所带来的思想文化的新变。当然,钱玄同国语教育的落脚点还是在国语上,是国语运动的自然延伸。落实在实践上,则自然涉及国语教科书的编写与推广问题。

在国语运动和新文学运动合流之前,教科书还没有引起足够的重视。随着国语运动的持续推进,普通国民学校改国文科为国语科已成大势所趋,国语教育再采用此前的《国文》读本自然不合时宜。前述国语运动部分中已论及此,但并未突出钱玄同的个人参与度,这里有必要再强调一下钱氏在这一过程中的贡献。作为国语统一筹备会的核心成员,钱玄同参与了这一机构领导下的注音字母选定、《国音字典》编纂、国语教科书编定等各项重要的活动,特别是在主张学校改国文科为国语科方面,钱氏一直是急先锋。他不仅参与了 1919 年统一会第一次大会《国语统一进行方法》议案中改编小学课本的提议,而且在此之前就已经着手自编国语教材。1918 年他在北京孔德学校召开国语教科书编辑会议,由他亲自担任编辑主任,采用注音字母的方式来编写国语读本,开创了国语教科书编写的先河。尽管他的自编教材并没有来得及推广,只在他任教的孔德学校小范围试用,但这一事件的影响是深远的。到了 1920 年,在钱玄同等人的推动下,教育部颁布部令,要求全国小学国文科改国语科,且一律采用语体文教科书。同年,《新体国语教科书》出版,这是中国第一部小学国语教科书。此后,中学国语教科书也陆续出版,到 1923 年左右,中小学校基本上都废止一切文言文教科书,采用语体文,这不能不说是"言文一致"在国语教育改革上的成功。

2.《国语周刊》的编辑

编辑《国语周刊》值得单独列出,是因为它不仅仅涉及"国语"问题,还拓展到了方言与国语、方言文学与新文学相互关联的复杂领域中。1925 年,章士钊反对白话文和注音文字,他在《甲寅》的征文启事中公开提出"文字须求雅驯,白话恕不刊布"。钱玄同坚决反对语言文化界思想的倒退,决定与黎锦熙创办作为《京报》副刊之一的《国语周刊》。《国语周刊》与《甲寅》针锋相对,不刊登文言文。尽管《国语周刊》是因《甲寅》而起,但其实它还有一个更重要的任务,那就是配合此前刘半农、周作人等新文学家发起的歌谣运动,提倡"丰富的、美丽的、新鲜的、自然的"方言与民间文艺。钱玄同在《国语周刊》中表示,"配得上称为国语的只有两种:一种是民众的巧妙的圆熟的活语言,一种是天才的自由的生动的白话文;而后者又必以前者为基础。所以我们认为建立国语必须研究活语言"。① 他所谓的"活语言"就是方言,希望以方言为材料来丰富新国语,实现"国语的文学,文学的国语"的双向统一。在他看来,只有"方言文学"才是真正"言文一致"的文学。《国语周刊》出版了约半年,每期周刊都是钱玄同亲自编排、送稿、校对,他为此倾注了大量心血,是他致力于"国语统一"和"言文一致"两大口号实现的主要耕耘之地。

3. 选用和推行简体字

对于笃信"进化论"的钱玄同来说,中国文字"迟早必废",正所谓"早一日则受一日之福,迟一日则重一日之害"②,因此他力推世界语取代汉字,认为这是汉字革命"治本的办法"。然而陈独秀却称之为"'用石条压驼背'的医法",并表示钱玄同这种废汉文而采用世界语的激切主张,就

---

① 钱玄同:《关于民众文艺》,《钱玄同文集》(第三卷),中国人民大学出版社,1999 年版,第 163 页。

② 梁启超:《新民说》,《饮冰室合集》(专集第三册),中华书局,2015 年版,第 5042 页。

连《新青年》"本志同人多半是不大赞成的"①。钱玄同当然也明白汉字不可能强行废灭,世界语也只是他的"言文一致"的语言文字理想,故而他把推行"国语罗马字"和"减省现行汉字笔画"的简体字方案作为"治标的办法"。从他汉字改革的后期实践来看,选用和推行简体字是他非常看重的一项工作。尽管他始终认为"治本的办法"才是"根本底牌",但至少在当时的语言文化环境中,"治标"才是当务之急。

钱玄同真正投身"简体字"的选用和推行工作主要是在 1930 年以后,但简化汉字的改革思路一直都有,几乎与"废灭汉文"的口号同时,他于 1922 年提出了减省汉字笔画的方案,因而他的"汉字革命"实质上是主张"标本兼治"的。在《减省现行汉字的笔画案》一文中,他阐述了汉字有简化的必然性和必要性,指出汉字发展历程便是由繁到简,汉字简化"是顺着自然趋势的事,是绝对的可能而且绝对的应该的事"②,同时还总结出了简体字的八种构成方法。而在《搜采固有而较适用的"简体字"案》《几句老话——注音符号,G. R. 和简体字》以及他与黎锦熙、汪怡和时任教育部部长王雪艇等人的书信中,钱玄同对简体字的构成和来源、采选简体字的原则和标准等又有了新的阐述,并在此前八种方法的基础上提炼修改为"六法":"(一)现在通行的俗体字;(二)宋元以来小说等书中俗字;(三)章草;(四)行书与今草;(五)《说文》中笔画简少的异体;(六)碑碣上的别字。"③根据他自己拟定的采选方法,他于 1934 年左右着手编纂《简体字谱》。其时钱玄同已患病数种,身体健康状态每况愈下。但他依旧在病痛中编制了第一批简体字表,其中 324 字 1935 年被官方认定为第一批简体字。之后他的病情加重,但他坚持不懈地在选用和推行简体字,用他自己的话来说,他是很高兴做这件事的。直至病逝前,钱玄同还

---

① 陈独秀:《〈新青年〉罪案之答辩书》,《独秀文存》(论文下),首都经济贸易大学出版社,2018 年版,第 12 页。

② 钱玄同:《减省现行汉字的笔画案》,《钱玄同文集》(第三卷),中国人民大学出版社,1999 年版,第 86 页。

③ 钱玄同:《搜采固有而较适用的"简体字"案》,《钱玄同文集》(第三卷),中国人民大学出版社,1999 年版,第 471—472 页。

念念不忘简体字工作。可以说,中华人民共和国成立后的汉字简化工作,正是在钱玄同大力选用与推行简体字的基础上达成的,1956年形成的《汉字简化方案》,凝聚着钱玄同汉字改革思想的结晶。

  总体而言,钱玄同作为近代有名的音韵、训诂学家,同时扛着新文学运动与国语运动两面大旗,深度参与了五四前后的文白之争和国语统一运动等活动,在"言文一致"的倡导与实践中起着举足轻重的作用。概括起来,他的贡献主要集中在三方面。一是语言、文字改革的理论贡献。其中的"言文一致"要求是显在的,"汉字革命"思想和"废灭汉文"、倡导世界语的观念主要就是表达对汉语、汉字"言文分离"的不满,世界语能够作为"治本的办法"就是因为其作为表音文字的"言文一致"属性。二是新文学建设方面的贡献。反文言,尊白话,倡"白话体文学说"是其表征,但同时应该注意他所要求的白话文学的"适用"与"实用"等工具性特征,或者说"立诚的文学",正是对"言文一致"的白话文体的遥远呼应。与此同时,我们也不能忽略其对方言文学的重视,把"方言"与"新文学"联系在一起,同样显露了钱玄同"言文一致"的文体观。三是在定"国音""国字"以及参与国语教科书的编写、选用和推行简体字等方面的贡献。这属于"言文一致"的语言文字改革的"外围"工作,也可以说是基础性工作。只有音、字统一,才会有语言、文学方面真正意义上的"言文一致"。毫无疑问,钱玄同在"言文一致"的语言、文学、文字改革方面的理论贡献和实践探索影响深远,他是当之无愧的中国语言文字现代化改革的先驱。

第五章　文学与大众：民族主义与大众语文运动

　　清末兴起的"言文一致"运动,有一个强调语言与文字合一逐渐转到强调语言与文学书写合一的过程。早期卢戆章、王照等切音字运动先驱主张"字话一律",以音求字,音、字一体。黄遵宪介绍日本的"言文一致"时也强调"语言与文字合",但他同时也谈到了言说与文学书写的一致问题,他喊出的"我手写我口"诗学主张即着意于此。梁启超、裘廷梁作为清末白话文运动的领导者,"崇白话而废文言",倡导浅近通俗的"新文体"和"新小说",他们口中的"言文一致"的"文"基本上转向了"文学"之"文",但偶尔也指涉文字。五四时期的白话文号为"新文学","文"的指向不言自明,即便是并行的国语运动,最终要实现的也成了"文学的国语"。这充分表明,与其说"言文一致"是一场语言运动,毋宁说是一场文学运动。而在这场文学运动中,"言文一致"的文学对语言的要求几乎可以简化为"白话",其核心要义则是通俗。白话与通俗在此几乎等同,通俗应该是整个近代语言文字改革运动过程中一直在强调的话题。晚清白话报力主浅近通俗,梁启超"平易畅达"的"新文体"是否通俗则不好说,不过他倡导"俗语的文学"的力度足以证明他对通俗的重视,五四白话的通俗则从胡适"话怎么说,就怎么说"的白话文学观以及发现民间、倡导方言文学的时代氛围中可以感知得到。然而历史的吊诡之处就在于,正是在"通俗"这一点上,20世纪30年代的语言论者和文艺工作者对此前的白话文,尤其是五四新文学表达了不满,他们反对五四新文学家的知识精英立场,指斥五四白话为"非驴非马的"骡子语言,倡导真正"言文一致"的大众语和大众语文,从而掀起了一场大众语运动和文艺大众化运动。这种彻底通俗的口语化、大众化语文实践,实质上与当时兴起的左翼文学、无产阶级革命文艺的政治宣传不无关系,带有鲜明的政治民族主义色彩。需要特别强调的是,这里所谓的政治民族主义,与前面所说的民族主义的解析一致,指向一种政治意识形态支配下的民族国家情感和民族语言认同的宽泛表述,而非纯粹意义上的共产主义、民主主义和民族主义等主义之争中的概念描述。事实上,在瞿秋白、茅盾等左翼文人主导下的革命文学的大众化运动,恰恰是与以"人种"否定"阶级"论的、投降主义的"民族主义文学"针锋相对的。简言之,20世纪30年代的文艺大众化和大众语运动,依然可以看成是一个从"言文一致"出发的以新型民族国家建构为目标的民族(文学)语言共同体打造的过程。

一、"无产文艺的通俗化":从白话到大众语

　　大革命失败之后,国民党对共产党的大肆屠杀和对工农群众运动的强力镇压,使得中国的无产阶级革命运动陷入低潮。但这样的低潮并没有持续太久,随之而起的南昌起义、湘赣边界秋收起义等革命的星星之火重新点燃了中国革命的希望。文艺界的无产阶级革命战士也没有沉寂,1928年前后,他们集中在反革命势力最为强大的中心城市上海,发起了一场无产阶级革命文学运动。这场运动最直接的革命对象是"有闲阶级的'印贴利更追亚'(Intelligentsia=智识阶级)"所创造的"非驴非马的'中间的'语体",成仿吾认为这样的语体及其所附着的内容是五四文学革命不彻底的表现,尽管五四文学革命在一开始对旧思想的否定取得了一定的成功,但现在"还得再把自己否定一遍","我们要努力获得阶级意识,我们要使我们的媒质接近农工大众的用语"[①],而由白话到"农工大众的用语",这一语体的转换明显是无产阶级革命文艺思想的产物,一个革命文学的时代正式来临。

---

　　① 成仿吾:《从文学革命到革命文学》,北京大学、北京师范大学、北京师范学院中文系中国现代文学教研室主编:《文学运动史料选》(第二册),上海教育出版社,1979年版,第16、21页。

(一) 从文学革命到革命文学

一般认为,革命文学是中国现代文学第二个十年中的主流,然而革命文学的酝酿却在第一个十年的末期即已开始。成仿吾的《从文学革命到革命文学》创作于1923年底,应是"革命文学"口号的最早出处,不过这篇文章直到1928年2月才在《创造月刊》第1卷第9期刊出,"革命文学"此时已不仅停留在口号宣传的层面。李初梨在自己的文章中指认,郭沫若于1926年4月发表的《革命与文学》一文是"中国文坛上首先倡导革命文学的第一声"①。不过他的这一判断还是不太准确。即便忽略成仿吾"从文学革命到革命文学"的理论主张,我们还可以从恽代英、沈泽民、蒋光赤和茅盾等人的文章中梳理出革命文学概念演变的历史脉络,特别是茅盾于1925年5月发表的《论无产阶级艺术》一文,对"革命文学"这一概念与"无产阶级艺术"之间的关系做了分析:"无产阶级艺术非即所谓革命的艺术,故凡对于资产阶级表示极端之憎恨者,未必准无产阶级艺术。怎么叫做革命文学呢? 浅言之,即凡含有反抗传统思想的文学作品都可以称为革命文学。所以它的性质是单纯的破坏。但是无产阶级艺术的目的并不是仅仅的破坏。"②从他对二者的严格区分来看,茅盾似乎是将"革命"简单等同于"破坏",而将"建设"的任务交给了"无产阶级艺术"。但从革命文学运动后来的发展实际看,茅盾的区分显然多余,他对革命文学的"偏见",不仅没有消解革命文学这一概念的价值,反而使之迅速向"无产阶级艺术"靠拢,"革命文学"后来也就顺势成为了"无产阶级革命文学"。茅盾的这一论述与前述成仿吾的革命文学"要努力获得阶级意识"是完全一致的,而郭沫若在《革命与文学》中所做的,正是将正在兴起的"革命文学"与茅盾的"无产阶级艺术"扭结在一起,在理论上确立革命文学的阶级意识。郭沫若把阶级对立的二分法应用于文学范畴:

---

① 李初梨:《怎样地建设革命文学》,北京大学、北京师范大学、北京师范学院中文系中国现代文学教研室主编:《文学运动史料选》(第二册),上海教育出版社,1979年版,第30页。

② 沈雁冰(茅盾):《论无产阶级艺术》,北京大学、北京师范大学、北京师范学院中文系中国现代文学教研室主编:《文学运动史料选》(第一册),上海教育出版社,1979年版,第421页。

"文学的这个公名中包含着两个范畴:一个是革命的文学,一个是反革命的文学。"文学与革命具有天然的统一性,它们之间的关系用一个函数表达式来说就是"文学 = F(革命)",即"文学是革命的函数。文学的内容是跟着革命的意义转变的,革命的意义变了,文学便因之而变了"。所以"文学是永远革命的,真正的文学是只有革命文学的一种"。而革命始终是"两个阶级的对立",是被压迫阶级对压迫阶级的反抗,"今日的中国"的革命现实是"以无产阶级为主体的力量对于他们有产阶级的斗争",因而我们所要求的革命文学就是"表同情于无产阶级的社会主义的写实主义的文学"。① 从这个意义上说,郭沫若的《革命与文学》虽然不能算是"革命文学"的"第一声",但称之为确立革命文学的阶级属性的奠基之作应不为过。

当然,孰先孰后提出革命文学这一概念并不十分重要,在文学革命方兴未艾的 20 世纪 20 年代初期,革命文学运动何以劈空而来才更值得探究。从文学革命到革命文学,"革命"由一种"手段"转变为文学的核心"内容",这本身就是一场思想内容层面的深刻革命。五四文学革命原本就与新文化运动相伴而生,作为反五四文学革命的革命文学运动,一开始也是以文学思想内容的根本改造为目的的。茅盾就直接宣称,"如何充实或增丰内容,便是无产阶级艺术批评论所应首先注意的事"②,蒋光慈在《关于革命文学》中也一直在强调革命文学的"内容是怎样的",李初梨在他的《怎样地建设革命文学》长文中也只是把"无产阶级文学的形式问题"作为极小的一部分放在最后,而主要篇幅都在谈反"趣味文学"的革命文学作家的"生活意志",其实就是"阶级意识"。可以说,革命文学的内容确切地成为了早期革命文学倡导者论述的主体。不过,仔细考察就会发现,他们对"革命文学的内容"的论述是空洞的、教条的,说来说去就是"炸弹炸弹,干干干"的革命口号,或是把文学作为革命的工具,文学作

---

① 郭沫若:《革命与文学》,北京大学、北京师范大学、北京师范学院中文系中国现代文学教研室主编:《文学运动史料选》(第一册),上海教育出版社,1979 年版,第 438—446 页。
② 沈雁冰:《论无产阶级艺术》,北京大学、北京师范大学、北京师范学院中文系中国现代文学教研室主编:《文学运动史料选》(第一册),上海教育出版社,1979 年版,第 424 页。

品要实现"由艺术的武器,到武器的艺术"的转变,李初梨将其归结为:"一切的文学,都是宣传。普遍地,而且不可逃避地是宣传;有时无意识地,然而常时故意地是宣传。"①这种把文学内容等同于政治宣传标语的做法无异于取消了革命文学的文学属性,"为革命而文学"实质上没有文学,只有革命。鲁迅就对这种"革命文学"表示怀疑:"世间往往误以两种文学为革命文学:一是在一方的指挥刀的掩护之下,斥骂他的敌手的;一是纸面上写着许多'打,打','杀,杀',或'血,血'的。"②很显然,尽管这些革命文学的倡导者一直在强调革命文学必须立足革命的社会现实,但恰恰是他们自己缺乏对这一现实的真切认知,这使得他们只能停留于空喊理论口号的层面,而没有成为一个真正的"革命人",自然也就难有真正的"阶级意识"。这种理论说教决定了革命文学内容上的贫乏,从而使得革命文学运动难以走高、走远。

尽管如此,革命文学运动在当时还是产生了一定影响,并最终促成了左翼作家联盟的成立。这与其说是"为革命而文学"的意识形态内容的倡导之功,不如说是革命文学运动在语言形式革命上的胜利。与五四文学革命从白话进入文学,借助白话文学的倡导而切入新文化运动,使语言变革与思想革命合一的理路一样,革命文学的"思想革命"某种程度上也是围绕文学语言问题而展开的。成仿吾在总结文学革命的历史意义时就特别强调了语言问题,他将文学革命归结为一场"旧的生活样式及意识形态等皆被扬弃(Aufheben 奥伏赫变)"的"意识形态的革命",而"解决这一切的关键也已伏在'文'和'语'的对立关系"。③ 成氏这里使用的"奥伏赫变""意识形态"等时髦词语后来被人讥为"神秘派的文字"④,这是

---

① 李初梨:《怎样地建设革命文学》,北京大学、北京师范大学、北京师范学院中文系中国现代文学教研室主编:《文学运动史料选》(第二册),上海教育出版社,1979年版,第32—43页。
② 鲁迅:《革命文学》,北京大学、北京师范大学、北京师范学院中文系中国现代文学教研室主编:《文学运动史料选》(第一册),上海教育出版社,1979年版,第453页。
③ 成仿吾:《从文学革命到革命文学》,北京大学、北京师范大学、北京师范学院中文系中国现代文学教研室主编:《文学运动史料选》(第二册),上海教育出版社,1979年版,第17页。
④ 侍桁:《评〈从文学革命到革命文学〉》,北京大学、北京师范大学、北京师范学院中文系中国现代文学教研室主编:《文学运动史料选》(第二册),上海教育出版社,1979年版,第110页。

有道理的,特别是对宣称要使用农工大众的用语的他来说,更是一种绝妙的反讽。直白地说,成仿吾想要表达的就是,五四文学革命的关键是解决文言和白话的对立问题,思想内容的"扬弃"最终取决于语言的选择。那这种"文"和"语"的对立关系的转换是否完成了呢？在成仿吾等革命文学论者看来显然是没有的。在描述文学革命"现阶段"的状况时,成仿吾承认了当前文学的"媒质"是"语体",但"与现实的语言相去尚远"。所谓"现实的语言",既可以理解为现实生活中民众的"口语",也可以理解为他理想中的具有阶级意识的"农工大众的用语",而无论哪一种,都是文学革命的未完成状态,即便是"素来对于完成我们的语体非常努力"的创造社作家们,在努力应用他们的三个方针"A. 极力求合于文法,B. 极力采用成语,增造语汇,C. 试用复杂的构造"。[①] 来进行创作的时候,也还是与"现实的语言"相去甚远。正因为此,他才提出从文学革命到革命文学的主张,号召革命的"印贴利更追亚""克服自己的小资产阶级的根性……开步走,向那龌龊的农工大众！"[②]成氏的这种语言革命思路,上接五四白话文运动,下启 20 世纪 30 年代初的大众语运动,成为勾连整个"言文一致"运动的关键一环。

当然,这肯定不是他的独见,茅盾、郭沫若等人同时期的论述中都提到了革命文学的作者以及读者对象的语言问题。茅盾将革命文艺的读者对象定位为"劳苦群众",这与成仿吾的"农工大众"并无实质区别。他认为当时的革命文艺,"劳苦群众并不能读,不但不能读,即使你朗诵给他们听,他们还是不了解",原因在于"他们还是不能懂得你的话,你的太欧化或是太文言化的白话"。要解决这一问题,茅盾认为"惟有用方言来做小说,编戏曲",但"方言文学"并不容易创作,"目下尚未有人尝试",因此他对革命文艺的语言"技术"的要求就是"至少须先办到几个消极的条件,——不要太欧化,不要多用新术语,不要太多了象征色彩,不要从正面

---

① 成仿吾:《从文学革命到革命文学》,北京大学、北京师范大学、北京师范学院中文系中国现代文学教研室主编:《文学运动史料选》(第二册),上海教育出版社,1979 年版,第 19—21 页。

② 同上书,第 22 页。

说教似的宣传新思想"。① 茅盾没有使用"农工大众的语言"或"劳苦群众的语言"这样带有明显阶级属性的语言概念,但他还是刻意与五四白话保持了距离,甚至是站在了反五四白话的立场,不要"太欧化""太文言化""多用新术语"等"消极的条件"就是反五四白话的证明,包括对"方言文学"的忽略一定程度上也是为了撇清与五四新文学家的关系。要知道,周作人、钱玄同、刘半农等人发起的歌谣运动在革命文学运动的萌芽期正开展得如火如荼,1925年创刊的《国语周刊》也适时开展方言调查,试图从方言中发现国语,刘半农此前采集其家乡民歌《江阴船歌》已经创作而成《瓦釜集》,方言文学并非如茅盾所言的无人尝试,只是站在革命文学的立场不愿也不能承认罢了。这样的立场当然也是他处在五四白话与大众语之间的过渡状态所决定的。与之相类的是,郭沫若此时甚至都没有明确谈到如何反五四白话的问题,但是在《革命与文学》中,他还是向青年文学家们发出了"到兵间去,民间去,工厂间去,革命的漩涡中去"的号召,而这样的无产阶级写实主义文学口号正与他在20世纪30年代初所宣称的无产文艺的通俗化语言改造路径惊人地一致。成仿吾的"农工大众的语言"就在这种无产文艺的通俗化过程中悄然转换成了热闹一时的"大众语","大众语运动"就此应运而生。

(二) 从革命文学到大众文艺

1928年前后革命文学一度成为最时髦的热词,李初梨、冯乃超、蒋光慈、钱杏邨等一众创造社、太阳社成员扛着革命文学的大旗,对鲁迅所代表的新文学运动者及五四新文学展开了疯狂的攻击,鲁迅被迫发起反击,卷入其中的还有茅盾、冯雪峰等人,一时之间上海的文坛弥漫着革命的气息。但正如前述从文学革命到革命文学的发生发展过程所呈现的那样,文学需不需要"革命"从来不是一个问题,究竟"革"谁的"命"才是问题。胡适、陈独秀等人一开始也是主张"革命"的,不过他们始终在追问文学到底应该是什

---

① 茅盾:《从牯岭到东京》,北京大学、北京师范大学、北京师范学院中文系中国现代文学教研室主编:《文学运动史料选》(第二册),上海教育出版社,1979年版,第146—150页。

么样子,强调的是用白话的新文学来"革"文言的旧文学的"命",尽管我们不排除陈独秀们有借文学来"革"旧知识者的思想、意识之"命"的意图,但毕竟从结果来看,文学革命"革"的主要是旧文学的"命",即便涉及"人"的思想解放问题,更多还是停留在李初梨所谓的"小有产者"的个人主义的表达上,总体上看的确是"为文学而革命";主张革命文学的冯乃超们其实并不关心"文学为何",而只关心"文学何为",在他们眼中,文学作为文学的本体消失了,取而代之的是作为革命手段的宣传,或简化为"为革命而文学"。这种革命文学到底要"革"谁的"命"呢?正是以鲁迅为代表的"有闲阶级""小有产者"的"命",或者可以扩大到整个小资产阶级知识分子的"命"。那谁来完成这一场革命呢?理所当然是无产阶级。无产阶级就这样被革命文学的浪潮推到了最前线,成为革命文学的主人。从成仿吾到李初梨、茅盾,无产阶级与革命文学的关系变得越来越密切,茅盾在革命文学尚处酝酿阶段时曾称之为"无产阶级艺术",李初梨则认为革命文学"应当而且必然地是无产阶级文学",而到了左联这里就成了"无产阶级革命文学",革命文学与无产阶级就难分你我地浑然一体了。

然而,一个显在的矛盾是,无产阶级革命文学的创作者并不一定就是无产阶级。成仿吾强调革命文学要使用"农工大众的用语"时,他默认的文学运动的主体就是"智识阶级的一部",他称之为"革命的'印贴利更追亚'"。茅盾、冯雪峰等人也专门论及了革命文学与智识阶级的关系问题,指出智识阶级也是可以站在工农的立场支持革命的,冯雪峰反对创造社对鲁迅的批判正是基于这一点。不过革命文学运动的进程却并不满足于此。随着革命文学对阶级意识的强化,智识阶级事实上作为"有闲阶级""小有产者"而成了批判的对象,无产阶级革命文学运动要"从少数特权者的手中解放出来,真正成为大众的所有……并且能够从封锁了的地下层培养工人农民的作家"。[①] 实际上,从成仿吾走向农工大众的号召开

[①] 左联:《无产阶级文学运动新的情势及我们的任务》,北京大学、北京师范大学、北京师范学院中文系中国现代文学教研室主编:《文学运动史料选》(第二册),上海教育出版社,1979年版,第205—206页。

始,革命文学要求到"兵间""民间""工厂间"去的呼声就没有停过,"农工大众""劳苦群众""劳苦大众"等一直是革命文学运动的核心术语,革命文学也因此顺势转变成了"无产文艺""大众文艺"。此时,革命文学、无产阶级文学与"大众文艺"等概念纠缠在一起,但"大众"这一概念的地位开始凸显。左联的两份正式文件——在成立大会上通过的《文学的理论纲领》和左联执委会起草的文告《中国无产阶级革命文学的新任务》,都沿用了"无产阶级革命文学"这一名称,特别是文告宣称的"新的任务"中,"大众化问题的意义"[1]作为七个部分的内容之一单列出来,预示了"大众"在此之后的尊荣。鲁迅在《中国无产阶级革命文学和前驱的血》中也将大众与革命文学捆绑在一起:"大众存在一日,壮大一日,无产阶级革命文学也就滋长一日。"[2]不难看出,当时所谓的"大众"实质上是以无产阶级的名义集结在一起,无产阶级与"大众"几乎是同一个概念。茅盾、郭沫若、成仿吾在提到无产阶级时分别用了"下级社会""民众""农工大众"等概念,李初梨在《怎样地建设革命文学》中使用的"一般大众""一般无产大众""大众"概念都指向无产阶级。

看起来无产阶级革命文学最终走向大众文艺似乎只需要一次概念的转换。到1930年前后,革命文学、无产阶级文学、无产文学、大众文艺等概念同时存在于不同叙述者的文本中,在同一叙述者的不同文本中也措辞各异,呈现出一种混杂滥用的状态。然而尽管如此,我们还是不能在这几个概念之间画等号,从革命文学、无产阶级文学到大众文艺,绝非一次简单的概念转换,而是涉及文学内容与形式观念上的迁移。如前所述,革命文学对"农工大众""劳苦群众"的强调更多是出于文学阶级意识和阶级属性的考虑,而大众文艺的倡导则是在阶级意识固化之后让文学"真正

---

[1] 左联:《中国无产阶级革命文学的新任务》,北京大学、北京师范大学、北京师范学院中文系中国现代文学教研室主编:《文学运动史料选》(第二册),上海教育出版社,1979年版,第239页。

[2] 鲁迅:《中国无产阶级革命文学和前驱的血》,北京大学、北京师范大学、北京师范学院中文系中国现代文学教研室主编:《文学运动史料选》(第二册),上海教育出版社,1979年版,第217页。

成为大众的所有","文艺大众化"是左联时期才正式提出的口号,这个在特定时期提出并在此后的几十年间一直左右中国文学创作方向的概念有它自己的历史和特点,不能与革命文学或无产阶级文学等相互替代,过渡时期的混杂使用,只能说明它们之间的确存在天然的联系,即在本质上都是革命的、无产阶级的文学,但大众文艺是革命文学的发展方向和落脚点,它对"大众化"的强调显然已经超出了此前革命文学原有的理论范畴,而使之成了第一个重大的问题:

> 大众化的问题,以前亦曾一再提起。但目前我们要切实指出:文学大众化问题在目前意义的重大,尚不仅在它包含了中国无产阶级革命文学目前首重的一些任务:如工农兵通信员运动等等,而尤在此问题之解决实为完成一切新任务所必要的道路。在创作,批评,和目前其他诸问题,乃至组织问题,今后必须执行彻底的正确的大众化,而决不容许再停留在过去所提起的那种模糊忽视的意义中。只有通过大众化的路线,即实现了运动与组织的大众化,作品,批评以及其他一切的大众化,才能完成我们当前的反帝反国民党的苏维埃革命的任务,才能创造出真正的中国无产阶级革命文学。①

作为左联决议的一部分,文学大众化的提出首先是为了解决革命文学的出路问题,不过后来的文学创作和批评实践却一再证明,大众化本身才是目的,文艺大众化事实上终结了20世纪30年代人们对革命文学的讨论。与革命文学侧重对文学阶级意识与属性方面的内容改造不同,大众化讨论的重心偏于文学形式。左联文告中提出的写作的三条指令,规定了大众文艺的发展方向。其中第三条就是形式上的要求:"在形式方面,作品的文字组织,必须简明易解,必须用工人农民所听得懂以及他们接近的语

---

① 左联:《中国无产阶级革命文学的新任务》,北京大学、北京师范大学、北京师范学院中文系中国现代文学教研室主编:《文学运动史料选》(第二册),上海教育出版社,1979年版,第240页。

言文字,在必要时容许使用方言。"①李欧梵认为左联"提倡文学的'大众化'——大概反映了瞿秋白的意见,但争论限于语言"②,这只是"部分"真理。一个显而易见的事实是,"大众化"的讨论涉及文学的内容、体裁、语言等各个方面,鲁迅就曾撰文《论"旧形式的采用"》加入"大众文艺"的形式之争。但之所以又说它是部分"真理",是由于它指出了另一个重要的事实:语言形式是"文学大众化"讨论的中心。

革命文学要为大众服务,要成为大众自己的文学,那它首先就应该为大众所接受、所理解,大众文艺讨论的中心问题始终是如何写出"能使大众理解——看得懂——的作品"③。这使得通俗化成了实现大众化的前提。郭沫若一针见血地指出,"大众文艺的标语应该是无产文艺的通俗化",他有如念咒语一般的叫道:"通俗！通俗！通俗！我向你说五百四十二万遍通俗！"甚至"通俗到不成文艺都可以"。但是,如何才能做到"通俗"呢？采用大众喜闻乐见、浅显易解的文艺形式,诸如旧式体裁的故事小说、歌曲小调、歌剧、对话剧、连环图画等,自然是一个有效途径,但体裁、形式的选择不能从根本上解决问题,文艺形式的选择往往要依内容而定,况且歌曲小调、连环图画等从来就不是文艺形式的主潮。而实现文学通俗化的关键在于语言的通俗。郭沫若所说的通俗是指向语言的:"一篇文章中满纸都是新式的'子曰诗云',一篇文章中,满纸都是新式的'咬文嚼字'。柏拉特特拉柏的,你不知道他在那彩云头里究竟唱的是什么高调,而那高调是唱给甚么人在听！"④郑伯奇同样谈到了大众文学的语言问题。他说:"关于言语,大众当然爱好自己所惯用的言语。修饰雕琢的文章,为他们只是一种头痛膏。"同时指出:"象中国这种象形文字的

---

① 左联:《中国无产阶级革命文学的新任务》,北京大学、北京师范大学、北京师范学院中文系中国现代文学教研室主编:《文学运动史料选》(第二册),上海教育出版社,1979年版,第242页。
② [美]费正清、费维恺编:《剑桥中华民国史(1912—1949)》(下卷),刘敬坤等译,中国社会科学出版社,1994年版,第487页。
③ 乃超:《大众化的问题》,《大众文艺》第2卷第3期,1930年3月1日,第634页。
④ 郭沫若:《新兴大众文艺的认识》,北京大学、北京师范大学、北京师范学院中文系中国现代文学教研室主编:《文学运动史料选》(第二册),上海教育出版社,1979年版,第365、366页。

国家,当然普罗文学家要遇着很大的困难。"因而"国语问题音符问题,现在资产阶级的文学家已经置之脑后了;可是普罗文学应该将这些问题重行提起寻出一个解决"。① 由文学到语言,再由语言到语音、文字,这似乎就是清末白话文运动和国语运动的翻版,文学的大众化最终还是回到了声音与文字等语言变革的根本性问题上,"言"与"文"的一致这个从晚清知识者开始关注的话题,在大众化讨论中又激起了历史的回响,而"大众"这一政治味十足的概念,又很难让这一文学语言变革话题脱离与之密切相关的无产阶级革命文学所具有的政治意识形态背景,这样的大众化讨论自然也是可以纳入我们相对模糊的民族主义理论视野的。当然,文学大众化所要求的"言文一致"之所以会染上浓重的政治意识形态色彩,除了前期无产阶级革命文学理论宣传的助力之外,瞿秋白等中国共产党早期领导人直接参与领导这场语言、文学运动,并将这场运动进一步政治化、阶级化,也起着至关重要的作用。

二、文腔与文丐:瞿秋白的"第三次文学革命"

瞿秋白是革命文学运动和文艺大众化理论最重要的倡导者之一。作为一个典型的马克思主义文艺理论家,瞿秋白特别强调文学的政治性与阶级性,极度渲染文学的意识形态色彩。他对中国现代文学最主要的贡献体现在大众文艺理论与实践上。从1931年夏到1933年底,瞿秋白集中发表了《普洛大众文艺的现实问题》《大众文艺的问题》《论大众文艺》《再论大众文艺答止敬》等一系列文章,比较全面、系统地阐述了他的文艺大众化理论,其中关于文腔革命、现代中国普通话等方面的讨论一定程度上左右了当时的文艺大众化方向。诚如瞿秋白所言,这是一场对五四文学革命的"二次革命",他称之为"第三次文学革命"。这场革命的落脚点还是在文学语言的大众化与通俗化上,呈现出较为明确的"言文

---

① 郑伯奇:《关于文学大众化的问题》,北京大学、北京师范大学、北京师范学院中文系中国现代文学教研室主编:《文学运动史料选》(第二册),上海教育出版社,1979年版,第368页。

一致"目标导向,同时瞿秋白过于政治化、阶级化的表述又使得这种"言文一致"染上了浓重的政治民族主义色彩。

(一)文腔革命:文艺大众化的语言问题

李欧梵有左联提倡文学大众化"大概反映了瞿秋白的意见"的说法。革命文学于1928年初火热推出的时候,瞿秋白作为中国共产党的最高领导人兼文艺理论家,是有可能提出指导性"意见"的,但在革命文学运动最热烈的1928年前后,"文学大众化"的口号反而并不清晰;等到1930年初左联成立的时候,瞿秋白却刚刚被撤销中国共产党驻莫斯科代表职务,正在从莫斯科返回中国的途中,看似无法左右这一团体的文学革命路线。不过文学大众化作为左联决议的一部分被明确提出是在1931年11月,而此时的瞿秋白正在左联的大本营——上海养病,专门从事文艺理论批评与创作工作,以他在党内的地位、文学理论批评界的影响力以及他对"大众化"一贯的绝对主张的姿态,"大概"的可能性还是很大的。当然,这只是从是否有明确的"组织授权"方面而言的,倘若从大众化讨论的实际参与情况来看,瞿秋白无疑是当之无愧的主角。

瞿秋白并不是文艺大众化思想的首倡者,他对文艺大众化的思考主要来自三个方面的影响。一是列宁文艺要"为千千万万劳动人民"服务①口号。长时间的留俄经历以及与革命导师列宁的直接接触,使他熟悉了马克思、列宁关于文学与阶级斗争的无产阶级文艺观,信守马克思、恩格斯"一切阶级斗争都是政治斗争"②的教导,认为"每一个阶级都在利用文艺做宣传"③,在他的《普洛大众文艺的现实问题》等文章中都可以看到马克思、列宁无产阶级文艺思想的影子。二是革命文学运动已有的关

---

① [苏]列宁:《党的组织和党的出版物》《列宁全集》第12卷,人民出版社,1987年版,第97页。
② [德]马克思、恩格斯:《共产党宣言》,《马克思恩格斯选集》第1卷,人民出版社,2012年版,第409页。
③ 瞿秋白:《文艺的自由与文学家的不自由》,《瞿秋白文集》(文学编第三卷),人民文学出版社,1989年版,第67页。

于文艺大众化讨论的成果。此前郭沫若的《革命与文学》已发出"到兵间去,民间去,工厂间去"的号召,认为文学应该"替我们全体的民众打算"①,成仿吾在《从文学革命到革命文学》中已多次提及文学与"农工大众"的关系,左联成立后则多次在其纲领、决议性文件中描述文学的大众化方向,瞿秋白的文艺大众化思想实际上是在此基础上的继承与发展。三是五四文学革命的历史沉淀。瞿秋白的文艺大众化思想看起来建立在对五四文学革命的批判基础之上,但他并没有对五四文学革命的成果全盘否定。他在与茅盾的对话中指出:"中国的文学革命没有完成,而需要第二次的文学革命。""新的文学革命的纲领是要继续'五四'的文学革命,而澈底的完成它的任务。"②显然,他是将五四文学革命定义为未完成状态,"继续"完成它的任务就意味着一定程度上继承五四文学革命的遗产。而在《鬼门关以外的战争》中,他重新梳理了自梁启超鼓吹"小说为文学之最上乘"的小说界革命以来的文学革命过程,将五四文学革命界定为"第二次文学革命",并认为"第二次文学革命才是真正的文学革命",肯定了这场文学革命的意义:"首先,在于他明白的树起建设'国语的文学'的旗帜,以及推翻礼教主义的共同倾向。这才是真正的要创造新的文学和新的言语。"③他在这里积极评价的五四文学革命"创造新的文学和新的言语"的方向,也正是他基于文腔革命的文艺大众化思想所要实现的目标。

如此则不难看出,与革命文学论者对五四文学革命的纯粹政治化批评不同,瞿秋白尽管也站在文学阶级论的立场,但还是肯定了五四文学革命的"新的文学和新的言语"的方向,只是认为这场革命还不够彻底,没有实现文学、语言大众化的目标,因而现在有开展"第三次文学革命"的

---

① 郭沫若:《革命与文学》,北京大学、北京师范大学、北京师范学院中文系中国现代文学教研室主编:《文学运动史料选》(第一册),上海教育出版社,1979年版,第445—446页。
② 瞿秋白:《再论大众文艺的问题答止敬》,《瞿秋白文集》(文学编第三卷),人民文学出版社,1989年版,第45、50页。
③ 瞿秋白:《鬼门关以外的战争》,《瞿秋白文集》(文学编第三卷),人民文学出版社,1989年版,第146页。

必要,他将这场革命称为"文腔革命"。什么是"文腔革命"呢?就是"用现代人说话的腔调,来推翻古代鬼'说话'的腔调,不用文言做文章,专用白话做文章"①。需要注意的是,这里所说的"专用白话做文章"并不是指五四白话。五四新文学运动同样倡导白话,但在瞿秋白看来,五四白话已变成了"新文言",是只有知识分子能懂的"非驴非马的"骡子话,而这样的文学语言是跟大众绝缘的。也就是说,瞿秋白是认可五四以来立足语言来改造新文学以实现大众化的文学革命路径的,只是不满意于五四白话本身。

当然,他的文腔革命也不只指向五四白话,一切和"普洛大众"有距离的语言都是文腔革命的对象。在《鬼门关以外的战争》中,瞿秋白列举了四种依然活跃于当时的报纸、文章中的语言:古代文言、现代文言、旧式白话、新式白话,并详细分析了这四种语言的存在状态,认为古代文言是书房里的文人雅士用来"吓小百姓"的文腔;现代文言则是统治着报纸、公文的现代时文;旧式白话也还是受着文言影响的"死的言语"——鬼话;新式白话则不过是混杂着旧式白话、文言腔调和外国文法的"高尚玩具"。他在好几处都提到,这四种语言存在的共同问题就是"只能够用眼睛看,而不能够用耳朵听的"②,简言之,就是书写与言说脱节。也就是说,文腔革命所涉及的文艺大众化的语言问题,最后还是回到了"言文一致"的话题。

事实上,瞿秋白并没有回避这一点。在否定了这几种语言形态后,他提出了"第三次文学革命"开展的先决条件——建立"现代普通话的新中国文"。什么是"现代普通话的新中国文"呢?他认为是"和言语一致的一种文学"。虽然他也承认,"书本上写的言语和嘴里面讲的言语,多少总有点区别",但是,"书本上写的言语应当就是整理好的嘴里讲的言语,因此,他可以比较复杂些,句子比较的长些,字眼比较的细腻些。然而

---

① 瞿秋白:《鬼门关以外的战争》,《瞿秋白文集》(文学编第三卷),人民文学出版社,1989年版,第 137 页。

② 同上书,第 162 页。

他不应当和嘴里讲的言语比较起来是另外一种的言语"。① 需要特别说明的是,这里所说的"复杂些""长些""细腻些"等特点,正是五四"欧化白话"和"国语的文学"所追求的,它事实上超越了胡适等人在五四白话文运动初期倡导的"有什么话,说什么话;话怎么说,就怎么说"的改革思路,而让"文学的国语"复杂起来。瞿秋白一方面认可了文学语言与日常语言的不同,但另一方面又回到了胡适最初的口号,在文学语言与日常语言之间寻求一种平衡,把文学书写和日常"说话"几乎等同起来。作为一个文艺思想家,他当然知道文学书写与口语表达的差异,但是他的文艺大众化思想又极力使其文学观和文学语言观回到大众的场域,超越大众视听范围的文学语言是不被接受的。

然而满足一般大众视听需求的文学语言又能"复杂"到什么程度呢?这是自文学发生以来一直在面对的难题。五四以来的新文学家一开始也试图解决这一难题,他们也曾有过民间"大众"立场的反思,但最后还是回到了知识者的文学(语言)认知层面,语言"复杂"化之后就变成了瞿秋白所说的知识者的"文腔"。文腔革命就是要破除这种知识者的腔调,改换为大众的腔调、大众的语言,也就是瞿秋白所说的"现代普通话的新中国文"。瞿秋白从来没有解释过"普通话"何以"普通",据其言说的语境和大众化思想推断,似乎可做如下理解:一是反文言、五四白话等的雅化、复杂化而求其普通;二是来源于大众的普遍通用性之普通。但他又承认这种"言语"可以"复杂些",而不是直接"照搬"方言、土话:"现在只是要用中国的普通话来写文章,而不用土话或者方言。"②既如此,这种"普通话"也就并不太普通,还是需要加工提炼。在简单的口语和"复杂些"的文语之间,如何来把握这个"复杂度"以形成"现代普通话的新中国文",这显然不是一个可以忽视的问题,而且是一个区分五四白话和"普通话"的根本性问题。瞿秋白对大众文艺与"现代普通话的新中国文"的思考,也正是在

---

① 瞿秋白:《鬼门关以外的战争》,《瞿秋白文集》(文学编第三卷),人民文学出版社,1989年版,第164页。

② 同上。

回应这个问题的基础上展开的。作为"普洛大众文艺"产生的"先决条件",瞿秋白对"现代普通话"的"复杂"情感可以从两个层面来考察:一是"现代普通话"是"普通"的工农大众创造的,必须"向着大众去";二是"现代普通话"是"现代"的,其实并不普通,它是真正的"文学的国语"。

(二)"向着大众去":文丐的多种面孔

在瞿秋白关于大众文艺的系列讨论文章中,创作于 1931 年 5 月的《鬼门关以外的战争》算是比较早的一篇。这篇文章的重要性在于:第一次较为系统地阐述了瞿秋白三次文学革命的新文学史观,第一次提出了"文腔革命""现代普通话的新中国文"等重要概念,对大众文艺的目标方向有重要的指引作用。但也正因为成文较早,且偏向于对前两次文学革命的"总结",它对大众文艺本身的特征及其可能性论述较少,只是涉及了"新的文学和新的言语"与民众的隔膜,意识到了开展第三次文学革命的必要性。真正对大众文艺本身及其发展方向展开讨论的,还是接下来的几篇文艺专论文章。

如果说《鬼门关以外的战争》还是"文学革命"的思路的话,那么《大众文艺和反对帝国主义的斗争》则是回到了"革命文学"的立场来回答大众文艺的问题。这篇带有战斗檄文痕迹的文章把五四白话的新文艺和所谓的"马鹿民族主义大家"主张的"民众文艺"都加以批驳,特别是对以"民族主义"为幌子的豪绅资产阶级及其政党利用旧文艺来麻醉民众的行为大加挞伐。瞿秋白特别强调文艺的宣传作用。在 1932 年 10 月发表的《文艺的自由和文学家的不自由》中,他甚至很极端地认为"文艺——广泛的说起来——都是煽动和宣传,有意的无意的都是宣传。文艺也永远是,到处是政治的'留声机'"。[①] 实际上这种把文艺等同"政治宣传工具"的思想在一年前的《大众文艺和反对帝国主义的斗争》中就显露无遗,他认为只有对中国的民众做好"文艺上的宣传"才能组织真正的反帝

---

① 瞿秋白:《文艺的自由和文学家的不自由》,《瞿秋白文集》(文学编第三卷),人民文学出版社,1989 年版,第 67 页。

国主义的民族的革命战争,但这自然涉及与豪绅资产阶级及其政党争夺文艺阵地的问题。民众很容易被打着"民族主义"旗号宣传"精忠报国""实业救国"之类的旧文艺所利用,这也反向证明,民众抗日救国的热情空前高涨,对民众做正向的文艺宣传也并非难事。他进而指出,"反帝国主义的大众文艺的内容"是"每一个不识字的'下等人'尚且只要一两句话就可以懂得",因而"内容"可以不讲,只是这"一两句话"到底是什么话呢?这成了"非常之重要的问题"。瞿秋白的大众文艺观最终还是回到了语言问题。尽管在这里依然是略显模糊的"人话""中国话"的表述,但与《鬼门关以外的战争》相较而言,这个"人话"有了明确的"大众"指向。他反复宣称,"革命的文艺",必须"向着大众去"。如何才是"向着大众去"呢?"简单的是:向大众说人话,写出来的东西也要念出来象人话——中国人的话。"①至于到底是什么话,似乎还是没有给出明确的"标准",但也隐约可见。一个月后,他在《普洛大众文艺的现实问题》中再次谈到"用什么话写"的问题,回应了他提出的"现代的中国普通话"的标准:"普洛大众文艺的特点,就在于暂时这种文艺所用的话,应当是更浅近的普通俗语,标准是:当读给工人听的时候,他们可以懂得。"②其实这个"标准"在此前的文章中就已经多次出现过,只是没有如此明确的表述而已。

　　知道"用什么话写"是一回事,如何掌握这种话,"怎么样去写"又是另一回事。这又必须回到"向着大众去"的问题,甚至仅仅"向着"大众还不够,必须"跑到群众里面去","革命的作家要向群众去学习"。按照这一逻辑,瞿秋白在他的文艺大众化理论中弱化了作家的主体性地位,甚至颠倒了文艺创作者和接受者之间的关系,提出了让作家成为工农大众的"文丐"的偏激观点。在谈到利用大众文艺的旧形式开展街头文学运动

---

① 瞿秋白:《大众文艺和反对帝国主义的斗争》,《瞿秋白文集》(文学编第三卷),人民文学出版社,1989年版,第4—5页。
② 史铁儿:《普洛大众文艺的现实问题》,北京大学、北京师范大学、北京师范学院中文系中国现代文学教研室主编:《文学运动史料选》(第二册),上海教育出版社,1979年版,第378页。

时,他说:

> 这需要到群众中间去学习。在工作的过程之中去学习,即使不能够自己去做工人,农民……至少要去做"工农所豢养的文丐",不是群众应该给文学家服务,而是文学家应当给群众服务。不要只想群众来捧角,来请普洛文学导师指导,而要去向群众唱出"莲花落"讨几个铜板来生活,受受群众的教训。①

"文丐"原本是一个贬义词。瞿秋白偏好用文丐这个词来形容被反动政府收买的资产阶级知识分子,多少带有一点嘲讽和蔑视的意味。不过由于当时所处的政治环境问题,这种褒贬可能会有误差。比如,在1931年6月的《学阀万岁》一文中,他用文丐来指称蒋光慈和苏俄的季谟夫·别德内依:"蒋光慈的创作还不过是小反动的文学,够不上大反动的资格。而Demian Bedny 却是俄国红匪的大反动的文丐,他会运用下流俗语做诗歌,做出来就有许多变成五更调那样通行的小调,造谣惑众的能力很大……"②尽管这两人在当时都被认为有"反革命"嫌疑,瞿秋白也将其定义为"小反动"和"大反动",但以今日的后见之明看,当时对此二人身份的定性显然是有问题的,给他们扣上"文丐"的帽子并不妥当。然而换个角度看,这一番描述虽然不能给蒋光慈们的身份定位,但却给"文丐"贴上了"反动"的标签,有利于加深我们对这一概念的理解。瞿秋白在后来反复使用"文丐"这一概念。仅在《普洛大众文艺的现实问题》一文中就用了不下三次,除了前引"工农所豢养的文丐"外,还有"章回体的市侩文丐"和"绅商豢养的文丐"③等不同措辞,后面这两个"文丐"明显也有贬

---

① 史铁儿:《普洛大众文艺的现实问题》,北京大学、北京师范大学、北京师范学院中文系中国现代文学教研室主编:《文学运动史料选》(第二册),上海教育出版社,第388—389页。

② 瞿秋白:《学阀万岁》,《瞿秋白文集》(文学编第三卷),人民文学出版社,1989年版,第197页。

③ 史铁儿:《普洛大众文艺的现实问题》,北京大学、北京师范大学、北京师范学院中文系中国现代文学教研室主编:《文学运动史料选》(第二册),上海教育出版社,1979年版,第375、383页。

损之意。可以说,在瞿秋白所设定的"文丐"的多种面孔中,大多是思想落后甚至反动的,只有"工农所豢养的文丐"是贬词褒用,是要作家们完全放下身段,真正沉到群众中间去接受"群众的教训"。很显然,这种"教训"主要是语言上的,因为"普洛大众文艺要用现代话来写,要用读出来听得懂的话来写,这是普洛大众文艺的一切问题的先决问题"①,而创造这种现代话或者说"现代的中国普通话"的,正是这些"五方杂处"的大城市和工厂里的"群众"。概言之,学习群众的"普通话"才是通向大众文艺的必由之路。

(三)"现代"与"新":并不普通的"普通话"

在谈到普洛大众文艺"用什么话写"时,瞿秋白不止一次地表达过"用俗话写一切文章",将大众"口头上的话"转变为"书面上的话",并认为"事情其实很简单,只要把自己嘴里的话写出来"就可以。② 毋庸讳言,瞿秋白把一个复杂的文艺创作过程看得太过简单了。正因为此,茅盾才会写下《问题中的大众文艺》,提出"技术是主,'文字本身'是末"的观点来质疑他的大众文艺观。

今天看来,茅盾强调文学创作的"技术"路线也不太合理,但在当时却正好击中了瞿秋白的软肋。针对瞿秋白一味强调大众文艺的"大众"一面,文学家出身的茅盾则提醒其注意大众文艺的"文艺"一面:"大众文艺既是文艺,所以在读得出听得懂的起码条件而外,还有一个主要条件,就是必须能够使听者或读者感动,这感动的力量却不在一篇作品所用的'文字的素质',而在借文字作媒介所表现出来的动作,就是描写的手法。"并指出:"旧小说之所以更能接近大众,不在'文字本身',——就是读得出听得懂,而在那种只用很少很扼要的几句写一个动作,又连接许多动作来衬托出人物的悲欢愤怒的境遇,刻画出人物的性格,等等描写法。"

---

① 史铁儿:《普洛大众文艺的现实问题》,北京大学、北京师范大学、北京师范学院中文系中国现代文学教研室主编:《文学运动史料选》(第二册),上海教育出版社,1979年版,第378页。
② 同上书,第374—378页。

他认为革命文艺之所以不能接近大众,不能成为"大众文艺","新文言"——五四白话不能"独负其罪","不能单把作为工具的'文字本身'开刀了事"。言下之意,是革命文艺的"文学性"的缺失赶跑了大众,文字倒在其次。因为在茅盾看来,群众对语言文字的掌握本身就存在差异:对于那些"西瓜大字仅能识上一担的一般群众"来说,无论是"旧白话"还是"新文言",他们都读不懂;而那些"读过几年'蒙馆',识上了千把个字,可是'虚字不通'的一种特别'文盲'",则可以读得懂听得懂旧小说的白话,但对于"新文言"相对隔膜;而"现在专读'新文言'的白话小学教科书的小学二三年生"则正好相反。① 茅盾在这里也并不是要完全否定"文字本身"的改革,他承认现阶段大众在语言文字接受方面的差异性,只是为了说明,并不存在一种通用于大众文艺的语言,即便是瞿秋白主张的"普通话",也并不具备适用于全体大众的可能性。他在对"五方杂处"的大都市如上海的各类工人所操语言进行实地调查后指出:"上海的新兴阶级的普通话还是一种上海白做骨子的'南方话'。……因此,即使在一地的新兴阶级有其'普通话',而在全国却没有。宋阳先生(瞿秋白)所描写得活龙活现的'真正的现代中国话'何尝真正存在。新兴阶级中并无此全国范围的'中国话'!"而且大城市里的客籍工人的"南腔北调的救急的'普通话'","只能勉强达意通话(犹之洋泾浜),不能做文艺的工具"。② 如此一来,瞿秋白精心建构的"现代的中国普通话"就被茅盾彻底解构,而成了一种并不存在的语言,更谈不上作为普洛大众文艺的"先决条件"了。

这种釜底抽薪式的批评理所当然地激起了瞿秋白的反击。尽管他用了两倍多的篇幅来一一反驳茅盾的观点,看起来步步为营,逻辑谨严,但就"现代的中国普通话"是否存在以及"文字本身"是否为末这两个问题而言,瞿秋白的辩驳却并没有那么地理直气壮。针对"现代的中国普通

---

① 茅盾:《问题中的大众文艺》,北京大学、北京师范大学、北京师范学院中文系中国现代文学教研室主编:《文学运动史料选》(第二册),上海教育出版社,1979年版,第400—405页。
② 同上书,第406—407页。

话"是否存在的问题,他的回应是:"其实,我也并没有说全国范围的口音完全统一的中国话已经存在。我说的是:'新兴阶级的言语事实上已经在产生着一种中国的普通话。'"①从论辩的角度看,这样的说辞已经落了下风,似乎还有一点难以自圆其说的"示弱"意味,"已经在产生着",但是还没有完全形成等于承认了这种普通话并没有"真正存在"。这正好掉入了茅盾论证逻辑的第一层:"(一)事实上未有真正现代'中国话'。"然而茅盾的论辩还留了一个后手:"(二)宋阳先生心目中的'真正现代中国话'还不够文学描写上的使用。"也就是说,大众文艺的语言还要"能担任文学描写的责任",这种正在形成的、临时应急的、"达意通话"都显得很勉强的普通话自然还"不能做文艺的工具"。② 这显然比瞿秋白强调的"只要把嘴里的话写出来"要高明得多。

或许正是受到了茅盾密不透风的论证逻辑的影响,瞿秋白也不再觉得"事情其实很简单",而是顺着茅盾的思路来探讨"技术是主"的问题。他明确表示自己并非"把作为工具的文字本身开刀了事","是从解决'文字本身'开始,而不是就此'了事'",并且还特意否定了此前他给"普洛大众文艺"所用语言制定的标准,称"以为只要大众听得懂得话,就算是大众文艺"是对他的"误解"③,以此来打消别人对他简单粗暴处理大众文艺语言问题的顾虑。联想到他在《普洛大众文艺的现实问题》一文中的相关表述,这样的"误解"不能不说是有理有据的。但正如瞿秋白所辩解的那样,作为一种"可以做几万万人的工具,被几万万人使用,使几万万人都能够有学习艺术的可能……造成一种比文言更优美的文字"④的普通话,其实并没有我们想象中的那样简单:

---

① 瞿秋白:《再论大众文艺答止敬》,北京大学、北京师范大学、北京师范学院中文系中国现代文学教研室主编:《文学运动史料选》(第二册),上海教育出版社,1979年版,第415—416页。
② 茅盾:《问题中的大众文艺》,北京大学、北京师范大学、北京师范学院中文系中国现代文学教研室主编:《文学运动史料选》(第二册),上海教育出版社,1979年版,第407—408页。
③ 瞿秋白:《再论大众文艺答止敬》,北京大学、北京师范大学、北京师范学院中文系中国现代文学教研室主编:《文学运动史料选》(第二册),上海教育出版社,1979年版,第417页。
④ 同上书,第429页。

（一）不是农民的原始的言语，而能够接受政治技术科学艺术等等的丰富的字眼；（二）也不是绅士等级的言语，不会盲目的抄袭欧洲日本的文法而只从古代汉文里去找些看得懂而听不懂的"象形字"来勉强应付现代化的生活；（三）并且不是用某一地方的土话勉强各省的民众采用做国语，也不是偏僻的固定的"乡下人"的言语，而是容易接受别地方的方言成集的言语。①

要满足以上所有的条件，这种"普通话"几乎不可能真正存在。然而瞿秋白又并非只是出于和茅盾论辩的需要，故意提高他心目中的"文字的素质"，以证明这种"普通话"不只是满足"读得出听得懂的起码条件"，还够得上"描写的手法"。事实上，瞿秋白的"现代普通话的新中国文"理论在与茅盾论战前的《鬼门关以外的战争》中就已经表述得较为清晰。既"现代"又"新"，这是他的"第三次文学革命"的理想。在他大约一年前所描绘的这个理想中，就提出了"三化"原则：现代化、欧洲化和罗马化，可谓"现代感"和"新意"十足。他所谓的"现代化"，是指"必须写现在人口头上讲的话"，他认为当时人们口头上讲的已经是"多音节的有语尾的中国话"，简单点说，他的"现代"指向"现在"，但也并不完全排斥文言，只要是"遵照现代化的原则"，也就是现在人的口语表达标准，就可以用"文言的材料"来"制造许多新的字眼"。提倡"欧洲化"则有点意外。瞿秋白反对五四白话最主要的一点大概就是"欧化"，就在同一篇文章中，他还批评五四的"新式白话"是只有欧化智识阶级才能懂的"非驴非马的"言语，其中多少隐含着批评这种大众所不能懂的语言是"欧化"所致的意味，但在这里又认为"中国言语的欧化是可以的，是需要的，是不可避免的"，只不过"必须有正确的方法"，要"合于中国言语自己的规律"。他还特意从"字法""句法""章法"三个方面来举例说明如何才能"正确"地欧化。至于罗马化，对于一般大众来说，则更是"全新"的，因为采用罗马字母就是

---

① 瞿秋白：《再论大众文艺答止敬》，北京大学、北京师范大学、北京师范学院中文系中国现代文学教研室主编：《文学运动史料选》（第二册），上海教育出版社，1979年版，第428页。

要"根本废除汉字"。这样的言论在新世纪派的世界语主张和钱玄同等人的汉字革命思想中就有,鲁迅也一直是国语罗马化或汉字拉丁化的坚定支持者。他们本质上都受到了西方语音中心主义语言观的影响,认为表音文字才能实现真正的言文一致。瞿秋白的罗马化则还有语言文字大众化的考虑,他认为汉字是"十分困难的符号",特别是"对于'平民下等人',简直是活受罪","汉字存在一天,中国的文字就一天不能和言语一致",在他看来,废除汉字对平民大众没有影响,因为"汉字不是现代中国四万万人的文字,而只是古代中国遗留下来的士大夫——百分之三四的中国人的文字"。[①] 然而他可能忽略了一个事实:罗马化的"新的言语"对于"百分之三四的中国人"来说并不难掌握,而对于四万万的平民大众来说,则可能是一个"新"的困难。换句话说,无论是瞿秋白与茅盾辩驳时所描述的"可以做几万万人的工具"的普通话,还是他擘画的"现代普通话的新中国文"理想,都并不"普通"。不排斥文言,同时还主张欧化,甚至还要"罗马化",这种"新的言语"与五四白话也并无实质性差别,甚至可能比他所批判的五四白话离大众更加遥远。

从"第三次文学革命"到做"工农豢养的文丐",瞿秋白的文艺大众化思想既有延续五四文学革命的痕迹,又有革命文学的极端政治化思维特征。在他看来,文艺大众化绝不是一场简单的文学运动,"这是要来一个新的,新兴阶级领导之下的文艺复兴运动,新兴阶级领导之下的文化革命和文学革命;这是新兴阶级来领导肃清封建意识的文化斗争,彻底执行这个民权主义的任务"[②]。瞿秋白的思路是"五四"式的:文艺大众化运动就是五四式的"文学革命",但他的思想却是"反五四"的:就其思想革命的性质而言,文艺大众化不是重复五四,而是颠覆五四。五四文学革命是中国资产阶级领导的思想文化革命,因而五四的新式白话就是资产阶级意识形态的反映;"第三次文学革命"是新兴阶级领导的文化革命,它不仅要肃清封建意

---

① 瞿秋白:《鬼门关以外的战争》,《瞿秋白文集》(文学编第三卷),人民文学出版社,1989年版,第165—169页。
② 瞿秋白:《大众文艺的问题》,北京大学、北京师范大学、北京师范学院中文系中国现代文学教研室主编:《文学运动史料选》(第二册),上海教育出版社,1979年版,第392页。

识,而且要反对"竭力维持封建意识"的资产阶级,所以为资产阶级服务的"新文言"——五四白话也要扫除掉,而代之以新兴阶级的"现代的中国普通话"。换言之,文艺大众化不仅仅是一场"言文一致"的文学语言革命,还是一场两个阶级及其所代表的政党之间的政治斗争。难怪梁实秋几十年后对于20世纪30年代的左翼文坛论争会发出这样的感慨:"我发现所谓普罗文学运动,不是一种文学运动,是利用文学做武器的一种政治运动。"①

三、大众语文:"言文一致"的民族寓言

一般认为,"大众语"是1934年才出现的概念。作为固定的名词,它集中出现于这年5月至8月的大众语讨论期间。不过类似于大众语的概念早已出现,革命文学运动时期就有了"农工大众的用语"的说法,左联成立后,"文艺大众化"一时成为无产阶级革命文学的方向,学习和采用大众的语言是文学大众化的"先决条件",从这个意义上说,尽管此前没有使用"大众语"这一概念,但有关大众语的讨论其实早已开始。然而我们把大众语的历史拉得越长,越难得出一个统一的"大众语"概念,因为在"大众语"的旗帜下,汇聚了太多不同的声音。实际上在大众语讨论最热烈的那几个月,何谓大众语也是聚讼纷纭。黎锦熙因此而对"大众语"心存疑惑。他认为:"'大众语'这个名词……简直不知道它和'国语'或'白话'有甚么异同!"并指出,即便承认它与"国语"或"白话"不同,那它也是一个充满歧见的概念,至少可以做三种理解:(1)"'大众语'是所谓'无产阶级'的语言";(2)"'大众语'是各样各色的方言";(3)"'大众语'是交通发达、往来密切、自然混合、南腔北调的普通话"。② 这样的描述大致与史实相符。若依此三方面来定义的话,瞿秋白所谓的"现代的中国普通话"完全契合"大众语"之意,只不过他没有明确使用"大众语"这一概念而已。不过茅盾早就指出,"现代的中国普通话"其实并不存在。

---

① 转引自尹雪曼:《中华民国文艺史》,正中书局,1975年版,第52页。
② 黎锦熙:《国语运动史纲》,商务印书馆,2011年版,"序"第4—13页。

这难免使人产生这样的疑问:究竟有没有大众语?

(一)缺席的"大众":"反文言"与大众语想象

如前所述,"大众语"应该是文艺大众化运动自然推进过程中合乎逻辑的内在要求,但它的出现还有显在的原因。直接引发"大众语"大讨论的是汪懋祖、许梦因等人发起的"文言复兴运动",亦称为"中小学文言运动"。汪懋祖于1934年5月在《时代公论》周刊第110号发表《禁习文言与强令读经》一文,主张学校恢复文言教育,提倡中小学生普遍学习文言,反对白话文;并对湖广军阀何健、陈济棠的尊孔读经大加赞扬。这种"不识时务"的论调随即遭到了来自陈望道、陈子展、胡愈之、陶行知、鲁迅等文化教育界人士的严厉批评。由于白话已经深入人心,这股复兴文言的逆流很快被打压,但讨论并没有因此打住。受文艺大众化语言变革的整体"氛围"影响,加上"文言复兴运动"对五四白话的"批评",人们对五四以来新文学的缺点也有了更为明确的认识,补救白话之失的大众语进而被想象出来,论争马上又转向了大众语的讨论。于是,一个文言、白话、大众语的"进化"图景逐渐清晰起来。

首先提出"大众语"的是陈子展,文言、白话、大众语的"进化"图景也为他所设计。他把大众语想象为对白话的进一步"优化":"从前为了要补救文言的许多缺陷,不能不提倡白话,现在为了要纠正白话文学的许多缺点,不能不提倡大众语。""优"在何处?陈子展的区分是:白话"只是知识分子一个阶层的东西","还不是大众的语言",而大众语是"大众说得出,听得懂,看得明白的语言文字"。正如文言、白话分别为不同阶级的语言一样,大众语也带有阶级属性。为此他又"想象"了一个大众群体:"这里所谓大众,固然不妨广泛的说是国民的全体,可是主要的分子还是占全民百分之八十以上的农民,以及手工业者,新式产业工人,小商人,店员,小贩等等。"① 无疑,他的"大众"就是无产阶级,大众语就是无产阶级

---

① 陈子展:《文言——白话——大众语》,北京大学、北京师范大学、北京师范学院中文系中国现代文学教研室主编:《文学运动史料选》(第二册),上海教育出版社,1979年版,第436—437页。

的语言。但"无产"不能等同于"无知",鲁迅就说:"即使'目不识丁'的文盲,由我看来,其实也并不如读书人所推想的那么愚蠢。他们是要智识,要新的智识,要学习,能摄取的。"①所以大众语文学尽可不必一味迎合大众,"一方面要适合大众用的语言文字,一方面还得提高大众的文化水准"。"倘若语言文字上有欧化的必要不妨欧化","有采用文言字汇的必要不妨采用"。② 但随之而来的问题是:这样的大众语与通行的白话究竟有何区别? 也许只存在阶级的区别:白话是资产阶级和小资产阶级知识分子的;大众语是无产阶级"大众"的。

除了在"说得出,听得懂,看得明白"之后添了个"写得顺手"而有所不同之外,陈望道对大众语文的认识并没有超出陈子展的视域。胡愈之、陶行知等人同样如此。前者认为自己和陈子展"不完全一致"的观点有三个方面:一是"'大众语'应该解释作'代表大众意识的语言'";二是"'大众语文'一定是接近口语的";三是"中国语言最后成为大家用的最理想的工具,必须废弃象形字,而成为拼音字"。③ 也许他自己也觉得这与二陈的观点并无本质区别,所以才说是"不完全一致"。事实上,"代表大众意识的语言"也只是比"大众的语言"在表达上更显抽象罢了。后者则又向前推进了一步。他认为,"大众语文适合大众的程度、需要和意识时,在大众本身所起的反应是高兴",因此,他将大众语解释为"大众高兴说、高兴听、高兴写、高兴看的语言文字"。④ 虽然各人的表述各有侧重,但必须承认,他们都统一于一个基本原则:大众语是"大众"这一特定群体的语言,它必须为大众所有,为大众所需,为大众所用。换言之,大众语与文言、白话的区分仍然以"阶级性"为依据。陈望道在《关于大众语

---

① 鲁迅:《门外文谈》,《鲁迅全集》(第六卷),人民文学出版社,2005年版,第104页。
② 陈子展:《文言——白话——大众语》,北京大学、北京师范大学、北京师范学院中文系中国现代文学教研室主编:《文学运动史料选》(第二册),上海教育出版社,1979年版,第437页。
③ 胡愈之:《关于大众语文》,北京大学、北京师范大学、北京师范学院中文系中国现代文学教研室主编:《文学运动史料选》(第二册),上海教育出版社,1979年版,第444页。
④ 陶行知:《大众语文运动之路》,《申报·自由谈》,1934年7月4日。

文学的建设》中曾经将这几种言语的"阶级性"绘成图表,指出五四前后的文言、白话之争是"市民语和贵族语的论战",而"市民语"又包括"教士语(语录体)"和"大众语(在宋代如评话上的用语)"两种①,即知识分子用语和一般民众的语言。提倡大众语也就意味着向代表知识阶层的"教士语"开战。

  他们保有这种大致统一的文言、白话、大众语的阶级论并不意外。一方面,倡导大众语者基本上都是受无产阶级革命文学思想影响的左翼文人,文学、语言的阶级论本就是题中应有之义;另一方面,这种大致不差的表达也与这些大众语讨论的主要发起者事先商讨达成的默契有关。据陈望道后来的回忆,采用"大众语"这个新名词来反对"文言复兴运动"是他与陈子展、乐嗣炳等人磋商后的意见,《申报·自由谈》一开始出现的大众语讨论的文章也是经过他们两次聚会议定的结果,主要撰述人如胡愈之、叶圣陶、夏丏尊、傅东华、王人路、陶行知等均为他们所约集。② 即便如此,由于大众语酝酿未久,各家的思想也难以真正统一,除了一个虚设的大众语旗号和相似的阶级论倾向之外,这场提倡大众语的统一行动并没有在"大众语"问题上完全达成共识。虽然短时间内见诸报端的讨论文章多达几百篇,但不无遗憾的是,这些论文大多概念泛化、主题模糊。以至于到最后,诸如"大众""大众语""大众意识"等基本概念的内涵都不甚了了。由于对这些概念的理解存在一定的偏差,关于大众语的讨论也就成了无主题变奏:有些人在论证大众语与方言之间的关系,有些人借机探讨民众教育的可行性问题,有些人在倡导大众语的欧化,另有一些人则在讨论大众语是由大众自身创造的,还是由知识分子帮助完成的。场面看似热闹,实质上只是众声喧哗,嘈嘈切切错杂弹,以至于一音难辨,只能慨叹:"大众语问题的实践的理论弄得非常混

---

  ① 陈望道:《关于大众语文的建设》,北京大学、北京师范大学、北京师范学院中文系中国现代文学教研室主编:《文学运动史料选》(第二册),上海教育出版社,1979年版,第439页。
  ② 参见文振庭编:《文艺大众化问题讨论资料》,上海文艺出版社,1987年版,第404、408页。

乱了。"①而一些大众语运动的边缘人则甚至对大众语本身产生怀疑,主张"先把'大众语'这个美名,完全放弃。我们来干统一语文的工作"②。

怀疑是应该的。直到今天,我们仍然无法得出一个清晰的"大众语"概念。并不是因为大众失语,而是因为我们无法确定言说的主体——大众,或者说,"大众"在大众语讨论中事实上是"缺席"的。在大众语运动的历史语境中,尤其是在确认了左翼知识分子主导大众语运动这一事实之后,给大众贴上无产阶级的标签似乎也无可争议。而无论是在1942年毛泽东的经典表述中,还是在陈子展的定义里,知识分子基本上都是被排除在无产阶级之外的。知识分子似乎成了大众的对立面,至少在语言上是这样。曹聚仁在当时的《社会月报》上发出的一封征求大众语运动意见的信中,提出了五个问题,其中第三个就是:"白话文成为特殊阶级(知识分子)的独占工具,和一般民众并不发生关涉;究竟如何方能使白话文成为大众的工具?"③这显然是把知识分子和大众视为两个对立的阶级,并分别置于语言的两端。而在文艺都必须"大众化"的年代里,知识分子无论如何都不应该站在大众的对立面,他们也应该成为"大众中的一个人"。只不过,知识分子怎样才能成为"大众中的一个人"?

单就语言来看,知识分子完全与一般民众保持一致是不现实的,大众内部也不可避免地存在语言上的差异。知识分子即便成为"大众"中的一员,也应该是其中"特殊"的一员。鲁迅批评了那些打着"大众"旗号的"猛将":"这一回,大众语文刚一提出,就有些猛将趁势出现了,来路是并不一样的,可是都向白话,翻译,欧化语法,新字眼进攻。他们都打着'大众'的旗,说这些东西,都为大众所不懂,所以要不得。"鲁迅的态度是辩证的:既不能"看轻了大众",也不能"听大众的自然"而"迎合大众"。他仍然坚守着知识分子的话语立场,但他同样"提倡大众语,大众文,而且书

---

① 霓璐:《为"大众语问题批评"》,文振庭编:《文艺大众化问题讨论资料》,上海文艺出版社,1987年版,第270页。
② 莫衰:《"电影大众语"检讨声中之三面观》,《申报·自由谈》,1934年7月31日。
③ 参见鲁迅:《答曹聚仁先生信》,《鲁迅全集》(第六卷),人民文学出版社,2005年版,第81页。

法更必须拉丁化",他所不能认同的是大众语文"越俗,就越好"①,也决不认同那种刻意模仿大众的语言而自以为成了"大众"一员的知识分子的做法,他甚至不无尖刻地讽刺道:"如果也照样的写着'这妈的天气真是妈的,妈的再这样,什么都要妈的了',那么于大众有什么益处呢?"②其实,在知识分子与大众之间,鲁迅并不曾划出截然的鸿沟(虽然他也承认存在区别),知识分子本身就是"大众中的一个人",但他同时更应该是一个独立的人,"他不看轻自己,以为是大家的戏子,也不看轻别人,当作自己的喽罗"。这样一来,大众语文的建设自然也就不应该迎合和迁就大众,知识分子也不能放弃自己的话语权,他们应该为大众代言,引导大众"向前",而不应该"倒尽了拖住的任务"。③

鲁迅是清醒的,但在喧嚣的大众语浪潮中他的声音太微弱。在一片"向大众学习"的叫嚷声中,"猛将"们自觉地缴了自己的械。这场原本是反对"文言复兴运动"的大众语运动,基本上沿袭了瞿秋白"第三次文学革命"以及左翼文艺大众化的语言变革思路,一边"反文言",一边又急切地用大众语来否定五四白话,将白话与文言一起抛弃。可大众语在哪呢?一阵争吵过后,知识分子们并没有给出确切的答案,就悄无声息地退场。这并不意外:最有发言权的"大众"并不在场,想要成为"大众中的一个人"的知识分子事实上与大众有着天然的距离,只能依靠想象来建构他们的大众语。而当他们始终把大众语当作"他者的语言"的时候,其实也就意味着他们不可能真正接近大众语。

(二)大众语文学:"汉字拉丁化"与"大众"作家想象

索绪尔曾用硬币的两面来比拟概念和音响形象不可分割的关系,以此描述大众语与大众文同样适用。从一开始,大众语运动就是作为一场

---

① 鲁迅:《门外文谈》,《鲁迅全集》(第六卷),人民文学出版社,2005年版,第103—104页。
② 鲁迅:《答曹聚仁先生信》,《鲁迅全集》(第六卷),人民文学出版社,2005年版,第79页。
③ 鲁迅:《门外文谈》,《鲁迅全集》(第六卷),人民文学出版社,2005年版,第104—105页。

文学运动而展开的,大众语运动的目的就是要实现"话文合一",提倡"大众语文学"。据曹聚仁的回忆,陈子展的《文言——白话——大众语》是大众语运动的开场锣鼓,首先喊出"大众语"口号,紧接着就是他的《大众语文学的实际》,该文实质上就是他们几个运动发起人所提出的"大众语文学"的宣言:"一,大众语文学不仅是写给大众看大众听的,而是大众自己所写的。以往的文言文和白话文,可说是知识分子(士大夫)的专利品,运用文字这工具的人,至多不过占大众百分之五。现在要使大众来运用这工具,由大众来创作大众语文学,所以开宗明义第一件事,就是要从农民、工人、店员中训练起大众作家来。二,语言和文字绝对一致,在最近将来还是不可能;除非纸片上收音成为事实。大众语文学的基础工作,先要在方言文学上奠定基础。……我们应该发展多元的方言文学,即是使大众接近笔头,由此逐渐可以完成一元的大众语文学。三,大众语文学不仅是形式问题,而是意识问题,我们并不必'言必雅驯',却不妨如'引车卖浆之徒',大胆采用口头语。四,我们要重新编订活的大众语文辞典。"①从陈望道、胡愈之、叶圣陶、王任叔等人的相关讨论文章亦可看出,大众语运动基本上就是以"大众语文""大众语文学"为讨论中心的。

　　他们对于大众语文学的热情是难以想象的,而更加难以想象的是,在高密度的理论轰炸之后,他们所设想的大众语文学时代并没有到来! 在这个意义上,可以说大众语运动是一场彻底失败的语言文学运动。虽然20世纪40年代的"民族形式"的讨论本质上也是一场不尽如人意的文艺大众化运动,但它多少还是掀起了"中国气派和中国作风"的文学创作热潮,新民歌运动也颇有成效,而且还收获了以赵树理为代表的"山药蛋派"等一批大众化作家及其大众化作品。而20世纪30年代大众语文学的创作园地基本上是一片荒芜。30年代当然也不乏以所谓的"大众语"创作的左翼作家,例如丁玲在《水》中就故意用"杂种""操你妈"等所谓的大众语词汇来写一群暴动的"大众",张天翼的文学语言也如胡风所批评的那样:"他的工人兵士好象每个人都成天不离'你妈的','你奶奶','操

---

① 曹聚仁:《我与我的世界》,人民文学出版社,1983年版,第465页。

你归了包堆的祖宗'……"①他们都尽量以这种大众的语言来写大众的生活,以标榜他们大众作家的身份。不过,难道"大众语"就是这样一种粗俗不堪的语言吗?大概"大众"首先就不会答应,其次那些大众语的倡导者们也不会认同。用鲁迅的话来说,这是"看轻了大众",是"要成为大众的新帮闲的"。②其实他们自己也知道这并不是实在的大众语,可真正的大众语又是什么样子?他们同样不知道。于是,他们只好用这样的语汇来表明自己的立场——他们只好如此,这正是问题的关键所在。

既然大众语始终只是停留在知识分子的想象之中,那所谓的大众语文学也就永远不会有实现的可能。大众语文运动热潮的迅速消退,就在于它缺乏现实的可操作性。陈子展说:"标准的大众语,似乎还得靠将来大众语文学家的作品来规定。"③其中的逻辑与胡适在《建设的文学革命论》中提出的"若要造国语,先须造国语的文学。有了国语的文学,自然有国语"④思路惊人地一致,可是,谁来担当这大众语文学家的大任?当始终处在大众外围的时候,知识分子似乎难堪大任,因为他们的作品与其说是"大众"的,不如说是对"大众"的某种想象。他们只能像丁玲、张天翼那样,混在大众中间说几句粗俗的行话,而不可能用他们手中的笔"说"出真正的大众语。既如此,大众自身就责无旁贷了。"大众语文学"的发起者们也正是这样认为的:"大众语文学不仅是写给大众看大众听的,而是大众自己所写的。""要使大众来运用这工具,由大众来创作大众语文学,所以开宗明义第一件事,就是要从农民、工人、店员中训练起大众作家来。"⑤

---

① 胡风:《胡风评论集》(上),人民文学出版社,1984年版,第51页。
② 鲁迅:《门外文谈》,《鲁迅全集》(第六卷),人民文学出版社,2005年版,第103—104页。
③ 陈子展:《文言——白话——大众语》,北京大学、北京师范大学、北京师范学院中文系中国现代文学教研室主编:《文学运动史料选》(第二册),上海教育出版社,1979年版,第437页。
④ 胡适:《建设的文学革命论》,欧阳哲生编:《胡适文集》(2),北京大学出版社,2013年版,第44页。
⑤ 曹聚仁:《我与我的世界》,人民文学出版社,1983年版,第465页。

大众并不是不能成为文学家。鲁迅不无深刻地指出,"不识字的文盲群里……作家却有的","人类是在未有文字之前,就有了创作的","就是《诗经》的《国风》里的东西,好许多也是不识字的无名氏的作品,因为比较的优秀,大家口口相传的"。① 然而,"汉字和大众,是势不两立的"。不识字的文学家固然有,但若要大众用汉字记录自己的语言,从而创作出所谓的大众语文学却是不可能的。所以鲁迅接着说:"要推行大众语文,必须用罗马字拼音(即拉丁化)。"而且"普及拉丁化,要在大众自掌教育的时候"。② 这是唯一的一条出路,也是一条通向语言乌托邦之路。历史已经证明,完全以西方的表音文字代替中国几千年的表意文字,不仅在当时行不通,就是在中西方文化的交流与碰撞如此频繁而密切的今天,依然行不通。鲁迅主张汉字拉丁化,甚至认为"汉字不灭,中国必亡",这是他的"文化偏至论",在某种程度上可以说是一种斥传统而亲西方的文化心态所致。他认为普及拉丁化"要在大众自掌教育的时候",这是在眺望未来,但这回他的视线模糊了:假如大众真有"自掌教育"的一天,汉字还有拉丁化的必要吗? 至少今天的"大众"已经不再与汉字"势不两立"了。四十七年后的茅盾深有感触地说:"现在看来,当时我们都有点急躁,把废除汉字看得太简单了。而且有的观点也太偏激。"③ 当然,汉字拉丁化的努力也没有完全白费,今天的我们多少都从汉语拼音中受益。但一切正如李欧梵所言:"这种天真的乌托邦式的语言理论,在20世纪30年代显然是无法实行的,而且也从未有效地实行过。拉丁化的文本充其量也只是阅读汉字的语音手段,不能替代汉字。"④

无论当时的知识分子怎样地被引导着"联系群众,表现群众,把自己

---

① 鲁迅:《门外文谈》,《鲁迅全集》(第六卷),人民文学出版社,2005年版,第96页。
② 鲁迅:《答曹聚仁先生信》,《鲁迅全集》(第六卷),人民文学出版社,2005年版,第78页。
③ 茅盾:《回顾文艺大众化的讨论》,文振庭编:《文艺大众化问题讨论资料》,上海文艺出版社,1987年版,第430页。
④ [美]费正清、费维恺编:《剑桥中华民国史(1912—1949)》(下卷),刘敬坤等译,中国社会科学出版社,1994年版,第434—435页。

当作群众的忠实的代言人"①，他们始终做不出他们所期望的大众语文学来，而且也未能"从农民、工人、店员中训练起大众作家来"。真正的工农大众并没有听到他们的声音，他们还在说着自己的"方言""土话"，在随时随地创作着他们的"杭育杭育派"作品。至于所谓的"大众语文学"，其实完全与他们无关。大众语运动的倡导者们也意识到了这一点，孔另境说："现在提倡大众语文诸公自然大多是'文学之士'……现在一股劲儿呐喊的既不是街头巷尾的大众，所以执行这作计划的自然也都在知识分子的身上。"②傅东华也认为："现在参加这个讨论的人们，从某一意义讲时也未尝不可算是'特殊的群'，那末我们的这种打算是不是合于真正的大众的需要，那就只有真正的大众自己才能判断。"③可知"真正的大众"并没有和他们一起呐喊，大众语文学只是"文学之士"代替大众的"打算"。然而，"在非大众本身的'特殊者群'——如现在提出大众语文学的作家们——负担起现阶段的大众语文学建设任务的时候，如何能使语言大众化呢？换句话，这些'特殊者群'，大都为他们自身阶级所决定，比较是便于运用五四式（或买办式）的白话的。要他们更进一步创造大众语，是不可能的。"④于是，他们的"打算"只好落空，大众语文学成了知识分子的集体梦呓，呓语过后，一切复归于平静。

以历史的后见之明来看，20世纪30年代文艺大众化影响下的"大众语运动"显然过于政治化。大众语和大众语文学都与"无产阶级""革命"等概念相关联，革命、阶级、意识形态、知识分子、大众，这些政治味十足的名词完全侵占了文学、语言的领地。"大众语"已经不仅仅是一种语言的存在方式，也不单是一种口语或文学书面语，而更是一种阶级斗争背景下

---

① 毛泽东：《在延安文艺座谈会上的讲话》，《毛泽东选集》（第三卷），人民出版社，1991年版，第864页。
② 孔另境：《大众语文建设之理论与实际》，文振庭编：《文艺大众化问题讨论资料》，上海文艺出版社，1987年版，第351—353页。
③ 傅东华：《大众语问题讨论的现阶段及以后》，文振庭编：《文艺大众化问题讨论资料》，上海文艺出版社，1987年版，第228页。
④ 王任叔：《关于大众语文学的建设》，文振庭编：《文艺大众化问题讨论资料》，上海文艺出版社，1987年版，第253页。

的政治话语。从革命文学到无产阶级革命文学再到大众语文学,从"农工大众用语"到"现代的中国普通话"再到大众语,语言、文学、政治一直纠缠不清,这正是本章将这一阶段的语言、文学运动所追求的"言文一致"与政治民族主义关联系在一起的原因。其中,"大众"是串联语言、文学、阶级、政治等核心要素的关键词。从 20 世纪 20 年代末到 20 世纪 30 年代乃至 40 年代,"大众"一直是一个高频词,它从成仿吾、郭沫若的革命文学叙述中开始意识形态化,到左联时期则与无产阶级实现完美对接,此后在瞿秋白的马克思主义文艺大众化理论中大放异彩,成为语言的主宰者和文学的创造者。瞿秋白站在无产阶级大众的立场,沿着左联的文艺大众化方向,一手导演了新一轮的文言、白话之争,这次处在"死""活"两端的对立语言分别是五四式的白话和新兴阶级的普通话。他眼中的新兴阶级的普通话或者"现代的中国普通话",就是"文学的国语",也是建构新民主主义的"现代中国"的民族语言。而对于大众语论者而言,"大众"更是无可替代的理论基石,尽管"大众"事实上是"不在场"的在场,但他们在大众化基础上建构的文言、白话、大众语的民族语言"进化"图景依然清晰可见。只不过,由于知识分子与一般"大众"在语言、文学乃至思想文化方面具有天然的、难以调和的矛盾,大众语和大众语文学都只能停留在理论探讨的层面上,正如大众是知识分子对自身之外的特定人群的想象的产物一样,大众语和大众语文学也只不过是知识分子所建构的语言、文学乌托邦。就此而言,知识分子想要通过一个想象的"大众语"来实现"言文一致"的文学理想,就只能是一个关于语言民族主义的政治寓言。当然,大众语运动并不是终点,在 20 世纪 40 年代的民族形式论争中,这样的乌托邦寓言还在继续。

第六章　民族与民间：民族主义与民族形式论争

"到民间去"是20世纪二三十年代"文艺大众化"运动中出现的口号，但强调民间的价值可以说是整个近代语言文学变革运动的普遍共性。从晚清白话文运动开始，白话、国语、大众语，包括瞿秋白所说的"普通话"以及后来的"民族形式"等概念，无一例外地都与民间有关。但如果我们重返历史现场，进入这些概念的不同语境，就会发现，它们所共享的"民间"其实风景各异。晚清白话关联的"民间"从语言的通俗入手，主要指向报章文体和俗文学语言对民众的启智作用；国语运动强调的"民间"则重在"方言"，努力在方言的国语化与国语的民间化、大众化之间寻求平衡；五四白话的民间立场是一种方法论，新文学作家们借助民间语言、文学资源来塑造新文学的民族品格；瞿秋白的"普通话"对接着一个"五方杂处"的无产大众塑造的民间；大众语所依托的"民间"最具民间色彩，在通俗化、大众化的口号下，"工农兵语言"似乎都不足以称为"民间语言"，民间之"民"对应的就是"农民"，"到民间去"几乎可以转换为"到农民中去"；"民族形式"与"民间形式"之间的关系是民族形式论争中的重要内容，尽管民间形式是否为民族形式的中心源泉在当时存在争议，但作为现实生活的"民间"一定是民族形式形成的基础。正是在这个意义上，我们认为，民间是梳理清末民国"言文一致"运动与民族主义之关联的重要媒介。从方言到国语，从白话到民族形式，近代语言、文学变革运动的每一个阶段都在民间找到了言文"统一"与"不统一"的和谐共存，"言"与"文"是否可以"一致"似乎只有在民间才能找到答案。这种民间立场在五四新文学运动中就表现得非常突出，而到了20世纪三四十年代得到强化,特别是在民族形式论争的过程中,"民间形式"与"民间语言"在大众化、通俗化的导引下更加闪耀着民族主义的光辉。正是以"通俗""大众"的名义,民族形式论争把民族语言、文学重新定位于民间,并由此强化了一种通俗的就是民间的、民间的就是民族的民族主义文艺观。

一、回到民间:从歌谣运动到民族形式论争

中国文学的民间传统渊源有自。从最早的《诗经》开始,到楚辞、汉乐府,再到南北朝以降蔚为大观的民歌,包括唐宋以来潜滋暗长的俗讲、变文、评话、戏曲等,都是从民间兴起的典范的文学样式。胡适的表达还更开放一些:"《三百篇》大都[是]民间匹夫匹妇、旷男怨女的哀怨之声,也就是民间半宗教半记事的哀怨之歌。后来五言诗七言诗,以至公家的乐府,他们的来源也都是由此而起的……又如诗词、小说、戏曲,皆民间故事之重演,像《诗经》、《楚辞》、五言诗、七言诗,这都是由民间文学而来。"[1]他将民间视为一切文学新变的源头,认为"一切新文学的来源都在民间。民间的小儿女,村夫农妇,痴男怨女,歌童舞妓,弹唱的,说书的,都是文学上的新形式与新风格的创造者。这是文学史的通例,古今中外都逃不出这条通例。"[2]持同样看法的不乏其人。魏建功指出:"一切文学体制的产生,几乎没有不是从民间产生出来的。"[3]钱玄同认为,"建立国语""编纂儿童文学""唤醒民众","斯三者""胥惟民间文艺是赖"。[4] 郑振铎则将"俗文学"都纳入"民间的文学",他在《中国俗文学史》中为我们梳理出了一个民间文学的伟大传统,证明了通俗的民间文学正是中国文学浪

---

[1] 胡适:《中国文学过去与来路》,欧阳哲生编:《胡适文集》(12),北京大学出版社,2013年版,第17—18页。

[2] 胡适:《白话文学史》,欧阳哲生编:《胡适文集》(8),北京大学出版社,2013年版,第147页。

[3] 魏建功:《民间文艺讲话》,转引自刘进才:《方言土语与现代汉民族共同语的建构》,《汉语言文学研究》2017年第1期,第120页。

[4] 钱玄同:《关于民间文艺·致汉年》,《钱玄同文集》(第三卷),中国人民大学出版社,1999年版,第299页。

潮翻涌的中心源泉。可以见出,五四时期对民间文学资源的清理是全面而深刻的,是新文学作家自觉为中国新文学开辟新路的集体行为。在新文学语言、形式等受欧化影响严重,普遍强调以西方文学经典为范本的潮流下,民间文学资源的挖掘无疑为新文学的发展注入了新的活力。事实上,在新文化运动之初,刘半农、周作人和顾颉刚等人就发起了一场民间文学运动,这场运动以《歌谣》周刊、《国语周刊》等为阵地,立足民歌谣谚的收集整理,为寻求"言文一致"的新文学和国语挖掘了民间文学、语言素材,在"言""文"不断走向拼音化、欧化的过程中,提供了一个民族语言本位的"言文一致"改革新路径。欧化还是本土化、方言化,这个在吴稚晖和章太炎的"万国新语"论辩中就存在的论题,至此又有了新的时代内容,而其影响一直持续到20世纪三四十年代。毋庸讳言,20世纪40年代的民族形式论争就是这一论题的持续。而为了更顺畅地理解"民族形式论争"的相关问题,从源头上梳理五四以来的"民间"立场就显得很有必要。

(一)歌谣运动:"回到民间"的偶然与必然

五四对民间文学的重视缘起于歌谣运动,这场运动的发起有一定的偶然性。据刘半农自述,征集歌谣的建议是他与沈尹默在一次雪后漫步闲聊中提出来的,这个经典细节在后来经常被人提及,兹录如下:

> 这已是九年以前的事了。那天,正是大雪之后,我与尹默在北河沿闲走着,我忽然说:"歌谣中也有很好的文章,我们何妨征集一下呢?"尹默说:"你这个意思很好。你去拟个办法,我们请蔡(元培)先生用北大的名义征集就是了。"第二天我将章程拟好,蔡先生看了一看,随即批交文牍处印刷五千份,分寄各省官厅学校。中国征集歌谣的事业,就从此开场了。①

---

① 刘半农:《〈国外民歌译〉自序》,鲍晶编:《刘半农研究资料》,天津人民出版社,1988年版,第216页。

里面说到的章程就是《北京大学征集全国近世歌谣简章》，经蔡元培批复后刊登于1918年2月1日的《北京大学日刊》，为表示对此项工作的重视，蔡元培特意在《简章》后附了《校长启事》，呼吁社会各界积极参与歌谣征集工作。这一天也被认为是歌谣运动的起点。此后的二十年间，歌谣运动持续发酵，先后经历了几次征集和研究工作的高潮，演变成了一个对整个新文学运动和国语运动都影响深远的大事件。假如我们深入剖析这场运动发生的背景以及参与者普遍的社会文化心理，不难发现，歌谣运动的发生绝非如刘半农叙述的那样"偶然"。

刘半农的"忽然说"就很令人生疑。朋友之间的散步闲聊要跳到"歌谣"之前，应该会有"相关话题"的导引。考虑到两人都是新文学运动的大将，这个"相关话题"很可能跟当时正热闹着的新文学有关。而从刘半农当时对新文学的态度来看，聊到歌谣等民间文学是很自然的事。实际上，在刘、沈的闲聊之前，刘半农对歌谣等民间文学的热情以及"走向民间"的文学立场就已经显露无遗。1917年，刘半农发表《诗与小说精神上之革新》时就认为，专讲声调格律的是"假诗"，《国风》那样的来自民间的诗才是"真诗"。1918年1月，在发表《应用文之教授》一文时，他将"半侬"改为"半农"，意味着与自己身上的"鸳蝴派""你侬我侬"思想残余告别，而转到"体农向农"的民间文学革命事业上来。一个月之后，就有了与沈尹默的"雪后闲聊"，此间的思想衔接脉络分明。

歌谣运动发生的非偶然性在新文学运动的其他发起者身上也有迹可循。胡适、陈独秀、周作人等在刚刚揭起文学革命大旗时，就将眼光投向了民间和民间文学。在胡适作于1916年10月、刊于1917年初的《文学改良刍议》中，"八不主义"的最后一条就是"不避俗语俗字"。虽然并没有明确指向民间文学，但其中使用的"活文学""白话文学"等概念几乎与民间文学等义。如果我们追溯得更远一些则会发现，正如郑振铎后来将"民间文学"等同于"俗文学"一样，胡适和他的朋友们其实也持有同样的看法。胡适在1916年2、3月间给梅光迪的信中说：

> 我到此时才把中国文学史看明白了,才认清了中国俗话文学(从宋儒的白话语录到元朝明朝的白话戏曲和白话小说)是中国的正统文学,是代表中国文学革命自然发展的趋势的。我到此时才敢正式承认中国今日需要的文学革命是用白话替代古文的革命,是用活的工具替代死的工具的革命。①

而一向反对白话文学革命的梅光迪这次居然认同了胡适的"俗话文学论",他回信说:

> 来书论宋元文学,甚启聋聩。文学革命自当从"民间文学"(Folklore, Popular poetry, Spoken language, etc.)入手,此无待言。惟非经一番大战争不可。骤言俚俗文学,必为旧派文家所讪笑攻击。但我辈正欢迎其讪笑攻击耳。②

排除这些概念上的干扰,我们基本上可以认定,胡适在倡导文学改良之时,是有着较为清晰的民间文学意识的。胡适后来在《胡适口述自传》中对于"民间文学"的发现颇为自得,将其称为"个人的新贡献":

> 但是在同一个时期——那从头到尾的整个两千年之中——还有另一条线,另一基层和它平行发展的,那个一直不断向前发展的活的民间诗歌、故事、历史故事诗、一般故事诗、巷尾街头那些职业讲古说书人所讲的评话等等不一而足。这一堆数不尽的无名艺人、作家、主妇、乡土歌唱家;那无数的男女,在千百年无穷无尽的岁月里,却发展出一种以催眠曲、民谣、民歌、民间故事、讽喻诗、讽喻故事、情诗、情歌、英雄文学、儿女文学等等方式出现的活文学。……这一个由民间

---

① 胡适:《中国新文学运动小史》,欧阳哲生编:《胡适文集》(1),北京大学出版社,2013年版,第133页。

② 同上。

兴起的生动的活文学,和一个僵化了的死文学,双线平行发展,这一在文学史上有其革命性的理论实是我首先倡导的;也是我个人[对研究中国文学史]的新贡献。①

这种事后的追述与总结多少有自我美化的嫌疑,从前引梅光迪"此无待言"的回复中可知,"民间文学"的重要意义在当时的知识界一定程度上应属共识。陈独秀在《文学革命论》中用通俗的"国民文学""社会文学""写实文学"等"三大主义"回应了胡适的文学改良的民间立场,尽管在时间上要晚于胡适的主张,但这份功劳似乎不应为胡适所独占。而从时间上论,周作人对民间文学的倡导则比胡适还要早。周作人在文学革命时期对童话、儿歌等儿童文学的关注在当时是首屈一指的,而他对童话、儿歌等儿童文学的偏爱其实正与他的民间文学观念密切相关。一个至今尚未引起研究者足够重视的细节是,周作人其实在刘半农发起征集歌谣运动之前就做过几乎同样的事情。早在1914年,周作人就利用在绍兴当教育会长的机会,在《绍兴县教育会月刊》上刊登了一则启事:"作人今欲采集儿歌童话,录为一编,以存越国土风之特色,为民俗研究儿童教育之资材。"里面还有对儿歌等的采集条例说明,即"儿歌例如越中之《一颗星》《隔桉灯》等是,又小儿谜语,及游戏时所歌,亦含在内","录记儿歌,须照本来口气记述。俗语难解处,以文言注释之。有音无字者,可以音切代之,下仍加注"。② 这与1918年刘半农拟定的《北京大学征集全国近世歌谣简章》何其相似乃尔! 不过,周作人的个人启事的效果显然难与蔡元培《校长启事》的"品牌效应"相比,据周作人自己后来回忆,在长达一年的时间里,他一共才征集到一首儿歌,这也是周作人的儿歌童话征集事件鲜有人知的缘故。但放在整个歌谣运动的背景中来看,周作人所做的这项工作对后来的歌谣运动具有导夫先路之功。因此,从胡适、陈独秀、周作

---

① 胡适:《胡适口述自传》,欧阳哲生编:《胡适文集》(1),北京大学出版社,2013年版,第380页。

② 周作人:《采集儿歌童话启》,钟叔河编:《周作人文类编》(6),湖南文艺出版社,1998年版,第503页。

人等新文学运动倡导者的这些早期主张及行事来看,刘半农、沈尹默的雪后闲聊催生的歌谣运动就有着合乎逻辑的必然性。

正是因为有着如此坚实的前期"舆论"基础,歌谣运动一经发起就迎来了征集活动的第一次高潮。据《北大日刊》后来的统计,在刘半农起草的歌谣征集简章刊发3个月内,就收到校内外的来稿80余起,采集歌谣1100余首。周作人、胡适、顾颉刚、钱玄同、朱自清、台静农等一大批新文学运动者参与其中,组织成立"歌谣研究会",创办《歌谣》周刊,推动了歌谣采集、整理和研究活动的纵深发展。

(二) "文艺的"与"学术的":民间文学与方言的双重发现

在歌谣运动的参与者中,周作人的贡献相当突出。如前所述,他对歌谣发生兴趣并开展征集活动其实比刘半农还早。但在1918年的首倡者群体中,一开始并没有周作人的名字,他是在歌谣运动的发展过程中逐渐被推到舞台中心进而成为主导者的。1918年2月1日《北京大学日刊》刊发的简章中,歌谣征集活动的倡导者有四人:沈尹默、刘半农、钱玄同、沈兼士。随后设立的北京大学歌谣征集处由沈尹默"主任一切",并编辑"选粹";刘半农负责来稿的初次审定,并编辑"汇编";钱玄同、沈兼士则负责考订方言。但在同年3月《新青年》第4卷第3号转载的简章中,"四人"变"五人",周作人加入了进来,而且排在沈兼士、钱玄同之前居于五人中间。到了9月21日,《北京大学日刊》中的《征集歌谣之进行》一文中又说,"由刘复(半农)、周作人两教授担任撰译关于歌谣之论文及记载"[1],同期"附张"中再次刊发的简章中又对人员分工做了调整,改由沈尹默、周作人"主任一切"。仅仅半年左右,周作人的地位就超越了刘半农。此后,刘半农赴欧留学,《北京大学日刊》在1920年2月3日刊发《歌谣征集处启事》,直接宣布周作人全面接管歌谣征集工作,周作人正式成为歌谣运动的主导者。

考察歌谣征集的早期人事变迁,是因为这直接关联着歌谣运动的历

---

[1] 北京大学歌谣征集处:《征集歌谣之进行》,《北京大学日刊》,1918年9月21日。

史走向。钟敬文在《"五四"前后的歌谣学运动》中曾说:

> 刘半农在那些时期,一方面从事新诗创作和发表激烈的新文学理论,另一方面又亲自采录江阴船歌,用"四句头山歌"形式仿作新民歌。他更多的是把人民诗歌作为自己创作的养料和借鉴的。沈尹默是新文学运动初期的优秀诗人之一,同时又是古典文学的研究者,他的主持歌谣搜集、编选工作,自然跟他的新诗创作和文学研究工作有密切关系。①

对于两位一直致力于新诗开拓的新文学运动大将来说,这样的评价是中肯的。刘半农自己也多次表达了倡导歌谣运动与发展"新诗"的关联,他在《〈国外民歌译〉·自序》中就认为民间歌谣"在于能用最自然的言词,最自然的声调,把最自然的情感发抒出来",并强调自己对歌谣征集的侧重点"始终是偏重在文艺的欣赏方面"。② 从歌谣征集活动的整个过程来看,发现"民间文学",从"文艺的"层面影响新文学的进程,这是歌谣运动早期最主要功能。

但在周作人成为主导者之后,歌谣运动的发展方向发生了偏移。在1922年发表的《歌谣》中,周作人指出,歌谣的研究存在两个方面:"一是文艺的,一是历史的。从文艺的方面我们可以供诗的变迁的研究,或做新诗创作的参考。……历史的研究一方面,大抵是属于民俗学的。"③ 作为新文学作家,此时的周作人对歌谣的"文艺的"功能理解与刘半农是一致的,但是加入了"历史的"研究,也就是"民俗学"研究,露出了歌谣研究的民俗学转向的端倪。到了1922年底《歌谣》周刊创刊时,这种转向则更加

---

① 钟敬文:《"五四"前后的歌谣学运动》,《钟敬文民间文学论集》(上册),上海文艺出版社,1982年版,第360页。
② 刘半农:《〈国外民歌译〉自序》,鲍晶编:《刘半农研究资料》,天津人民出版社,1988年版,第217—219页。
③ 周作人:《歌谣》,钟叔河编:《周作人文类编》(6),湖南文艺出版社,1998年版,第525页。

彻底:"本会搜集歌谣的目的共有两种,一是学术的,一是文艺的。"①摆在首位的"学术的"就是指民俗学研究,而"文艺的"已经居于其后了。然而从歌谣运动后来的发展趋势看,这一转向是否让歌谣的"学术的"研究压倒了"文艺的"方向其实不得而知。尽管歌谣运动此后的确"培育"了顾颉刚、常惠、钟敬文等一批民俗学者,有很多人甚至认为这是民俗学内部的事件,但毕竟参与其中的大多数人都是新文学运动的倡导者,他们对新文学的偏好决定了他们对歌谣的"文艺的"理解挥之不去,这从胡适、魏建功等人此后还一直在强调歌谣的"文艺的"作用就不难看出。就连周作人本人在那篇强调"学术的"《发刊词》中也不自觉地流露出对歌谣"文艺的"赞赏:"这种工作不仅是表彰现在隐藏着的光辉,还在引起将来的民族的诗的发展。"②同样令人称奇的是,后来成为《歌谣》周刊主编的民俗学者常惠,在周作人刊发"学术的"《发刊词》后,不谈民俗谈文学,竟然强调歌谣运动与"平民文学"的关联:

> 现在文学的趋势受了民间化了,要注意的全是俗不可耐的事情和一切平日的人生问题,没有功夫去写英雄的轶事,佳人的艳史了。歌谣是民俗学中的主要分子,就是平民文学的极好的材料。我们现在研究他和提倡他,可是我们一定也知道那贵族的文学从此不攻而破了。③

这当然也只是一种可能的趋势,但至少表明,"文艺的"研究自始至终都是歌谣运动的发展方向,歌谣运动与新文学运动的关系不言自明。但除了"文艺的"和"学术的"研究外,歌谣运动的意义就没有了吗?不得不说,"方言的"研究不应该被遮蔽。

---

① 周作人:《〈歌谣〉发刊词》,钟叔河编:《周作人文类编》(6),湖南文艺出版社,1998年版,第532页。
② 同上书,第533页。
③ 常惠:《我们为什么要研究歌谣》(续),《歌谣》周刊第3号,1922年12月31日。

第六章 民族与民间：民族主义与民族形式论争

所谓"学术的"民俗学研究非本书的关注内容，而"方言的"研究正与国语运动密切相关。事实上，方言一开始就被纳入了歌谣运动的范畴。在歌谣征集首倡"四人组"中，钱玄同、沈兼士两人是负责考订方言的。他们对方言的考订一方面是理解歌谣的需要，另一方面则是"创造国语"的需要。从钱玄同等人的描述看，后者其实更重要。在与潘汉年关于民间文艺的通信中，钱玄同阐明了民间文艺与国语运动之间应有的关系：

> 咱们要建立国语，应该倚仗民间文艺，因为这才是真正活泼美丽的语言：表情最真率，达意最精细，用字造句尤极自由。咱们要编纂儿童文学，也应该倚仗民间文艺，因为这才是儿童听得懂感得到趣味的语言。咱们要唤醒民众，也应该倚仗民间文艺，因为这才是老百姓说话的口吻……夫建立国语也，编纂儿童文学也，唤醒民众也，斯三者非咱们今后最切要之工作乎？而胥惟民间文艺是赖，则民间文艺之表彰，实在是当务之急啦。①

这里的民间文艺，当然包括正在被广泛征集的歌谣，甚至可以说主体就是歌谣。作为一个音韵学家和国语运动的深度参与者，钱玄同在民间文艺的海洋里发现方言的价值，并将方音与国音联系在一起，是再自然不过的事情。在同一篇文章中，钱玄同指出，"民间文艺，注音最为重要"，"有许多方言的词儿，必需依方音读，才有趣味，才有意义"，"凡是民歌，依它的原音，全首都注上音标"。② 注音字母是直到1918年才由民国政府教育部公布确立的，钱玄同主张给民歌注音，是在方音与国音之间架设桥梁，一定程度上也是对"国音京调"的纠偏。不仅如此，钱玄同同时还是一个新文学运动家，他对民间文艺中方言土语的关切也有对"国语的文学""文学的国语"的双重考虑。方言土语中事实上"埋藏着很丰富的，美

---

① 钱玄同：《关于民间文艺·致汉年》，《钱玄同文集》（第三卷），中国人民大学出版社，1999年版，第299页。
② 同上书，第299—300页。

丽的、新鲜的、自然的文艺",因此,在寻找"文学的国语"时,钱玄同还是把目光投向了民间:

> 我们坚决地相信,现在书贾编的那些《国语读本》,都是十死笨伯的话,它只合给那最低的低能儿去读,它绝对不配称为国语!配得上称为国语的只有两种:一种是民众的巧妙的圆熟的活语言,一种是天才的自由的生动的白话文;而后者又必以前者为基础。所以我们认为建立国语必须研究活语言。①

依托方言来建立国语,这是国语运动者一贯的运思,此前国音统一就出现了方音、京音与国音之争,国语也是在北方官话的基础上形成的,本质上还是方言;而主张采纳方言土语以创造土白、"明白如话"的新文学,甚至直接采用民间文艺形式来丰富新文学,也是新文学运动者的初衷。胡适、钱玄同等人都有新文学、国语运动倡导者的双重身份,他们对方言土语的创造性价值体会更深。胡适就说:"老实说罢,国语不过是最优胜的一种方言;今日的国语文学在多少年前都不过是方言的文学。正因为当时的人肯用方言作文学,敢用方言作文学,所以一千多年之中积下了不少的活文学,其中那最有普遍性的部分遂逐渐被公认为国语文学的基础。"②在他们看来,只有真正来自民间的歌谣、童话等才最符合白话文学"言文一致"的要求,而国语运动一直在寻找的汉语之"声音"也在民间的方言土语中被发现。白话新文学、国语和方言就这样在民间文学中找到了契合点,歌谣运动也就成了串联新文学与国语运动的重要阵地。在新文学和国语运动的双重(当然也可能是包含民俗学在内的三重)作用下,歌谣运动一直持续到1937年抗战全面爆发前夕才基本结束,但其影响力其实并没有消失。不难发现,从1918年歌谣运动发生时起,一种"眼光向下"

---

① 钱玄同:《关于民众文艺》,《钱玄同文集》(第三卷),中国人民大学出版社,1999年版,第163页。
② 胡适:《〈吴歌甲集〉序》,欧阳哲生编:《胡适文集》(4),北京大学出版社,2013年版,第522页。

的民间立场就一直贯穿于此后的文学、语言与思想活动中,20世纪20年代由歌谣运动引发的全国方言调查自不待言,30年代的文艺大众化和大众语讨论也与这股民间文艺的热潮密不可分,40年代的民族形式论争中对民间形式的利用和民族语言的重视,是歌谣运动停止后的民间文艺运动,然而谁又能否认作为背景的歌谣运动与其存在的关联呢?

(三)民族形式论争:旧形式与新内容

如此"赘述"歌谣运动的发生发展情况,并用一种几乎主次颠倒的方式来处理歌谣运动与民族形式论争之间的关系,只是为了凸显二者在精神意脉上的相通,以便我们更好地理解民族形式论争的民间立场。事实上,我们完全可以把40年代的民族形式论争看成此前歌谣运动的"扩大化"。歌谣运动从民间文学入手,然后切换到方言国语的场域,进而深入到民俗学的研究,本身就存在观察视野的发散性,由此引发30年代的文艺大众化运动也是情理之中的结果。在持续不断的"大众""大众语""通俗"等术语冲击下,我们有理由相信,"民间"的确是一个挖掘不尽、用之不竭的大宝藏,它对任何一个时期的文学文化来说都是不可或缺的精神资源。民族形式论争对于歌谣运动、大众语运动等来说,更多只是一个概念的转换而已,它迟早会来。如果说民族形式这一概念有什么不同的话,那可能是它凸显了"民间的就是民族的"民族主义意味。

文艺的民族形式论争的发生时间虽然基本上被定位于20世纪40年代,但其起点应该可以追溯至1938年。这年10月,毛泽东在党的六届六中全会上做了《中国共产党在民族战争中的地位》的报告,正式提出了"民族形式"问题。他指出:"马克思主义必须和我国的具体特点相结合并通过一定的民族形式才能实现。……洋八股必须废止,空洞抽象的调头必须少唱,教条主义必须休息,而代之以新鲜活泼的、为中国老百姓所喜闻乐见的中国作风和中国气派。"[①]这里的"民族形式"特指马克思主义

[①] 毛泽东:《中国共产党在民族战争中的地位》,《毛泽东选集》(第二卷),人民出版社,1991年版,第534页。

中国化的实现路径问题,但也不排除有文艺方面的思考。同年4月,毛泽东在观看秦腔《升官图》《五典坡》等戏后就曾谈到了"中国气派"的文艺形式问题,他认为秦腔是群众喜欢的文艺形式,并对当时陕甘宁边区文协负责人柯仲平说"要搞这种群众喜闻乐见的中国气派的形式"①。这表明"中国气派的形式"是毛泽东一直在思考的问题,而且首先是指文艺形式,只是完整的"中国作风和中国气派"的民族形式经典表述是在党的重要会议上以报告的方式完成而已。正因为此,毛泽东的"民族形式"问题提出之后,在文艺界引发的触动才更加明显。从1939年1月起,延安的文艺界人士就开始有计划地展开"民族形式"问题的讨论。而到了1940年召开陕甘宁边区文化协会第一次代表大会时,毛泽东在《新民主主义的政治和新民主主义的文化》的讲话中正式把"民族形式"引入文化领域:"中国文化应有自己的形式,这就是民族形式。民族的形式,新民主主义的内容——这就是我们今天的新文化。"②此后,延安的文艺工作者对民族形式问题的讨论渐入高潮,引发了一场激烈的论争。

通常认为,这场论争持续于1939—1940年,但相关的讨论其实延伸到了1942年以后;其影响的区域涉及以重庆为中心的国统区、以延安为中心的解放区和以上海为中心的沦陷区以及桂林、昆明等十几个城市;争论的核心是什么是民族形式的创造的中心源泉问题。围绕这一话题,先后出现了以向林冰为代表的"以民间形式为中心源泉"论和以葛一虹、叶以群为代表的"以五四新文艺为中心源泉"论以及在批判这两种论调基础上形成的以郭沫若、茅盾为代表的"以现实生活为中心源泉"论,当然还有在当时不合时宜的胡风的"外来形式接受论"。而所有这些争论,归根结底都与民族形式的创造是否需要或如何利用"民间形式"有关。

向林冰旗帜鲜明地指出民间形式是民族形式的创造的中心源泉,他说:"民间形式的批判的运用,是创造民族形式的起点;而民族形式的完

---

① 艾克恩编纂:《延安文艺运动纪盛(1937年1月—1948年3月)》,文化艺术出版社,1987年版,第77页。
② 毛泽东:《新民主主义论》,《毛泽东选集》(第二卷),人民出版社,1991年版,第707页。

成,则是运用民间形式的归宿。换言之,现实主义者应该在民间形式中发现民族形式的中心源泉。"①他强调民间形式与大众生活的亲密关系,认为那些民间的文艺形式是"切合文盲大众欣赏形态的口头告白的文艺形式",具有"中国老百姓所习见常闻的自己作风与自己气派",这不仅与之前已经开展的无产阶级文艺大众化运动对接,而且还有意贴近了毛泽东提倡的"中国作风与中国气派",看起来十分地"方向正确"。但向林冰可能过分强调了民间形式的通俗化的"口头告白"性质,夸大了民间形式创造民族形式的新文艺的可能性,同时又将五四以来的新文艺形式推到了民间形式的对立面,认为它是"畸形发展的都市的产物",是"大学教授,银行经理,舞女,政客以及其它小'布尔'的适切的形式"②,完全切断了五四新文艺与民间文学形式的联系,这显然是非常错误的判断。对此,葛一虹针锋相对地著文予以批判。他在《民族形式的中心源泉是在所谓"民间形式"吗?》一文中将其称为是对五四以来的新文艺的"一种含有侮辱的偏见",同时指出:"旧形式只是旧形式而已。旧形式是历史的产物,当历史向前推动了的时候,即我们的社会由封建制度的低级形态发展到民主制度的高级形态的时候,旧形式的可悲命运也只是历史博物馆里的陈列品。"然而,民间的旧形式为何还以"习见常闻"的方式存在呢?他认为这"是中国封建社会长期停滞,以及半封建的旧经济与旧政治在中国尚占着优势的反映",旧形式在"量"的方面还占了优势,但在"质"的方面,就连向林冰都不得不承认,旧形式"不及近代形式的进步与完整"。因而,不能由于"一般人民大众的知识程度低下的缘故"而降低水准用旧形式来迁就大众,而应该"继续了五四以来新文艺艰苦斗争的道路,更坚决地站在已经获得的劳绩上,来完成表现我们新思想新感情的新形

---

① 向林冰:《论"民族形式"的中心源泉》,北京大学、北京师范大学、北京师范学院中文系中国现代文学教研室主编:《文学运动史料选》(第四册),上海教育出版社,1979年版,第427页。

② 同上书,第426—428页。

式——民族形式"。① 葛一虹纠正了向林冰对五四新文艺的偏见,对于当时正在抬头的"切合文盲大众欣赏形态"的"口头告白"式的文艺大众化路线提出了批评,但同时又可以看到,他不仅否定了"民间形式"是民族形式创造的中心源泉,甚至彻底否定了整个民间的旧形式。站在历史发展观的角度,他把一切旧形式归入"历史博物馆的陈列品",在旧形式与"低水准"之间画等号,把旧形式的利用看成是"抱着旧形式的残骸而跳舞",这无疑从一种偏见走向了另一种偏见。

由于各方相持不下,重庆知识界在当年4月至6月间组织了几次关于文艺的民族形式问题的座谈会,参与座谈者包括此前撰文的向林冰、光未然、葛一虹、叶以群等数十人,但"偏见"依然存在。随着论争持续走热,郭沫若、茅盾等人也被卷入了民族形式问题的讨论中。郭沫若于1940年6月9日在《大公报》发表《"民族形式"商兑》长文。他先梳理了"民族形式"的内涵,将其简化为形式的"中国化"或"大众化",再针对前期民间文艺的旧形式与五四新文艺形式论争存在的偏颇进行了综合性批判,指出:"中国新文艺,事实上也可以说是中国旧有的两种形式——民间形式与士大夫形式——的综合统一,从民间形式取其通俗性,从士大夫形式取其艺术性,而益之以外来的因素,又成为旧有形式与外来形式的综合统一。"既如此,则"不仅民间形式当利用,就是非民间的士大夫形式也当利用"。② 这并不是对民间形式与五四新文艺形式的简单调和,而是一种基于"一个时代有一个时代的形式"的进化论文艺形式发展观。他举了古希腊的雕刻、欧洲的文艺复兴以及唐代敦煌变文等中外文艺形式的发展演变来论证其"与时俱进"的文艺形式发展观,并总结出三点意见:"(一)民间形式的中心源泉事实上是外来形式。(二)外来形式经过充分的中国化是可以成为民族形式乃至民间形式的。(三)民间形式本身有

---

① 葛一虹:《民族形式的中心源泉是在所谓"民间形式"吗?》,北京大学、北京师范大学、北京师范学院中文系中国现代文学教研室主编:《文学运动史料选》(第四册),上海教育出版社,1979年版,第432—435页。
② 郭沫若:《"民族形式"商兑》,北京大学、北京师范大学、北京师范学院中文系中国现代文学教研室主编:《文学运动史料选》(第四册),上海教育出版社,1979年版,第439、441页。

它的发展。"也就是说,民间形式、外来形式二者身并不冲突,它们都是民族形式的来源,彼此是可以和谐共存、相互转化的,不存在谁是谁的中心源泉的问题。按照这三点意见,则新文艺的"民族形式"自然也是"应时代要求而生的",它"并不是要求本民族在过去时代所已造出的任何既成形式的复活,它是要求适合于民族今日的新形式的创造"。因而,民族形式有中心源泉一说的话,那它"毫无可议的,是现实生活"。[①] 从生活中来,到生活中去,采用民众自己的言语,直接书写民众的生活,形式便自然能够"大众化",这样的形式也必然是"民族的形式"。此后,茅盾在《旧形式·民间形式·与民族形式》一文中进一步强化了郭沫若的文艺形式发展观,指出"民间形式只是封建社会所产生的落后的文艺形式","民族形式的内容将是新民主主义的新现实,和民间形式所从产生的旧封建社会完全是两个不同的历史阶段",因而民间的旧形式不可能成为新的民族形式的中心源泉。他认为,民族形式的建立是一个消化吸收古今中外的"滋养料"的发展过程,"要吸收过去民族文艺的优秀的传统,更要学习外国古典文艺以及新现实主义的伟大作品的典范,要继续发展五四以来的优秀作风,更要深入于今日的民族现实,提炼熔铸其新鲜活泼的质素"。[②] 这与郭沫若的"现实生活中心源泉"论是完全一致的。

至此,关于民族形式的中心源泉问题基本辨析清楚,郭沫若、茅盾等人的"现实生活中心源泉"论几成定论。然而,就在茅盾的文章发表不久,胡风又从斜刺杀出,发表了长达五万字的《民族形式问题——问题的提出·争点·和实践意义》,把民族形式问题重新拉回五四传统。但又与葛一虹、叶以群等立足于五四新文学的现有实绩基础的中心源泉论不同,胡风的视线拉得更远,他将五四新文艺与"封建传统"彻底断裂,认为五四新文艺是"获得了和封建文艺截然异质的、崭新的姿态"的文艺形

---

① 郭沫若:《"民族形式"商兑》,北京大学、北京师范大学、北京师范学院中文系中国现代文学教研室主编:《文学运动史料选》(第四册),上海教育出版社,1979 年版,第 442—450 页。

② 茅盾:《旧形式·民间形式·与民族形式》,北京大学、北京师范大学、北京师范学院中文系中国现代文学教研室主编:《文学运动史料选》(第四册),上海教育出版社,1979 年版,第 496—497 页。

式,是"世界进步文艺传统底一个新拓的支流",它接受了世界进步文艺的思想、方法、形式,是"国际文学影响底产儿",甚至"说它'和中国固有的文学传统划着一道巨大的鸿沟',都是对的"。[①] 不可否认,胡风从现代性的立场为五四新文艺寻找精神资源是符合五四文学革命发生的本质的,鲁迅小说"表现底深切和格式底特别"固然有果戈里和安特莱夫等国际文学的影响,但必须看到,这一新形式的成功恰恰不在于鲁迅对外来形式的"移植",而在于鲁迅小说所根植的深厚的文化传统和深切的社会现实关怀。现代性不可能劈空"移植"过来,民间文艺也不必然就是"封建文艺",胡风将五四以来的现代性文艺形式与传统的民间文艺对立的做法是不可取的,至少在当时的现实背景下,割裂民族形式与民间的关系,就必然意味着中国新文艺失去了民间、大众的广泛群众基础,"移植"过来的现代新形式也就不可避免地会产生"现代性局限"。

综上可知,"民间"自始至终都是民族形式论争中的核心概念。向林冰等人的"民间形式中心源泉"论对民间的重视是与五四歌谣运动以及20世纪30年代的文艺大众化一致的,但他们过分夸大了民间的决定性作用;葛一虹等人的"纠偏"表现了对五四新文艺路线的尊重,但他们并没有意识到五四新文艺从一开始就发现了民间文艺的伟大传统,尽管五四新文化倡导者发现的民间有一定的"士大夫气",但从民间形式中汲取滋养创造民族形式的方向并没有错,葛一虹们对五四的理解出现了偏差;胡风的民族形式论的缺陷也在于此,否认一个民间传统而直接移植一个"世界进步文艺传统",这样的现代性是不完整的;郭沫若、茅盾等人的"现实生活中心源泉"论为民族形式找到了一个深厚的民间土壤,但又不为传统的旧形式所囿,而是破除民间形式的狭隘性,"提炼熔铸其新鲜活泼的质素",赋予民族形式以"新民主主义的新现实",这样的民族形式才既是民间的,也是民族的。从这个意义上说,40年代的民族形式论争

---

① 胡风:《对于五·四革命文艺传统的一理解》,北京大学、北京师范大学、北京师范学院中文系中国现代文学教研室主编:《文学运动史料选》(第四册),上海教育出版社,1979年版,第503—505页。

既是五四以来的民间立场的有机延续,也是民族主义的"抗战建国"的文艺现实需要。

二、方言文学:作为民族形式的民间形式

尽管民间形式不是民族形式的中心源泉,但从民间形式转化为民族形式,也不一定就会"'导引'民族形式入于庸俗化与廉价化的危险",这种"抄小路""占便宜"①的方式有时也很奏效,方言文学就是一个较为成功的案例。民族形式论争后兴起的方言文学运动,是对民间语言形式如何转化为民族形式的一次有益探索,一定程度上证明了方言并非文学语言的低级形式,方言文学与国语文学具有同等重要的价值。然而,民族国家建构过程中形成的民族共同语的主流意识形态并不会给方言文学提供太大的发展空间,方言文学作为国语文学的"有益补充"似乎是它最体面的存在方式。而从"言文一致"的角度看,方言文学究竟是拉近了言文之间的距离,还是放大了言文之间的罅隙,其实也是一个值得深思的问题。

(一)历史与现实:作为"有意的主张"的方言文学

方言是最原初、最本真的人类语言,是一切的国语、标准语、共同语之母。中国的"方言"与"雅言"之别始于周代,周王朝以王畿一带的方言铸器刻铭,这种国家语言遂成"雅言",其他"五方之民"使用的语言自然就成了"方言",而从这些"方言"地区采集而来的"国风"也就成了最早的方言文学。鲁迅曾非常形象地把文学的起源归于"杭育杭育派",则最初的文学都是方言文学。只是随着"雅言"地位的确立以及文人独立创作所带来的书面语与口语分离趋势的加剧,"雅言"逐渐变成了为知识者掌握的艰深的"文言","文言文学"取代了方言文学的地位而成为文学发展的

---

① 茅盾:《旧形式·民间形式·与民族形式》,北京大学、北京师范大学、北京师范学院中文系中国现代文学教研室主编:《文学运动史料选》(第四册),上海教育出版社,1979年版,第498页。

主流,方言文学则只能厕身民间"野蛮生长"。当然,这并没有完全截断方言参与正统的"文言文学"创作的途径,文人采纳方言俗语入诗词文赋,此后一度成为值得学习模仿的创作技巧或必要的修辞,特别是到了元明以降雅、俗文学合流之际,方言侵入通俗文学的趋势非常明显,《水浒传》《金瓶梅》《醒世姻缘传》等都程度不同地掺入了山东方言,《红楼梦》作为语言艺术臻至圆熟的章回体白话小说杰作也集中采用了下江官话(南京方言)和北京话,而《海上花列传》《何典》和《九尾龟》等则大量采用了吴语方言,历来被认为是吴语方言文学的典范之作,前者还被胡适称为"吴语文学的第一部杰作"[1]。可见,方言实质上参与了中国文学发展的全过程。

但随之而来的问题是,方言参与文学创作到何种程度才可以称其为"方言文学"呢?换句话说,我们如何说《海上花列传》是方言文学,而《红楼梦》就不属于方言文学呢?这样的困惑在新文学创作中同样存在。老舍用纯正的北京方言写下了《骆驼祥子》,鲁迅的小说也时常杂有绍兴方言,但似乎从来没有人将他们的作品视为方言文学,而刘半农的《瓦釜集》则几乎被公认为"方言的诗"。这之间的"标准"是如何裁定的?至少到目前为止,我们还欠缺一个有统一"标准"的方言文学概念。尽管这一概念的使用颇有历史,但在理论上对其内涵与外延做出界定则存在困难。如果我们笼统地把文学创作中运用了方言的作品都视为"方言文学",那么几乎所有的文学作品都可以纳入方言文学的范畴,"一部中国文学史就是一部方言文学史"[2],这样的泛化无异于取消了方言文学独立存在的价值;如果要求方言文学纯粹以方言完成,那这样的方言文学事实上也不存在,即便是公认的《海上花列传》《何典》等,共同语与方言也是共存的,而且前者所占的比重并不少,显然我们也无法以方言所占比重的多寡来衡量一部作品是否为方言文学。在定性模糊和定量无衡的情况

---

[1] 胡适:《〈海上花列传〉序》,欧阳哲生编:《胡适文集》(4),北京大学出版社,2013年版,第366页。

[2] 董正宇、孙叶林:《民间话语资源的采撷与运用——论文学方言、方言文学以及当下"方言写作"》,《湖南社会科学》2005年第4期,第125页。

下,方言文学作品又是如何获得"公认"的呢?

我以为,除却真正萌生于民间的方言作品,文人创作的方言文学都是基于一种主观预设的文学语言意图的事实呈现而确立的语体写作。或者说,这种语体写作是创作者和接受者对文学语言的共同期待的结果,其中,创作者的主观语言意图是首要的和主导性的。韩邦庆在创作《海上花列传》之初就宣称:"曹雪芹撰《石头记》,皆操京语,我书安见不可以操吴语?"胡适称赞:"这是有意的主张,有计划的文学革命。"①这种"有意的主张"决定了其方言文学的质地。《醒世姻缘传》的作者同样在开篇就明示:"本传造句涉俚,用字多鄙,惟用东方土音从事。"②而最能体现这种"有意的主张"的还是刘半农,他将"重造新韵"和"增多诗体"的诗歌改良理念完全付诸《瓦釜集》中的方言诗写作实践:"集中所录,是我用江阴方言,依江阴最普通的一种民歌——'四句头山歌'——的声调,所作成的诗歌十多首。集名叫做'瓦釜',是因为我觉得中国的'黄钟'实在太多了。……因此我现在做这傻事:要试验一下,能不能尽我的力,把数千年来受尽侮辱与蔑视,打在地狱底里而没有呻吟的机会的瓦釜的声音,表现出一部分来。"③当然,光有"有意的主张"还不行,还得要有接受者基于阅读感受的"事实"确认。当这种双向期待都得以满足后,方言文学的属性才可以被判定。

这一表述肯定也不是"科学"的概念界定,只是提供一种评判"方言文学"的原则与方法。而之所以如此强调"有意的主张",一方面的确是基于方言文学历史的判断,另一方面也和民族形式论争后的方言文学现实有关。周扬曾经给文学的旧形式或者民间形式下过一个并不精确的定义,即"所谓旧形式一般地是指旧形式的民间形式,如旧白话小说、唱本、

---

① 胡适:《〈海上花列传〉序》,欧阳哲生编:《胡适文集》(4),北京大学出版社,2013年版,第368页。
② 西周生:《醒世姻缘传·凡例》,人民中国出版社,1993年版,第10页。
③ 刘半农:《寄〈瓦釜集〉稿与周启明》,《半农杂文》(第一册),星云堂书店,1934年版,第135页。

民歌、民谣以至地方戏、连环画等等"①,虽然列举得并不完全,但基本上可以反映出这样一个事实:文学的民间形式大致都和语言——确切地说是方言——有关。这也充分表明,方言是民族形式创造不可或缺的民间语言形式。

当民族形式的讨论聚焦民间的时候,"活泼的,美丽的,纯任自然的"②民众的活语言自然容易被吸引进来,这一趋势在五四歌谣运动中就表现得特别明显。前面已经提到了歌谣运动中方言的发现,但当时只是强调其与国语的关系。事实上,方言文学应该才是新文学家关注的重点。歌谣本身就是方言文学之一种,前述刘半农的《瓦釜集》就是模仿他采集家乡的《江阴船歌》创作而成,与之类似的还有顾颉刚辑录的苏州山歌集《吴歌甲集》,这部歌谣集在当时引起了非同一般的反响,除了他本人的自序外,另有胡适、钱玄同、刘半农、沈兼士、俞平伯等五人为之作序,而正是这五篇序言,引发了一场关于方言文学与国语文学关系的讨论。胡适在1918年9月发表的《答黄觉僧君〈折衷的文学革新论〉》中曾认为,"方言的文学越多,国语的文学越有取材的资料,越有浓富的内容和活泼的生命。……国语的文学造成之后,有了标准,不但不怕方言的文学与他争长,并且还要倚靠各地方言供给他的新材料,新血脉"③。此时的他虽然赞赏方言文学,但更看重的还是国语的文学,"国语的文学造成"是其文学革命的最终目标,因而他只是把方言文学视为国语文学的辅助,是国语文学取材的来源基础。俞平伯则对这种方言文学与国语文学关系的定位表示怀疑:"我有一信念,凡是真的文学,不但要使用活的话语来表现他,并应当采用真的活人的话语。所以我不但主张国语的文学,而且希望方言文学的产生。我赞成统一国语,但我却不因此赞成以国语统一文

---

① 周扬:《对旧形式利用在文学上的一个看法》,徐迺翔编:《文学的"民族形式"讨论资料》,广西人民出版社,1986年版,第160页。
② 钱玄同:《发刊辞》,《国语周刊》第1期,1925年6月14日,第1页。
③ 胡适:《答黄觉僧君〈折衷的文学革新论〉》,欧阳哲生编:《胡适文集》(2),北京大学出版社,2013年版,第84页。

学。"①他把方言文学从国语文学的附属地位中独立出来,认为方言文学无论过去、现在、将来都有存在价值,他担心以国语统一文学最终会消灭方言文学,实质上就是把方言文学和国语文学处理成了一种"此消彼长"的对立关系。在阅读了俞平伯序初稿之后,钱玄同所写的序言则有与俞氏商榷的意味。他先是对俞平伯方言文学的提倡表示"完全同意",但又表示自己身上有俞氏所不赞成的"国语热",只是这并不影响他提倡方言文学,"在我底意中,方言文学不但已有,当有,而且应当努力提倡牠。牠不但不跟国语文学背道而驰,而且牠是组成国语文学的最重要的原料。方言文学日见发达,国语文学便日见完美"。这依然是"辅助论"或"从属论"的论调,但他接着又说:"方言底本身,牠是一种独立的语言;方言文学底本身,牠是一种独立的文学。牠们底价值,与国语跟国语文学同等。牠们决不会因为有了国语文学而灭亡,牠们也决不是因为国语需要牠们做原料而保存。牠们自己发达,牠们永远存在。"②这就突破了胡适早期的"辅助论"和俞平伯的"对立论"。站在一个"国语运动家"的立场,破除了国语与方言对立的成见,把方言文学抬到与国语文学并列的位置,这是要有一定的历史眼光和自我革新的勇气的。也许正是受到了俞、钱二人对方言文学讨论的影响,胡适在晚出的序言中也更新了自己对方言文学的认知,他称赞《吴歌甲集》"是最纯粹的吴语文学","是'道地'的方言文学",并指出"今日的国语文学在多少年前都不过是方言的文学","国语的文学从方言的文学里出来,仍须要向方言的文学里去寻他的新材料,新血液,新生命"。③"新材料,新血液"等措辞看起来和早期论调一致,但若仔细推究,方言文学与国语文学的关系在这里已经由之前的"辅助论"悄悄地转换为"母子论",方言文学成为中心概念,它是国语文学之母,它与国语文学之间的主次从属关系已难以判断。

---

① 俞平伯:《〈吴歌甲集〉序》,《国语周刊》第13期,1925年9月6日,第102页。
② 钱玄同:《〈吴歌甲集〉序》,《国语周刊》第13期,1925年9月6日,第103页。
③ 胡适:《〈吴歌甲集〉序》,欧阳哲生编:《胡适文集》(4),北京大学出版社,2013年,第522—524页。

五四以来的新文学创作对方言文学的借鉴和模仿与这种基于方言文学的历史判断的"有意的主张"分不开,即便是一种简单的地方方言的掺入也与这种"有意的主张"不无关系,当然也与新文学立足民间、启蒙大众的现实需要密不可分。但就"现实"层面而言,五四新文学对民间大众语言的需求显然不那么迫切,白话文学语言资源的取径主要还是欧化语言与古白话,方言的成分相对较少。然而随着20世纪30年代文艺大众化、通俗化运动的不断推进,特别是20世纪40年代民族形式论争的开展以及《在延安文艺座谈会上的讲话》的发表,方言在"现实"层面的需要急剧加强,民族形式的"现实生活源泉"论决定了方言文学的"有意的主张"将从"现实"层面出发,而不仅仅是基于方言文学被拔高的历史了。20世纪40年代先后兴起的方言剧和方言文学运动,都是文艺大众化的"现实"需要的结果。

(二)方言剧:民族形式的创造与运用

方言剧是民族形式论争之后产生的一种文艺新形式。1940年11月,上海华光戏剧专科学校演出了由该校教授倪海曙改编的《黄昏》一剧,用地道的上海方言演绎现代话剧,开创了方言剧的先河,在当时引起了一场关于方言剧的广泛而热烈的讨论。这场讨论主要围绕"戏剧大众化"问题展开,也涉及了方言与国语的统一问题,论争者先后在《中美日报》《神州日报》《大晚报》《中国语文》《青年戏剧》等报刊上推出了40多篇讨论文章,称得上是民族形式论争的延续,是基于民族形式创造的具体实践而衍生的理论探讨。

但从后来由《中国语文》整理的《方言剧讨论编目》所收的39篇讨论文章的题目看,"民族形式"似乎并没有出现在论争者的视域,反而是"戏剧大众化"成了双方论辩的焦点。这不免令人生疑,方言剧难道不能纳入民族形式的创造中去吗?

关于这个问题,目前尚未见到有关的研讨文章展开探讨,但或许这本来就不是一个问题。换言之,方言剧是一种新造的民族形式是不言自明的。此前的民族形式论争着重探讨的是民间形式的旧形式利用,最后集中在"民族形式创造的中心源泉"上,大家关心的是如何创造民族形式,至于如何判定一种文艺新形式为民族形式,则很少论及。这在整个民族形式论争过程中基本上都是一个被悬置的问题。因而当方言剧出现的时候,人们几乎不会怀疑它的民族形式属性,实际上也没有理由怀疑,因为方言剧本身也属于民间旧形式的利用,是将旧有的民间方言与新的现代话剧结合而创造的戏剧的民族形式,这完全符合人们对民族形式创造的预期。而既然现实生活才是民族形式创造的中心源泉,新的民族形式是否与当时的文艺现实相匹配就很关键,当时的"文艺现实"最突出的问题就是如何实现文艺大众化,让文艺与工农兵的生活结合得更紧密,在戏剧领域,就是"戏剧大众化"的问题,方言剧讨论的论题集中于"戏剧大众化"也就理所当然。

方言演剧,看起来是"大众"最容易接受的戏剧形式,这理应是实现"戏剧大众化"的正常途径。方言剧的支持者们几乎无一例外地认为,语言不通俗、不为一般大众所能懂是阻碍戏剧大众化的主要原因,那些没有接受正规教育的普罗大众根本听不懂国语剧,因而采用大众自己的语言来演剧显得天经地义,几乎是让大众能看懂、听懂戏剧的唯一方式。但这个看似天经地义的问题在方言剧讨论中却成了问题。反对者们认为,"在统一语言还没有形成之前,国语是有占最大多数的大众的"[1],方言相对而言反而是"小众的"。这样的论调其实并不新鲜,大约一年前,黄药眠就在香港《大公报》上撰文,对方言的大众化提出了质疑,他说:"李文钊先生曾经提到,我们如果要真正做到大众化和中国化,我们必须更多的应用地方土语,这是完全对的。可是在这里有人说,如果作家们都用他们家乡的土语,那末结果他们的作品只有他们的同乡能懂得完全,而别的地方的人就很难懂,这样一来,岂不是反而不大众化吗? 我想在这里的确存在有一个矛盾。"[2]在反对者看来,方言的区域性特征是方言剧大众化不容忽视的劣势,黄药眠所说的"矛盾"客观存在:一方面,方言能够"通

---

[1] 幼明、立人:《答孔另境先生"方言第一"论》,《神州日报·神皋》,1940年12月7日。
[2] 黄药眠:《中国化和大众化》,《大公报·文艺副刊》(香港),1939年12月10日。

俗",是能够真正深入到工农大众中去的语言;另一方面,方言的受众基本上限于本乡本土,相对于国语而已,反而成了"小众"的语言,不利于方言剧的普及推广。从某种程度上说,这反映出他们对方言认识上的偏谬,甚至可以说他们将"国语"与"方言"之间的关系转换成了类似晚清白话文运动中的文言、白话二元对立的关系:国语是适用于更高级的文学修辞的雅化的语言,而方言只是报纸杂志用以启蒙大众、普及教育的"白话"。正是由于其中隐含着对方言的轻视,反对者才会得出这样的结论:方言剧"不能在文化发达的都会中心开展","因为那儿有更占有多数人的语言可用,更复杂的题材(内容)可取,更圆活的技巧(形式)可采;那儿……探求更高的'戏剧艺术'了"。① 虽然这里多少包含了一点方言剧如何演绎的技巧性问题探讨,但透露的更多还是方言的"小众"问题,因为在文化发达的都市,国语"更占有多数人",反"方言剧"的实质是反方言,而落脚点还是在大众化。

方言剧支持者们更是站在大众化的立场上来论证方言剧存在的价值。他们不承认方言的"小众",而坚持认为方言是最广泛的存在,无论是文化发达的都市还是偏僻落后的农村,只要有人的地方就会有方言,有方言的地方就应该有方言剧,方言剧作为"真正的'人'的戏剧,是一定在'标准国语'以外的,一定要有方言的"②。为了论证方言的普遍性,支持者们甚至采用了胡适"国语不过是最优胜的一种方言"的说法,将"国语"视为"华北方言"或"北平方言",把它与上海话、浙江话、广东话等放在同样的位置。这样的说法多少有点意气之争的意思,它主要的意义在于为方言或者方言剧争得合法性,更多的支持者还是在努力证明,无数"小众"的方言事实上是中国语言最真实的"大众化"存在。这当然没错。任何个体都生活在方言中,而国语并非人人都能说能懂,也就是说,方言比国语的受众其实更加广泛。有了这个略显"夸张"的方言的理解基础,则

---

① 石挥、龚家宝、姜旭等:《方言剧》,《小剧场(半月丛刊)》第4期,1940年12月16日,第22页。
② 易贝:《谈方言剧的语文建设性》,《中国语文》第2卷第3、4期合刊,1941年2月15日,第157页。

方言剧和国语剧到底哪个更利于戏剧大众化不辩自明。支持国语剧来推进戏剧大众化只是知识者"大众化"理论上的一厢情愿，方言剧才是具有剧场表演实践性的更容易接近大众的戏剧形式。孔另境正是基于演剧实践来回应批评者对方言剧大众化的质疑的："一切艺术大众化问题，首先必须获得大众的支持，而大众之是否支持，单凭学者的头脑和理论是不成的，重要的是实验。只有从大众接受的程度中，才能判断这些理论的价值。"①

不难看出，这场方言剧的讨论，核心在戏剧大众化问题，可是方言剧如何演绎、方言剧的内容是否足够通俗等这些足以影响戏剧大众化的因素似乎很少被提及，方言与国语的关系成了双方争论的焦点，语言形式的"小众"与"大众"被认为是决定戏剧大众化的决定性因素，一个戏剧问题就此简化为一个语言问题。也因此，这场民族形式论争延伸而来的方言剧讨论又回到了从清末就开始了的"言文一致"话题，"国语统一"和"言文一致"这两个口号在这里又呈现出对立统一的关系。一方面，作为民族共同语的国语的打造是现代民族国家建构的重要内容，统一国语的过程不可避免地会危及方言的地位及作用；另一方面，"言文一致"同样是实现民族语言变革的必然要求，言与文一致的语言才是真正为大众所接受的、普及教育、立国立民的语言，而按照黄遵宪"我手写我口"的思路和胡适"话怎么说，就怎么说"的白话语言要求，方言参与到"言文一致"的倡导中无可争议，纯粹意义上的"言文一致"就是直接用方言进行写作，然而，提倡方言写作势必又会危及统一国语的形成。方言剧讨论中反对者担心的就是方言对民族国家建构中的统一国语意识的冲击问题，而支持者更多考虑的则是普及教育、语言大众化等"言文一致"的内容，双方确实存在一定程度的"矛盾"，但并非不可调和。黎锦熙在国语运动中提出"两纲四目"，其中的"统一"与"不统一"、"普及"与"不普及"正是协调"国语统一"与"言文一致"内在矛盾的缓兵之策，这种对立统一原本就是国语建设过程中必然会面对的难题。从继之而起的方言文学运动以及中

---

① 孔另境：《对于方言剧的认识》，《青年戏剧通讯》第10期，1941年3月1日，第2页。

华人民共和国成立初期的汉语规范化运动来看,这一难题可能会成为贯穿所有语言文字改革运动始终的中心议题。

(三)方言文学运动:"言文一致"与文艺大众化

方言剧与方言文学运动,都是围绕方言展开的文艺新形式讨论,很容易看成是同一事件,但至少在时间上,二者分属不同的段落。方言剧的讨论集中于1940年底,此后虽有零星讨论文章发表,但不成气候,短时间内即归于沉寂。方言文学运动则肇始于1947年10月林洛在《正报》第8期发表《普及工作的几点意见》一文,相关讨论一直持续到1950年前后。从影响的广度和深度来看,方言剧讨论的主要集中在"上海话剧",基本上偏于上海一地;方言文学运动则以香港、广东、福建等地区为中心,辐射范围更广,涉及广州话、潮州话、客家话等多种方言,是一次历时更久、声势更为浩大、影响更加广泛的文艺运动。虽然是一前一后两场不同的文艺新形式讨论,但是它们之间的内在联系仍不容忽视。仅以方言作为共同媒介这一点而言,就足以把它们视为时间上具有承续性的一场文艺批评与实践运动的两个阶段,而更为关键的是,它们都把文艺大众化作为自己的理论基础和创作方向,方言与国语、民间与大众、"言文一致"与国语统一、民族形式与民族主义等相关概念,为它们搭建了几乎完全同质的公共空间。在这个空间里,语言"小众"还是"大众"、旧形式还是新形式、文艺重在普及还是提高等待解的难题依然存在。

茅盾曾经将方言文学运动兴起的原因归结于三个"有力的刺激":一是"无论就内容或就形式而言,都可以说是向大众化的路上跨进了大大的一步"的"解放区文学作品的陆续出版";二是"香港的市民作家的'书仔'"远比南来作家作品畅销的事实;而"最强有力的刺激"则来自"时局的开展",为了"有效地配合人民的胜利进军而发挥文艺的威力",就必须缩短"作品的语言和人民的口语其间的距离",而这,"最低限度得用他们的口语——方言"。① 细究起来,这三个"有力的刺激"其实都跟大众化有

---

① 茅盾:《杂谈方言文学》,《群众》第53期,1948年1月29日,第16—17页。

关。第一个强调走在前面的解放区大众化文艺的积极影响,第二个是指香港本地通俗作家的"大众化"写作示范,第三个则指向文艺为工农兵服务的大众语要求,所以茅盾后来干脆直接说,"在这里,问题的本质,实在是大众化","'方言'问题不但应当看作'大众化'的一面,而且必须在'大众化'的命题下去处理方言问题"①。无论是方言文学的支持方还是反对方,他们讨论的出发点都是文艺大众化。支持者华嘉(孺子牛)将这种大众化方向称为"普及第一",他说:"中国的新文艺必须为广大的要翻身的人民服务,替广大的要翻身的人民办事,这已经是我们文艺工作者的当前最重要的中心工作了。这种工作,我们就把它叫作——普及第一。"②反对者林洛、蓝玲也强调"普及",但是他们认为方言字很难认,用方言写作实际上更不容易普及,林洛就说:"我们发现一种偏向,把方言当作时髦的货色,不经选择便搬来应用,因此搬了许多可口而坏胃的东西,许多内容有毒而不经淘汰的东西。而且,写出许多广东方言来,和现在应用的文字完全脱离,连读了几十年书的人,也摸索不通,仅能认字的人就更不必说了。"③鉴于此,他们主张以浅近文字夹杂方言的形式开展创作。但是,支持者们认为这种杂糅文体是一种"知识分子的特殊文体",本质上还是"五四以后通常写在一般作品里的那种做作的欧化的、和人民的言语脱节的、大众所不易了解的白话文"。④虽然他们也赞成对那些能懂普通话的读者采用普通话夹杂方言的方式来书写,但在他们的"大众化"观念中,"普及"的对象此时已完全转换为"广大的不识字,愚昧,和没有文化的人民"⑤,那当然还是要完全采用方言书写。

华嘉等人坚持的"普及第一"、直接面向工农群众、完全用方言写作的文艺大众化与毛泽东在《在延安文艺座谈会上的讲话》所明确的大众

---

① 茅盾:《杂谈方言文学》,《群众》第53期,1948年1月29日,第16—17页。
② 孺子牛:《普及第一》,《文艺生活》第18期(新年号),1948年1月,第9页。
③ 林洛:《普及工作的几点意见》,《正报》第8期,1947年10月11日,第8页。
④ 冯乃超、荃麟:《方言问题论争总结》,《正报》第69—70期,1948年1月1日,第32、35页。
⑤ 孺子牛:《普及第一》,《文艺生活》第18期(新年号),1948年1月,第10页。

化方向一致,文艺大众化所要求的"就是我们的文艺工作者的思想感情和工农兵大众的思想感情打成一片。而要打成一片,就应当认真学习群众的语言"①。正如有些论者所指出的那样,毛泽东的《讲话》产生于香港沦陷时期,未能在香港同步传播,直到1947年左右才在香港刊行,方言文学的兴起一定程度上是南下作家学习《讲话》精神,特别是其中强调文艺大众化、为工农兵写作等内容的结果,华嘉在《正报》首倡"方言文学"口号也与学习《讲话》精神不无关系,这种政治正确性使得支持方言文学的一方在当时占了上风,冯乃超和邵荃麟的总结以及郭沫若、茅盾的表态都对方言文学给予了热情支持,郭沫若甚至将是否支持方言文学上升到"人民路线与反人民路线的对立"的政治高度,明确宣称"假使是站在人民路线的立场,毫无问题,会无条件地支持方言文学的独立性"。②

然而,理论论争上的上风并没有带来创作上的成功。侯桂新在《战后香港方言文学运动考论》一文中对此做了较为全面的分析,并直言"'方言文学'的实践者们在创作方面无疑打了败仗"。③ 文中指出,华嘉、楼栖、薛汕等一大批方言文学实践者采用广州话、客家话、潮州话等创作的时评、诗歌、小说等,普遍存在方言运用的不纯熟、不够地道的问题,这些作者依然保持知识分子的声口,未能把握大众的语腔,正如他们自己所检讨的那样,"对广东语言的缺乏认识,在运用上过于酸硬,有时甚至于像翻译小说一样从这一种语言译成另一种语言"④。这种"假方言"写作本质上还是未能深入到大众的生活中去、与群众的生活语言脱节的结果。值得注意的是,黄谷柳纯用广州话写作的《寡妇夜话》也还是没有取得意想中的成功。不得不说,方言文学作品的实际受众可能并非想象中的工农大众,而是与纯方言有一定距离的香港市民阶层,他们恐怕还是更加偏爱

---

① 毛泽东:《在延安文艺座谈会上的讲话》,《毛泽东选集》(第三卷),人民出版社,1991年版,第851页。
② 郭沫若:《当前的文艺诸问题》,《文艺生活》第1期(海外版),1948年2月,第2页。
③ 侯桂新:《战后香港方言文学运动考论》,《山西大同大学学报(社会科学版)》2014年第3期,第46页。
④ 同上。

"书仔"的畅销作品,这从同一个作者黄谷柳用"糅杂语言"写出的《虾球传》风行一时即可看出。借此或可证明,方言文学之于文艺大众化来说,理论上的意义要远远大于创作上的价值。

当然,方言文学运动的失败还有更重要的原因,那就是方言文学自身的历史"合法性"问题:在统一的现代民族国家建构过程中,方言文学的独立存在可能会对民族共同语的形成带来挑战,这在前面方言剧的讨论中已经显现。这里有必要进一步说明的是,这种挑战并不是必然的,而是历史的。当"方言的文学"足以为"国语的文学"提供"新材料,新血脉"的时候,方言就获得了等同国语甚至超越国语的合法性地位,"方言的文学"也在"国语的文学"倡导中焕发生机,以歌谣为代表的民间(方言)文学一度成为"国语的文学"的重要来源。进入20世纪30年代,在文艺大众化口号的指引下,方言与"大众语""工农兵语言"等政治性很强的概念无缝对接,特别是有了毛泽东的民族形式理论和《讲话》精神对方言作为"人民的语言"的政治加持后,方言文学的"合法性"地位又一次以一场运动的形式得以巩固。不过方言文学的这种"合法性"是有限度的。当方言在民族共同语形成过程中与国语的共谋关系瓦解,或是方言作为"人民的语言"的政治加持解除,民族共同语取代方言披上语言民族主义的政治外衣后,方言的"合法性"地位就将成为历史,"我们为统一国语,为推行国语,为扩充国语,为改良国语,自然不该避免这一个结束方言的总算账"[1],其中就隐含着方言与国语的辩证关系:统一的国语需要方言,但其目标却在"结束方言"。因而,当方言文学运动的相关讨论延伸到1949年,由于一个统一的现代民族国家正在形成,必然要求以统一的民族共同语来推进现代民族国家构建所必须的各个领域、各个层面的"共同体"建设,"经济、政治的集中便需要语言的统一和集中"[2],方言文学的区域性和分散性显然不利于这种集中,"'方言文学'这个口号不是引导着我们向前看,而是引导着我们向后看的东西;不是引导着我们走向统一,而是

---

[1] 容肇祖:《征集方言的我见》,《歌谣》周刊第35号,1923年12月2日,第1版。
[2] 邵荣芬:《统一民族语的形成过程》,《中国语文》1952年第9期,第20页。

引导着我们走向分裂的东西"①,《文艺报》在 1951 年以《编辑部的话》对邢公畹《谈"方言文学"》一文的上述总结,事实上宣布了方言文学在中华人民共和国成立初期被压制的命运。尽管当时有不少人仍在提倡方言文学,但他们也只能谨慎地强调,"在使用标准语创作时,可以而且需要适当的提炼和吸收各地的方言,来丰富自己的作品"②。而到了 1955 年 10 月,《人民日报》发表社论指出,"目前最迫切的一项工作,就是推广汉民族共同语,同时力求汉语的进一步规范化",并特别强调"在出版物中特别是文学作品中滥用方言的现象"必须纠正③,取消了方言文学在特定历史时期的"合法性"地位。

如果我们沿着方言文学的"历史合法性"再向前一步探究的话,就会发现,它最终又会回到我们一直在讨论的"言文一致"与"国语统一"话题。方言文学的存在是否具有"合法性",在不同的历史时期有不同的答案,而这个答案取决于当时的人们对"言文一致"和"国语统一"及其相互关系的理解。清末切音字运动和白话文运动都强调"因音成话""字话一律","白话"作为统一国语的内涵还较为模糊,大体上只是致力于通俗、启蒙的"言文一致"的语言文字改革,方言作为俗语、土话而受到重视,但此时还较少涉及方言文学的价值问题;五四新文学运动开始与方言文学直接挂钩,其中更多也还是考虑"言文一致"问题,但随着新文学运动与国语运动合流,"国语统一"的口号越来越响亮,在方言(文学)中发现国语、如何处理方言与国语的关系成为当时面临的主要问题,"言文一致"和"国语统一"由此成为了一组对立统一的概念,胡适、钱玄同、周作人等白话文倡导者在"国语的文学,文学的国语"的口号中把"白话"打造成了国语,方言(文学)作为白话之重要来源而获得了与国语(文学)同等的地位,但这一明显偏于"国语统一"的趋势弱化了五四白话对"言文

---

① 《编辑部的话》,《文艺报》1951 年第 3 卷第 10 期,第 13 页。
② 杨堤:《关于方言文学的几个问题》,《文艺报》1951 年第 4 卷第 5 期,第 32 页。
③ 《为促进汉字改革、推广普通话、实现汉语规范化而努力》(社论),《人民日报》,1955 年 10 月 26 日。

一致"的追求,方言融入统一国语之后事实上就背离了"言文一致"的方向,所谓的国语也就成了"非驴非马的"骡子语言而不能为大众所理解;20世纪30年代以降的文艺大众化则是对五四白话的纠偏,无论是大众语运动,或是民族形式论争,还是方言剧、方言文学运动,"国语统一"都不是人们关注的重点,"言文一致"重新成为文艺的民族形式创造最重要——有时甚至是唯一的原则,方言(文学)作为离大众最近的"言文一致"的语言(文学)而获得了无可置疑的"合法性"地位;然而,1949年中华人民共和国成立以后,统一的现代民族国家政治、经济建设更需要语言文化的统一来增强民族认同感,"言文一致"的口号不得不让位于"国语统一"的政治意识形态表达,方言文学的价值也就在"国语统一"的过程中再次被消解。邢公畹在谈到方言文学的"历史"价值时强调了它与民族共同语的矛盾:"当革命力量没有进入大城市或刚刚进入大城市的时候,我们提出'方言文学'的口号,这是正确的;当革命在全国范围内取得了胜利之后,我们要求以正在发展中的民族共同语(全民语)来创作,这也是正确的。这两个不同的口号适应于两个不同的时代,但这两个口号本身却是互相矛盾的,要求它们不矛盾是不可能的。"[①]从某种意义上说,在"言文一致"和"国语统一"之间寻求平衡可能正是这一组矛盾产生的源头。

三、"民族形式"的范本:赵树理的"言文一致"书写

赵树理可能是响应毛泽东《讲话》精神、践行"中国作风与中国气派"的文艺民族形式理论最得力的一个,他创作于20世纪40年代的《小二黑结婚》《李有才板话》等小说毫无疑问是民族形式新文艺的典范之作。赵树理曾经说过这样一段话:"文坛太高了,群众攀不上去,最好拆下来铺成

[①] 邢公畹:《关于"方言文学"的补充意见》,《文艺报》1951年第3卷第10期,第15页。

小摊子。"①"我不想上文坛,不想做文坛文学家,我只想上'文摊',写些小本子夹在卖小唱本的摊子里去赶庙会,三两个铜板可以买一本,这样一步一步地去夺取那些封建小唱本的阵地。做这样一个文摊文学家,就是我的志愿。"②从高高的"文坛"而下大众"文摊"的赵树理的创作是文学史上一个较为特殊的现象。《讲话》出来后,赵树理方向被推举为继鲁迅方向之后的一个重要的主流创作方向。赵树理是坚定的民间立场与农民中心的践行者,他的小说语言深受晋东南民间文化的滋养,用独具一格的农民式语言、充满生活口语气息的对话体、处处诙谐有趣的俚语俗话以及富有节奏韵律的快板评书形式展现了口头语言与书面语言的一致与和谐,从艺术上也高度实现了大众通俗化与民族化的有机结合。从黄遵宪到赵树理,几代语体革命者,一直也没有停下对"言文一致"的探求,如果说晚清"言文一致"运动是为了挽救岌岌可危的国家,救亡图存;五四白话文运动是为了抵制封建残余,高举民主与科学的启蒙大旗;大众语运动是为了防止文言复兴,继续文学革命;那么民族形式运动中赵树理就是通过"言文一致"的文学重申农民意识,回到民间立场,普及与提高大众文艺。

  目前关于赵树理的研究,多集中在这几个方向:赵树理个别代表作品的语言风格研究、赵树理民间本位与平民意识的探讨、赵树理方向与"赵树理的方向"的辨析、从政治话语上看赵树理的创作以及解读赵树理的当代境遇等等,较为详备。其中,语言问题是研究赵树理文学创作的核心话题,然而少有人专门从"言文一致"视角考察其小说语言的独特性。作为身处20世纪40年代文艺民族形式论争中心的"文摊"小说家,赵树理小说"言文一致"趋势明显,成为毛泽东《讲话》精神引领下的文艺"工农兵路线"的排头兵,其小说创作利用方言与民间旧形式而创造民族形式的范

---

① 陈荒煤:《向赵树理方向迈进》,黄修己编:《赵树理研究资料》,北岳文艺出版社,1985年版,第200页。
② 李普:《赵树理印象记》,黄修己编:《赵树理研究资料》,北岳文艺出版社,1985年版,第19页。

本意义不容忽视。

（一）赵树理方向与民族形式的语言问题

民族形式论争本质上并非之前语言运动的自然承续,但其文艺民族化、大众化的要求与"言文一致"运动对方言俗语、大众语的倡导不谋而合,因而往往会被认为是大众语运动的纵深延展。20世纪40年代关于民族形式论争的文艺语言问题讨论,其实蕴含着强烈的民族政治话语权意识,无论是"中国作风"还是"中国气派",其实都是要追求一条富有中国本土特色的语言道路,从而塑造国民内在主体性,确立国家统一政权。安德森在《想象的共同体》中提到在十七八世纪"资本主义的这种朝向方言化的革命性冲刺还受到了三个外部因素的进一步推动,而其中的两个因素更直接导致了民族意识的兴起"[1],第一是拉丁文自身的变化,从原来规范的教会拉丁文书写变成适应人文主义者"古典风格"新内容的书写,导致了新质语言的发生,类似于中国"方言"（白话文）的兴起挑战了"文言社会"的权威,打破了精英和平民的壁垒;第二是宗教改革而大量印刷的宣传读物,它们赋予了新语言固定性,有利于塑造出"主观的民族理念"[2],类似于中国早期刊行报纸杂志,供普通下层百姓阅读,普及文化或者塑造国民思想;第三是强大的国家行政机构力量有意识地将这种语言扩散,赋予其一定的权利话语,类似于中国编写白话文教科书、推行文艺大众化运动以及制定新民主主义文化路线等。正是因为有了这三点,人民群众拥有了可供想象的民族共同体,就有了强烈的国家意识和民族情感,从而诞生了国家和民族的形态。从日本明治时期"言文一致"运动到晚清"言文一致"运动,从本质上来说,都是为了塑造国家内在主体性,无论是日本强烈主张废除汉字的行为还是中国强烈主张保留汉字的行为,实际都是为了保留本国民族精神的魂。到了五四,提倡白话文就是

---

[1] ［美］本尼迪克特·安德森:《想象的共同体——民族主义的起源与散布》,吴叡人译,上海人民出版社,2005年版,第39页。

[2] 同上书,第44页。

想和以"文言文"为主导的封建传统迷信社会彻底做一个分割,白话文代表一种新文化,是新社会的主导。随着马克思主义传入中国,无产阶级革命思想深入人心,由毛泽东提出的"民族化、科学化、大众化"的新民主主义文化,成为文学创作的引领,这本身就包含着强烈的政治和国家色彩。新民主主义阶段是向社会主义过渡的时期,而《讲话》中的"人民大众"是这样定义的:"最广大的人民,占全人口百分之九十以上的人民,是工人(领导革命的阶级)、农民(最广大最坚决的同盟军)、兵士(革命战争的主力)和城市小资产阶级(革命的同盟者)。"①这本身就是一个完整的"政治共同体"成员,共同反抗侵略,共同为"社会主义社会"而努力。书写与创作已经不单单是为了美和欣赏,而被赋予了强烈的现实主义责任,它们还为了普及文化,为了塑造国民新思想,为了反抗侵略,为了抵抗封建的荼毒,为了宣扬社会主义,这都是特殊的民族形式赋予"言文一致"的意义。

继1942年5月毛泽东发表《在延安文艺座谈会的讲话》,并提出文学为工农兵服务的口号之后,广受赞誉的《小二黑结婚》在1943年5月发表了,接着又发表了《李有才板话》以及《李家庄的变迁》等作品,赵树理一下被文坛舆论推到了一个政治的高峰,被推举成民族文学的代表作家,被认为是毛泽东思想的具体实践方向——赵树理方向。虽然可能只是巧合,但不得不说是周扬发现了赵树理的政治价值——"'文艺座谈会'以后,艺术各部门都达到了重要的收获,开创了新的局面。赵树理同志的作品是文化创作上的一个重要收获,是毛泽东文艺思想在创作上实践的一个胜利"②,而赵树理自此也应时代要求在努力实践《讲话》的文艺方向。陈荒煤在《向赵树理方向迈进》一文中把"赵树理同志的作品的政治性"③放在首位,这被视为广大文艺工作者需要学习的重点,作品既要

---

① 毛泽东:《在延安文艺座谈会上的讲话》,《毛泽东选集》(第三卷),人民出版社,1991年版,第855页。括号中的文字为引者据《在延安文艺座谈会上的讲话》内容所加。
② 周扬:《论赵树理的创作》,《新华文摘》1947年第2卷第1期,第27页。
③ 陈荒煤:《向赵树理方向迈进》,黄修己编:《赵树理研究资料》,北岳文艺出版社,1985年版,第197页。

反映强烈的阶级情感,又要做到思想情绪与人民打成一片。基于此,赵树理方向可以说就是文艺为工农兵创作的方向,是文艺为无产阶级政治服务的方向,具有高度政治化和无产阶级意识形态化的特点,并以此来推动当时晋东南的文艺创作。

虽说赵树理可以说是践行《讲话》的标兵,但他自己觉得"方向"太高了,没觉得自己做出了多大成绩。随着革命形势的发展和局势的变化,赵树理的小说实践和现实呈现出难以跨越的鸿沟,使其创作往往达不到时代的要求与政治的期望。赵树理小说不再仅是政治的发声筒,他在和农民、农村的亲密接触中,还渐渐形成了他自己独有的风格,这主要有以下几点原因:第一,赵树理出身在农村家庭,虽然上过学,却仍然摆脱不了农村的影响,他更擅长用较为诙谐的语言塑造被封建思想所毒害,仍背负着历史传统的老一代农民以及还没蜕变的年轻一代,对于农村新人,笔法总还有些稚嫩,受民间传统文化思想影响极深;第二,赵树理描写的对象多是农民,他是坚持站在农民立场上为农民说话的作家,他的小说是为了表现农村问题的"问题小说",有时候政策的不合理变化损害到了农民的利益,他会选择同农民站在一边,并且主动反馈自己的调查和结论,比如1959年的《公社应该如何领导农业生产之我见》,正是反对苏联模式在我国农村的僵硬运作;第三,赵树理几乎所有的创作活动都是在太行山的农村,他是描绘农民的圣手,却不是一个擅长描绘工人和城市的作家,随着抗战的胜利,以农村为中心的工作终归是要转移到城市中去的,而他的创作是否能跟上时代的潮流呢?从他的创作看来,描写工人与城市的作品并不如其描写农民和农村的作品来得精彩。赵树理1949年在《致周扬》的一封信中也提出了心中的疑惑:"目前军事形势的发展与《新大众》性质的改变,似乎决定我的工作也要有些变动……继续深入农村呢,还是转向城市呢?一个无产阶级的写作工作者不了解真正'无产阶级'——产业工人的生活如何是好?这似乎应转向城市了。可是放下自己比较熟悉的对象去一个陌生的环境中探索又有什么把握呢?这样想来似乎又是不必往城市好。"①虽然最后决定转移到城市去,对工人"生疏"的描写却是必然的。以上是赵树理自己的方向,具有鲜明的大众化和民间化色彩,政治性倒不是那么强烈了。这和《讲话》所赋予意义的"赵树理方向"是有明显区别的,"赵树理的方向"是为农民写作,是没有那么多政治功利色彩的朴素的抒发,把"老百姓喜欢"放在"政治作用"之前,坚持农村现实主义题材和传统手法的现代创作;而"赵树理方向"是一种超乎文艺的政治意识形态,主体对象是"工农兵",它构成国家的共同体想象,是"文艺为政治服务"的典型,这就决定了赵树理无法走向知识者所谓的更加"形而上"意义的成功,他的"成功"更接地气。时代虽然落下了他,但是农民会记住他。

赵树理的风格是朴素而真挚的,赵树理的方向超越了五四以来的精神传统,真正把文艺做到了大众化和民族化的统一,其小说创作在民间和民族之间达到了微妙的平衡,促进了大众通俗文学的发展,其中,语言上的成功是决定性的。

(二)"言文一致"的范本:赵树理小说语言的中国气派

作为"山药蛋派"的创始人赵树理,他的作品有其独特的风格,朴实无华,通俗直白,幽默风趣,具有浓厚的乡土气息和地域特征。这正是由于赵树理是农民出身的知识分子,而且是为农民写作的作家,他作品的受众也是普通的农民群体。赵树理不但熟知农民的认知心理与审美倾向,而且擅用农民喜欢的方式,创作出了许多为农民所喜闻乐见的作品。正如1962年赵树理在广西桂林座谈会上的讲话:"我的文章大都是农民的话,因为我是想写给农民看的。写作要看对象,要看写给谁看。要写给农民看,就要写农民的话,群众不懂,就换几个字。"②赵树理十分注意口头语和书面语的统一,因为只有这样识字的农民才能看得懂,不认字的也

---

① 赵树理:《致周扬》,董大中主编:《赵树理全集》(5),北岳文艺出版社,2018年版,第227—228页。
② 赵树理:《生活·主题·人物·语言》,董大中主编:《赵树理全集》(4),北岳文艺出版社,2018年版,第534页。

能听得懂。赵树理在《语言小谈》中谈到"语言是传达思想感情的工具。为了很好地〔传达〕思想感情,在语言方面应做到以下的两点:一是叫人听得懂,一是叫人愿意听。想叫人听得懂,就须说得通;想叫人愿意听,就须说得好——或者'说得技术'。写文章和说话一样,只是把'说'变成'写',在接受者方面只是把'听'变成'读'或'看'"[1],因此赵树理的小说文本创作可以称为"言文一致"的范本,他在《也算经验》里对自己平时创作语言特点的缘由有一个简单的介绍:

> 我既是个农民出身而又上过学校的人,自然是既不得不与农民说话,又不得不与知识分子说话。有时候从学校回到家乡,向乡间父老兄弟们谈起话来,一不留心,也往往带一点学生腔,可是一带出那等腔调,立时就要遭到他们的议论,碰惯了钉子就学了点乖,以后即使向他们介绍知识分子的话,也要设法把知识分子的话翻译成他们的话来说,时候久了就变成了习惯。说话如此,写起文章来便也在这方面留神——"然而"听不惯,咱就写成"可是";"所以"生一点,咱就写成"因此";不给他们换成顺当的字眼儿,他们就不愿意看。字眼儿如此,句子也是同样的道理——句子长了人家听起来捏不到一块儿,何妨简短些多说几句:"鸡叫""狗咬"本来很习惯,何必写成"鸡在叫""狗在咬"呢?[2]

赵树理是偏爱农民的作家,他"总觉得农民的语言比较丰富、粗野、生动"[3],甚至感到"从口头上学来的语言,要比书本上学来的多一些"[4]。

---

[1] 赵树理:《语言小谈》,董大中主编:《赵树理全集》(4),北岳文艺出版社,2018年版,第449页。

[2] 赵树理:《也算经验》,董大中主编:《赵树理全集》(4),北岳文艺出版社,2018年版,第208页。

[3] 赵树理:《生活·主题·人物·语言》,董大中主编:《赵树理全集》(4),北岳文艺出版社,2018年版,第535页。

[4] 赵树理:《在中华函授学校"讲座"第四学期开学式上的讲话》,董大中主编:《赵树理全集》(4),北岳文艺出版社,2018年版,第626页。

他在语言实践上,不断汲取民间文化养料的同时,更在身体力行地践行"言文一致",真正做到了使口头语和书面语趋于统一。

1. 口语生活化的对话体

五四时期过后流行的专注个人抒情的"自叙体"和"独语体",切割了作家与读者之间的交流,赵树理的小说反其道而行之,富有行动力的人物对话和言说是重点描绘的内容。小说《盘龙峪》几乎整篇文章都是由对话构成的,通过卖货郎有发与打酒的兴旺的连续对话,介绍了十二个打算结拜兄弟的人的基本情况,包括他们的亲戚朋友情况以及经济情况等,小说的后半部分又写了这几个兄弟的八卦闲谈,从中透露了他们的人情往来以及风俗习惯。赵树理的小说往往是这么一个模式,一个外乡人来向本地人打听情况,或者是一个不知情的人向知情人打听情况,通过他们俩的问答或者对话介绍故事的主线,说明故事的来龙去脉,从而推进故事的发展。在《李有才板话》里也是通过被分配到阎家山检查秋收工作的"老杨"与恒元、广聚的对话,以及小字辈的几个年轻人与李有才的问答,推动了坏人得到惩治,斗争获得胜利的完满结局的实现。这样的对话,不仅可以迅速展开故事的背景和氛围、交代主人公的身份,而且可以促进故事的发展,表现小说主题。赵树理自己也说过:"我是喜欢用语言来表现人物的性格的。我不善于描写农民,是借助于语言,通过性格化的语言来表达他们对待事物的不同态度。每一个人总是按照他的性格去对付周围的环境和发生的事情的。"①赵树理创造的这种口语化的对话体,将语言的这种作用发挥到了极致。《生活·主题·人物·语言》里赵树理也提到"劳动人民说话不爱说长句子。长句子说起来误事,句子要短些"②,对话体恰好可以照顾农民的审美倾向,简洁而有力,直接而不拖拉。通过农民口语生活化的语言对话,可以看到农民朴素的生活状态与心理,无论是落后还是进步,都是农民真实生活的写照,比如《传家宝》中的这段对话:

---

① 赵树理:《生活·主题·人物·语言》,董大中主编:《赵树理全集》(4),北岳文艺出版社,2018年版,第536—537页。
② 同上书,第535页。

第六章　民族与民间:民族主义与民族形式论争　257

　　小娥也不再推,一边动手做饭,一边仍跟娘谈话。她说:"他姐夫给我们镇上的妇女讲话,常常表扬人家金桂,说她是劳动模范,要大家向她学习,就没有提到她的缺点,照娘这么说起来,虽说她劳动很好,可也不该不尊重老人啊?"

　　李成娘又把她那下嘴唇伸得长长地哼了一声说:"什么好劳动?男人有男人的活,女人有女人的活,她那劳动呀,叫我看来是狗捉老鼠,多管闲事!娶过她一年了,她拈过几回针?纺过几条线?"

　　小娥笑着说:"我看人家也吃上了,也穿上了!"

　　李成娘把下嘴唇伸得更长了些说:"破上钱谁不会耍派头?从前我一年也吃不了一斤油,人家来了以后是一月一斤。我在货郎担上买个针也心疼得不得了,人家到集上去鞋铺里买鞋,裁缝铺里做制服,打扮得很时兴。"这老人家,说着就带了气,嗓子越提越高:"不嫌败兴!一个女人家到集上买着穿!不怕别人划她的脊梁筋……"①

　　通过小娥和李成娘一来一往的对话交锋,读者可以进入当时的情境中,身临其境般体会到李成娘的强势与不讲理,它把一个封建守旧的刻薄婆婆形象刻画得活灵活现,把故事推向高潮,而且也从侧面烘托了金桂的进步形象。赵树理通过对话增强了人物行为神态的斑斓色彩,使小说文本不仅可以用来看,也可以用来说和听。一些生活化的语言增强了小说的叙事性,口语色彩浓厚,口头语与书面语在这里几乎达到了统一。

　　2. 方言俚语的民间地域色彩

　　赵树理是土生土长的晋东南地区的作家,是被太行山文化滋养长大的子孙,其创作受独特民间地域色彩所影响。作者在其小说里加入了许多当地的俚语俗话,但丝毫没有"为赋新词强说愁"的做作,而是将它们毫无痕迹地融入了农民的口语里,增添了言语的魅力。比如下面几段文字:

---

① 赵树理:《传家宝》,董大中主编:《赵树理全集》(1),北岳文艺出版社,2018年版,第447—448页。

老宋把饭做成,盛在一个串门大碗里,端在手里,走出庙来,回手锁住庙门,去通知各项办公人员和事主。(串门大碗:一碗可以吃饱的大碗)

杨三奎道:"你们年轻人真不识火色!人家正在气头上啦,说那些冒失话抵什么事?"(不识火色:不识时机的意思)

鸭脖子道:"只要秘书长肯照顾,什么都不在乎!三爷也是'家庭大学'出身,不在怀仁县当县长啦?"①("家庭大学"出身:没有上过学校的意思。)

这老人家,说着就带了气:"不嫌败兴!一个女人家到集上买着穿!不怕别人划她的脊梁筋……"(脊梁筋:当地俗话,意思是说不怕别人指着她的脊背笑话她。)

她把嘴唇伸得长长地哼了一声说:"不提媳妇不生气。古话说:'娶个媳妇过继出个儿'。媳妇也有本事,孩子也有本事,谁还把娘当个人啦?"②(娶个媳妇过继出个儿:当地流行的俗话,是指儿子娶了媳妇就忘了父母,等于把儿子过继给别人了。)

加入这些老百姓在生活实践中总结出来的具有浓重民间地域色彩的俚语俗话,不仅使小说通俗易懂,易于记忆,而且使文字不至于太生硬无趣,增加了小说的新鲜感和生动性。这种口头话被书面记录下来,成为"言文一致"的最佳表现。赵树理的小说除了加入了口语化的熟语,也注意细节的统一,小说里的许多称谓词和语气感叹语也充满了晋南特色,让我们极

---

① 以上见赵树理:《李家庄的变迁》,董大中主编:《赵树理全集》(1),北岳文艺出版社,2018年版,第226、234、249页。

② 以上见赵树理:《传家宝》,董大中主编:《赵树理全集》(1),北岳文艺出版社,2018年版,第448、447页。

易感受到当地浓厚的乡土风情和民风民俗。比如:

"唵,你拿这么大一个葫芦做什么?"(唵:叹词,表示惊讶或疑问)

"多哩!十二个哩。"①(哩:相当于普通话"呢"和"啦",放在陈述句尾,有肯定、夸张、强调等义)

"黑旦的娘,你没有去看看人家保官?"
"唉!他二嫂,咱哪儿有脸去看?你就不看看咱的黑旦?"
黑旦媳妇见又数落自己的汉……②

晋东南地区称呼自己的亲属时,总是会加"他""咱的""我那"等词,显得关系特别亲密,风俗特别淳朴。不仅如此,他们还会通过名字来划分辈分或地位,比如在《李有才板话》里就有:"老槐树底的人只有两辈——一个'老'字辈,一个'小'字辈……可是西头那些大户人家,都用的是官名,有乳名别人也不敢叫……"③可以看出阎家山就是一个小型的阶级社会,每个人都有自己的阶级定位,从某种意义来讲,这也暗示了当地地主势力的强大,而老百姓的身处水深火热之中。

赵树理喜欢给人物取绰号,虽然遭到了一些人的批评,但正是这些绰号,既能体现人物性格,又具有一定程度的晋东南特色。赵树理在取绰号时不是瞎编乱取,而是为人物的性格和故事的情节服务,充分利用各种修辞手法,比如用了比喻的"小飞蛾"(《登记》),反映人物特征的"糊涂涂""常有理"(《三里湾》)、"鸭脖子"(《李家庄的变迁》),表现反讽的"二诸葛""三仙姑"(《小二黑结婚》)、"吃不饱""小腿疼"(《"锻炼锻炼"》)。

---

① 赵树理:《盘龙峪》,董大中主编:《赵树理全集》(1),北岳文艺出版社,2018年版,第41页。
② 赵树理:《打倒汉奸》,董大中主编:《赵树理全集》(1),北岳文艺出版社,2018年版,第56页。
③ 赵树理:《李有才板话》,董大中主编:《赵树理全集》(1),北岳文艺出版社,2018年版,第164页。

甚至小说中一些骂人的方言"母草灰""草灰羔子"(《李家庄的变迁》)等等也都具有浓重的晋东南乡土色彩。正如作者所说:"我是山西人,说话非说山西话不可,而写书则不一定都是山西话,适当用一点是可以的。作品中适当用方言,使作品有地方色彩,乱用了也会搞糊涂的。"①赵树理精准地把握住了如何使言、文达到一致的度,既能让农民喜闻乐见,又具有很强的艺术审美性。这些词都是作者深入农民生活,经过长期的生产生活实践体验的高度艺术概括,反映了作者高强的语言技巧,同时高度表现了农民的真实生活状态与当时晋东南乡村的风俗场景,成为了时代与历史的记录符号。

3. 富有节奏韵律的快板评书类语言

赵树理是一个精通各种民间文艺的艺术大师,是非常善于吸取民间优秀文化的农民作家。他在创作小说时,也会用上一些传统的艺术表现手法,借此增添语言的魅力。其中比较有特色的数"烘云托月",从侧面渲染突出主体。在《小二黑结婚》中赵树理没有直接写小芹漂亮,而是通过青年小伙子的行为——"有事没事,总想跟小芹说句话,小芹去洗衣服,马上青年们也都去洗;小芹上树采野菜,马上青年们也都去采"——来表现小芹的女性魅力;也不直接写小二黑英俊,而是说"每年正月扮故事,不论去到哪一村,妇女们的眼睛都跟着他转"②,以此表现小二黑的男性魅力。通过这种通俗口语的侧面渲染,小芹和小二黑有多受欢迎就可见一斑了,也体现了小芹和小二黑两人门如何般配。中国传统水墨画讲究浓淡适宜,善用"白描"传神入微。赵树理在创作中也充分借鉴了白描的手法,不尚华丽,朴实动人,书写了地地道道的山西口语,新鲜有趣。在描写事物时,也不拖拉,干脆有力,如"三里湾的村东南角上,有前后相连的两院房子,叫'旗杆院'"③,短短的一句话把三里湾里作为头等房子代

---

① 赵树理:《生活·主题·人物·语言》,董大中主编:《赵树理全集》(4),北岳文艺出版社,2018年版,第536页。
② 分别见赵树理:《小二黑结婚》,董大中主编:《赵树理全集》(1),北岳文艺出版社,2018年版,第150、152页。
③ 赵树理:《三里湾》,董大中主编:《赵树理全集》(2),北岳文艺出版社,2018年版,第55页。

表的旗杆院的位置和样子描绘得栩栩如生,不仅通俗简单,更能产生身临其境的观感。

赵树理喜用民间旧形式输出时代新思想,也兼顾了语言创作的听觉艺术,使口头语与书面语达到了空前的统一。《登记》的开头就灵活借鉴了说书的形式——"诸位朋友们:今天让我来说个新故事,这个故事题目叫《登记》,要从一个罗汉钱说起"①,从而紧紧吸引住了读者的阅读兴趣。另外在《李有才板话》中赵树理还借李有才之手创作了不少富有节奏韵律的快板艺术,如批判村里臭名昭著恶霸阎喜富:"一只虎(hǔ),阎喜富(fù),吃吃喝喝有来路(lù),当过兵,卖过土(tǔ),又偷牲口又放赌(dǔ),当牙行,卖寡妇(fù)……惹下他,防不住(zhù),人人见了满招呼(hū)!"②歌词押 u 的韵脚,几乎句句入韵,节奏朗朗上口,简洁有力的快板词写出了阎喜富的恶迹斑斑,但群众却拿他无能为力的情形,表现了群众对恶势力仇恨却苦于无奈的矛盾感情。小说里创作了许多押一个韵脚或两个韵脚的脍炙人口的快板词,用农民喜闻乐见且极易传唱的方式抒发农民的心声,为处于弱势的农民鸣不平,不仅节奏韵律性强、传唱度高,而且语言质朴有力,极其真实。

赵树理除了创造抑扬顿挫的快板形式,也注意在人物的说话或双方对话里插入一些有韵律性的话语,最有代表性的数其在 1936 年发表的《打倒汉奸》,小说全篇多由对话构成,对话中充满了韵律感,读起来抑扬顿挫,颇有生趣,比如小说的开头就有:

"黑旦的娘,你没有去看看人家保官(uan)?"

"唉!他二嫂,咱哪儿有脸去看(an)?你就不看看咱的黑旦(an)?"

"那不能看眼前(ian),各人的命运都有个早晚(an)。说到咱黑

---

① 赵树理:《登记》,董大中主编:《赵树理全集》(2),北岳文艺出版社,2018 年版,第 3 页。
② 赵树理:《李有才板话》,董大中主编:《赵树理全集》(1),北岳文艺出版社,2018 年版,第 168—169 页。

旦的聪明能干(an),十个保官咱也不跟他换(uan)。"

"什么聪明能干(an)？哪如得人家保官(uan)？听说人家在天津当的是什么委员(uan),一年能赚几万(an)。"

"咦,黑旦的学堂不是今年夏天已经住满(an)？"

"满不满什么也不算(uan),人家都是见缝就钻(uan),他不会看风使船(uan)。念书念了十年(ian),他爹也快把地卖完(an),谁知他毕了业家也不回,事也不干(an),闲闲地住在会馆(uan)。"①

小说全篇几乎每段对话都押言前辙(an、uan),韵脚几乎同一,使这段话读起来朗朗上口,具有强烈的节奏感和柔和的音乐美。话语虽然质朴无比,但读起来极有生趣,而且易于传颂记忆,可以说是高度"言文一致"的通俗化效果了。

4. 鲜活而幽默的农民语言

一般认为,农民的语言是直白而质朴的,有时候甚至会有些低俗无趣。但在赵树理的笔下,农民的语言鲜活有趣。这首先应该得益于赵树理善于借用一些国家政治、经济、军事、外交术语,把普通百姓的日常生活"庄严"化,用貌似"严肃"的语言传达出轻松诙谐的生活情趣。比如在《小二黑结婚》里,三仙姑见二诸葛的老婆已经不要命地向她扑来,便"不敢恋战"②走了,在《登记》里三位年轻人为了追求自由婚姻,"用外交上的字眼说,也可以叫作'订下了互助条约'"③,类似这样的字眼,不仅贴合实际,也处处透露出幽默感。其次赵树理还喜欢用一些谚语熟语来增加小说故事生动性的表达,比如在《盘龙峪》里有这么一句话:"得水老婆这才知道又是骂着了自己,就还口道:'就知道你这狗嘴吐出

---

① 赵树理:《打倒汉奸》,董大中主编:《赵树理全集》(1),北岳文艺出版社,2018年版,第56页。

② 赵树理:《小二黑结婚》,董大中主编:《赵树理全集》(1),北岳文艺出版社,2018年版,第157页。

③ 赵树理:《登记》,董大中主编:《赵树理全集》(2),北岳文艺出版社,2018年版,第23页。

来的,永成不了象牙!'"①一句日常俗语就可以体会到他们开玩笑打闹的氛围,既缓解了自己尴尬的境地,也体现了得水老婆泼辣爽直的性格,使语言风趣又富有表现力。赵树理还擅长用比喻等手法,化抽象为形象,增加了许多趣味性,他往往用动物或者动物的某个特征来做喻体,比如在《小二黑结婚》中描写三仙姑"顶门上的头发脱光了,用黑手帕盖起来,只可惜宫粉涂不平脸上的皱纹,看起来好像驴粪蛋上下上了霜"②,既通俗又"恶俗",可以看出作者对三仙姑批评的态度,比喻新奇有趣;在《登记》里写"小飞蛾"挨打后"她看见张木匠好像看见了狼,没有说话先哆嗦"③。把张木匠比喻成狼,虽说没有直接写他的穷凶极恶,但也以一种幽默的笔法,间接说明了封建力量的可怕,生动形象,加深了读者的印象。赵树理在创作中也会用一些粗俗的话语,在抒发愤慨的同时,往往能起到意想不到的戏谑效果。在《李家庄的变迁》里小喜打断二妞说道:"滚你妈的远远的!反了你!草灰羔子!"④"你们都是官官相卫,我跟你们说什么理?我要骂!谁给我出大字报叫他死绝了根!叫狼吃得他不剩个血盘儿,叫……"⑤《登记》中也有:"主任答不上来就发了脾气:'去你们的!都不是正经东西!'"⑥类似的话基本上都是思想观念陈旧、行为粗俗、不讲新理的"俗人"说出来以保护一己私利的,虽说有些粗俗,却并没有降低小说的审美情趣,反而有利于人物形象的塑造,使得文本富有农民式的幽默感,这是赵树理式"言文一致"的直接体现。

概而论之,无论是清末民国知识精英对"言文一致"的理论倡导,还

---

① 赵树理:《盘龙峪》,董大中主编:《赵树理全集》(1),北岳文艺出版社,2018年版,第49页。
② 赵树理:《小二黑结婚》,董大中主编:《赵树理全集》(1),北岳文艺出版社,2018年版,第150页。
③ 赵树理:《登记》,董大中主编:《赵树理全集》(2),北岳文艺出版社,2018年版,第7页。
④ 赵树理:《李家庄的变迁》,董大中主编:《赵树理全集》(1),北岳文艺出版社,2018年版,第230页。
⑤ 赵树理:《"锻炼锻炼"》,董大中主编:《赵树理全集》(2),北岳文艺出版社,2018年版,第330页。
⑥ 赵树理:《登记》,董大中主编:《赵树理全集》(2),北岳文艺出版社,2018年版,第19页。

是农民作家赵树理"言文一致"的小说语言,本质上都是对中国文学语言大众化、民族化道路的追求,是现代民族国家建构过程中对民族共同语的想象。自清末以来,知识精英一直徘徊在"大众化"与"化大众"的双向启蒙愿景中,"言文一致"事实上成了知识精英消弭与工农大众距离的自觉追求。从新文学以来的"大众"形象看,包括鲁迅笔下的农民形象往往是愚昧无知、麻木不仁的,是集国民劣根性于一身而需要被改造的群体,然而小说家们总是以高高在上的姿态讲着普通群众不知云云的话,无论是"大众化"还是"化大众",都不够彻底,启蒙终归没有完成。在这个意义上,"文摊"上的赵树理的示范意义能够更好地凸显出来。他站在民间立场,坚守农民本位,用真正中国化、大众化的农民语言为农民书写,既顺应了《讲话》指引的文艺方向,又开辟了大众启蒙的民族形式新路,这也是文艺大众化能够存续的有效路径。赵树理用自己"言文一致"的小说创作实践,表现农民精神上的伤痛与缺失,辅以农民看得懂、用得起的"民族文学",用农民自己的语言表达农民的思想,让农民发出自己的声音。在赵树理这位语言大师的笔下,口头语言和书面语言几乎达到一致,小说创作的内容与作为形式的语言有机统一,人物主体身份与其语言相互映衬协调,通俗化与艺术化的描写也能够相得益彰,真正体现了中国作风。他的这种立足乡土地域的小说语言试验,为后来许多现当代小说家,如汪曾祺、韩少功、贾平凹、莫言、刘震云等人的创作所镜鉴,一定程度上推动了民族语言、民间形式参与中国小说的现代化的进程。

结语　从世界语到普通话:"言文一致"的民族情结

虽然并没有一场如近代日本那样的严格意义上的"言文一致"运动,但是整个清末民国时期的语言文字变革活动毫无疑问都指向了"言文一致",寻找音与字、言与文、口说与书写、口语和书面语等层面的一致,是这场广义层面上的"言文一致"运动在不同阶段的不同面相。甚至可以说,"言文一致"依然是当前国家语言文字改革致力的方向。然而,如果我们把这一百多年来的"言文一致"运动直接与民族主义联系在一起,看起来多少有一些冒险。

这种冒险从一开始就存在。早期带有世界主义色彩的世界语主张以及受欧西拼音文字影响的切音字运动等似乎与民族主义保持了一定的距离。单从形式上看,切音字方案明显是西方语音中心主义思想影响下的产物,作为亲历者的吴稚晖曾对此嗤之以鼻:"说穿了,竟不值一笑也。以西文字母切土音,乃耶教徒之惯法。"[①]卢戆章的《切音新字》即因其帮助传教士翻译《华英字典》受到"话音字"的启发创制而成,这颇有点西方传教士"文化殖民"的味道。谁能想到,瞧不上"耶教徒之惯法"的吴稚晖后来却走得更远,直接倡导以世界语取代汉语,以一个世界主义者的面孔与章太炎等文化民族主义者展开论战,其反民族主义的立场似乎不言自明。假如这就是最后的真相,那么吴稚晖、卢戆章、钱玄同等人无疑将被唾斥为民族文化的罪人,然而事实上他们最后都成了中国文字改革的先驱。吴稚晖所申论的"美富之新种性"以及卢戆章反复强调的"国之富强"等

---

① 吴稚晖:《书神州日报〈东学西渐篇〉后》,高玉选编:《清末汉字改革方案文本》,浙江工商大学出版社,2019年版,第1497页。

言论,其实表明了他们尊西、效西的初心不过是"师夷制夷"以达成民族自强、国家文明进化的美好愿望罢了,他们念念不忘的还是"种性"与"国性"。诚如钱玄同所言:"欲使中国不亡,欲使中国民族为二十世纪文明之民族,必以废孔学、灭道教为根本之解决,而废记载孔门学说及道教妖言之汉文,尤为根本解决之根本解决。"①"亡国灭种"的言论下隐藏的是实现"中国不亡"和"文明之民族"的民族主义政治理想。这种若即若离的民族主义我们姑且可以称之为"隐性民族主义"。

"隐性民族主义"在胡适、钱玄同、傅斯年、鲁迅、周作人等新文化运动干将身上同样有鲜明体现。当他们醉心欧化的时候,一度给人以胡适后来所宣称的"全盘西化"的错觉,特别是在语言文字方面,钱玄同、鲁迅等人"废灭汉文"主张的决绝与吴稚晖、李石曾等新世纪派同人一般无二,钱玄同因此而被同为章门弟子的黄侃斥为"钱二疯子",一向理性的鲁迅直到临终前还在念叨着"汉字不灭,中国必亡",然而又有谁会怀疑鲁迅、钱玄同等人改造国民性、再造新文明的救国信念与决心?就连全盘西化最坚决的支持者胡适也表明,"充分世界化"之后的中国文化依然是"一个中国本位的文化"。② 这样的表述很容易让人想起洋务派的"中学为体,西学为用",但二者之间的区别还是显而易见的。洋务派眼中的西学是有选择的、辅助性的,胡适的"充分世界化"是全面的、主导性的,所谓的"中学为体"意即还是中国文化的样子,而"一个中国本位的文化"其实只是一种观念上的表述,与之对应的是"世界文化",胡适这种世界主义的表达也只能理解为一种"隐性民族主义"。如此独特的民族主义,罗志田其实早有精彩论述,他把这种明显区分于西欧国家的近代中国民族主义的特色概括为两个方面:"第一,一般民族主义多回向传统,从历史中寻找昔日的光荣,而近代中国民族主义者中不少人往往从传统中寻找不足以摈除或改进,以激烈反传统的方式表述具有显著民族主义倾向的热

---

① 钱玄同:《中国今后之文字问题》,《钱玄同文集》(第一卷),中国人民大学出版社,1999年版,第166—167页。
② 胡适:《试评所谓"中国本位的文化建设"》,欧阳哲生编:《胡适文集》(5),北京大学出版社,2013年版,第408页。

切关怀;第二,各国民族主义者通常都强调民族至上,可是近代中国士人多主张一个与传统大同观念相近的终极目标,向往无政府主义、世界主义、社会主义和共产主义这样一些带有'超人超国'意味的理念,实即试图通过否定族群文化认同(特别是强势的西方文化认同)的方式来舒缓中国在中外竞争中的不利,其实也出自其强烈的民族主义情怀。"[1]不得不说,"激烈反传统"和"超人超国"正是上述"隐性民族主义者"思想最确切的表达。

和"隐性民族主义"相对的自然是"显性民族主义"观念。尽管双方都属于现代民族国家建构的重要思想资源,本质上并不冲突,但是在实现路径的选择上,显、隐双方往往会站在对立面。就他们在这场国语"立国"的语言变革中的立场而言,语言要不要变革从来就不是问题,以怎样的方式变革才是问题。站在黄遵宪、梁启超等维新派对立面的保守力量反对白话,但并不反对国家的进步,他们只是相信文言比白话更有利于国家的进步而已;切音字运动的参与者在拼切方式的选择上其实也存在拉丁字母和汉字笔画、官话音与地方音等区别,其中也隐含了西方本位与民族本位的对抗,吴稚晖与章太炎关于"万国新语"的论争自然是这种对抗的极端表现;五四时期被新文化运动一方树为标靶的"选学妖孽""桐城谬种"与他们的反对者一样有打造国语、复兴民族文化的愿望,只是在文言、白话的选择上意见相左;此后的大众语倡导者则不仅将文言复古派视为对立面,更是将五四白话视为"新文言"。至此,这种"显性民族主义"的语言观与"隐性民族主义"的语言观的对抗性关系基本退出语言论争的场域,无产阶级的民族主义语言观左右了20世纪三四十年代的语言变革方向。瞿秋白与茅盾关于大众文艺的语言问题的论争、文艺腔与工农兵语言的大众语讨论以及此后围绕民间形式展开的民族形式问题论争等,大致都属于无产阶级民族主义语言观内部的分歧。虽然毛泽东提出的"中国作风和中国气派"也涉及"国际主义的内容和民族形式"紧密结

---

[1] 罗志田:《权势转移:近代中国的思想与社会》,北京师范大学出版社,2014年版,第235页。

合的问题,但很明显,其中的"国际主义"是包容民族主义的,与此前倡导世界语者的"反民族主义"的世界主义是完全不同的概念。

然而,不得不指出的是,在这场持续不断、迄今尚属未完成状态的语言文字变革中,汉语得以屹立不倒,除了语言自身强大的生命力惯性外,"显性民族主义"自然是它的一道护身符,但最终起决定性作用的恰恰可能还是那种"隐性民族主义"的力量。站在新时代的坐标点上回望一百多年来汉语发展的历史,"隐性民族主义者"的欧化主张让古老的汉语在融入世界的过程中适应了新的时代要求,进一步加速了中国语言现代化的进程。事实上,在西潮冲击下的清末民国时期,越是宣称要"破坏"传统的人,越有可能达成建设性意旨。罗志田曾把这种兼具"破坏"性与建设性的极端反传统言论称为"故意激进"的主张。他以梁启超的说法为例:"如欲导民以变法也,则不可不骇之以民权;欲导民以民权也,则不可不骇之以革命。当革命论起,则并民权亦不暇骇,而变法无论矣……大抵所骇者过两级,然后所习者乃适得其宜。"换言之,就是言在彼而意在此:"吾所欲实行者在此,则其所昌言不可不在彼;吾昌言彼,而他日国民所实行者不在彼而在此焉。"[①]"过两级"的"故意激进"取向一度成为维新派、革命派、新文化倡导者改革的通用策略,特别是在陈独秀、胡适、钱玄同、鲁迅等人的言论中随处可见,喜欢说"过头话"几乎成了钱玄同的标签,前述鲁迅在《无声的中国》中"拆掉屋顶"与"开窗"的著名比喻,揭示了国人对于"故意激进"的妥协性接受心理:"拆掉屋顶"是不可能的,但"开窗"的目的可以达成——白话"减去了许多敌人"遂得以流行。以此回头再看吴稚晖、钱玄同、鲁迅等人"中国文字,迟早必废"的言论,则可知他们绝非一定是以消灭本民族、国家的语言文化为最终目标的,"他们当然不是对中文有什么深仇大恨,而是担心这一'野蛮'符号会影响中国进入'新文明'"[②]。"故意激进"的主张不是目的,而是手段。

[①] 梁启超:《敬告我同业诸君》,《饮冰室合集》(文集第四册),中华书局,2015年版,第1013—1014页。

[②] 罗志田:《清季围绕万国新语的思想论争》,《近代史研究》2001年第4期,第121页。

事实证明,吴稚晖、李石曾等新世纪同人,在废除汉字、力主世界语的口号下仍然提出了"合各省之语言"为"中国新语"①的设想;钱玄同后来也认为世界语"理想太高"而将其悬置,转而专心致力于"国语罗马字""简体字"和"国音审定"等方面的国语改造;把汉字视为"中国劳苦大众身上的一个结核"的鲁迅,实际上一直在做着汉字拉丁化和语文大众化工作。他们都在激进的反传统立场上成就了汉语的伟大传统,正是在他们"故意激进"的主张下,中国的语言文字才得以实现了更加"温和"的"言文一致"改革,使得白话在注音符号、汉字简化、词汇、语法和文法等方面得以"进化",一个统一的"国语"也基本生成。

当然,"显性民族主义者"对这场"言文一致"的语文变革运动的护持作用同样不容忽视。章太炎"一返方言"的"言文一致"观、瞿秋白的现代中国普通话论和汉字拉丁化方案以及向林冰、郭沫若、茅盾等人围绕民间形式与民族形式的中心源泉论等,都是中国语言文字现代化进程中不可或缺的重要思想资源。事实上,章太炎对汉语方言的重视以及在方音古韵基础上创制的纽文(声母)韵文(韵母)拼切方案,对国语国音的最后审定功莫大焉;而瞿秋白使用的"普通话"概念沿用至今,他的汉字拉丁化方案也对现代汉语拼音的制定产生了重要影响。而必须特别说明的是,这里使用"隐性民族主义"与"显性民族主义"的说法也只是权宜之策。对于一个处于民族、国家危机日益加重时代的民族主义者来说,"隐性"还是"显性"其实只在一念之间。黄节在1902年时曾将当时的"爱国者"分为三派:一为"盲信己国派。此派以己国所有者,视为至上无极,不知己国之外,更有世界";二为"无视己国派,此派以己国所有者,视为一无足取,一唯他国是崇拜,而不知国粹之为何义";第三派则"深知己国之长短。己国之所长者,则崇守之;己国之所短者,则排斥之,崇守排斥之间,时寓权衡之意,不轻自誉,亦不轻自毁"。② 虽然"爱国者"与民族主义者并不能等同,但黄节的"三派"论同样适用于民族主义者,前两派可大

---

① 燃:《〈编造中国新语凡例〉注》,《新世纪》第40号,1919年3月28日,第4页。
② 黄节:《爱国心与常识之关系》,《译书汇编》第2年第9期,第121—122页。

致对应"显性民族主义者"和"隐性民族主义者",第三派可以说是"折中派"或"权衡派"。这样的区分从整体上看很有道理,但问题在于,具体到个人就可能身份模糊。黄节本人就"立场不明",他与章太炎一起创办《国粹学报》,原是国粹派当之无愧的代表,但他却自认是折中的第三派。然而,"若不得不在'自誉'和'自毁'之间做出选择的话,主张对传统持'权衡'态度的他仍宁选对'国恶'进攻的破坏取向,虽有损国粹而不顾"①,这又明显是第二派的立场了。黄节如此,与他同声相应的章太炎、刘师培等国粹派同人又何尝不是?与他立场不同但却同样是"爱国者"的新世纪派、新文化派、全盘西化派等同人又何尝不是?明乎此,我们才能理解钱玄同作为"中外古今派"的自我认同,才能在胡适"整理国故"与"全盘西化"的对立中找到统一的内在逻辑;也自然能够明白倡导"现代的中国普通话"的瞿秋白一面反欧化白话,一面却又认为"中国言语的欧化是可以的,是需要的,是不可避免的"②,而坚持"中国作风"与"中国气派"的民族语言观的胡风却又主张把欧化语言作为新生的"民族的"语言成分。于是从这个意义上说,我们关于"隐性民族主义"与"显性民族主义"的区分只是观念形态上的论证策略而已,它们本质上都来自"爱国者"或"救国者"的民族情结。但同时又不得不说,若没有这种"隐性民族主义"与"显性民族主义"的"对抗"与"权衡",就不太可能有从"世界语"到"普通话"的"言文一致"的国语新生,中国语文的现代化进程可能又是另一番图景。

至此,清末民国"言文一致"运动与民族主义之间的互动关系论告一段落。这一过程颇有点罗志田总结的中国近代"民族主义一身而兼为历史发展的原因和结果"的意味:"一开始时民族主义通常被认为是

---

① 罗志田:《权势转移:近代中国的思想与社会》,北京师范大学出版社,2014年版,第190页。
② 瞿秋白:《鬼门关以外的战争》,《瞿秋白文集》(文学编第三卷),人民文学出版社,1989年版,第166页。

这些事件的动力,而到结尾时民族主义又多因这些事件而进一步'上升'。"①清末民国的"言文一致"运动正是如此。当黄遵宪等晚清知识分子从日本把"言文一致"的观念传入中国时,他们确实在想象着以一场类似于日本明治维新的民族主义运动来救国;而当"言文一致"的运动发展为"中国作风"与"中国气派"的民族语言的追问时,作为结果的民族主义情绪的上升其实不言自明。当然,这绝对不是终点。即便我们的现代汉语在新媒体时代不断地朝着全球化、多元化的方向发展,"言文一致"在网络化、碎片化的格局中遭遇新的困境,我们依然可以自信地以这个响亮的口号作结:只有民族的,才是世界的。

---

① 罗志田:《权势转移:近代中国的思想与社会》,北京师范大学出版社,2014年版,第222页。

参考文献

一、报纸杂志类

《安徽俗话报》
《北京大学日刊》
《长城》
《晨报》
《晨报副刊》
《大公报》
《大公报·文艺副刊》
《大众文艺》
《东方杂志》
《歌谣周刊》
《国粹学报》
《国语报》
《国语旬刊》
《国语周刊》
《甲寅》
《教育公报》
《教育杂志》
《京话日报》
《抗战文艺》

《每周评论》
《民报》
《民众文艺周刊》
《清议报》
《群众》
《人间世》
《少年中国》
《申报》
《神州日报》
《时报》
《时务报》
《苏报》
《天义》
《万国公报》
《文艺报》
《文艺生活》
《文艺月刊》
《无锡白话报》
《小剧场》

《小说月报》
《新潮》
《新青年》
《新世纪》
《新月》
《星岛日报》
《学衡》
《益世报》
《语丝》
《正报》
《中国白话报》
《中国语文》
《中华教育界》
《中华日报》
《中美日报》
《中外日报》
《中文基教期刊》

二、著作类

阿英:《晚清文艺报刊述略》,古典文学出版社,1958年版。

艾克恩编纂:《延安文艺运动纪盛(1937年1月—1948年3月)》,文化艺术出版社,1987年版。

北京大学、北京师范大学、北京师范学院中文系中国现代文学教研室主编:《文学运动史料选》,上海教育出版社,1979年版。

[美]本尼迪克特·安德森:《想象的共同体——民族主义的起源与散布》,吴叡人译,上海人民出版社,2016年版。

[日]柄谷行人:《日本近代文学的起源》,赵京华译,生活·读书·新知三联书店,2019年版。

曹而云:《白话文体与现代性——以胡适的白话文理论为个案》,上海三联书店,2006年版。

曹聚仁:《我与我的世界》,人民文学出版社,1983年版。

昌切:《清末民初的思想主脉》,东方出版社,1999年版。

陈独秀:《独秀文存》,首都经济贸易大学出版社,2018年版。

陈方竞:《多重对话:中国新文学的发生》,人民文学出版社,2003年版。

陈平原:《触摸历史与进入五四》,北京大学出版社,2005年版。

陈平原:《"新文化"的崛起与流播》,北京大学出版社,2015年版。

陈平原:《中国现代学术之建立》,北京大学出版社,1998年版。

陈平原:《中国小说叙事模式的转变》,上海人民出版社,1988年版。

陈万雄:《五四新文化的源流》,三联书店(香港)有限公司,1992年版。

陈子展:《中国近代文学之变迁》,中华书局,1931年版。

程党根:《游牧思想与游牧政治试验——德勒兹后现代哲学思想研究》,中国社会科学出版社,2009年版。

邓实:《壬寅政艺丛书·政学文编》,文海出版社影印本,1976年版。

董大中主编:《赵树理全集》,北岳文艺出版社,2018年版。

[瑞士]E.普里瓦:《世界语史》,张闳凡译,知识出版社,1983年版。

[瑞士]费尔迪南·德·索绪尔:《普通语言学教程》,高名凯译,商务印书馆,1980年版。

[美]费正清编:《剑桥中华民国史(1912—1949)》(上卷),杨品泉等译,中国社会科学出版社,1994年版。

[美]费正清、费维恺编:《剑桥中华民国史(1912—1949)》(下卷),刘敬坤等译,中国社会科学出版社,1994年版。

高玉:《现代汉语与中国现代文学》,中国社会科学出版社,2003年版。

郜元宝:《汉语别史——现代中国的语言体验》,山东教育出版社,2010年版。

顾长声:《传教士与近代中国》,上海人民出版社,2004年版。

顾卫民:《基督教与近代中国社会》,上海人民出版社,1996年版。

关爱和:《中国百年学术与文学》,中国大百科全书出版社,2021年版。

郭绍虞主编:《中国历代文论选》(第四册),上海古籍出版社,1980年版。

郭勇:《"言文一致"与中国文学观念的现代转型》,人民出版社,2018

年版。

韩立群:《中国语文革命:现代语文观及其实践》,中央编译出版社,2003年版。

何菊:《传教士与近代中国社会变革:李提摩太在华宗教与社会实践研究(1870—1916)》,中国社会科学出版社,2014年版。

洪治纲主编:《刘师培经典文存》,上海大学出版社,2004年版。

胡全章:《近代中国报章之兴与文体之变》,九州出版社,2021年版。

胡全章:《清末白话文运动》,中国社会科学出版社,2015年版。

胡以鲁编:《国语学草创》,商务印书馆,1923年版。

黄遵宪:《日本国志》,朝华出版社,2017年版。

姜义华主编:《胡适学术文集·新文学运动》,中华书局,1993年版。

蒋风主编:《中国儿童文学大系·理论(一)》,希望出版社,1988年版。

金观涛、刘青峰:《观念史研究:中国现代重要政治术语的形成》,法律出版社,2009年版。

瞿秋白:《瞿秋白文集》(文学编第三卷),人民文学出版社,1986年版。

课程教材研究所编:《20世纪中国中小学课程标准·教学大纲汇编(语文卷)》,人民教育出版社,2001年版。

黎锦熙:《国语运动史纲》,商务印书馆,2011年版。

黎泽渝等编:《黎锦熙语文教育论著选》,人民教育出版社,1996年版。

李大钊:《李大钊全集》,河北教育出版社,1999年版。

李荣启:《文学语言学》,人民出版社,2005年版。

李杏保、顾黄初:《中国现代语文教育史》,四川教育出版社,2000年版。

李怡:《日本体验与中国现代文学的发生》,北京大学出版社,2009年版。

梁启超:《饮冰室合集》,中华书局,2015年版。
刘半农:《半农杂文》,星云堂书店,1934年版。
刘贵福:《钱玄同思想研究》,北京师范大学出版社,2011年版。
刘进才:《语言文学的现代建构:语言运动与中国现代文学再探索》,北京大学出版社,2015年版。
刘进才:《语言运动与中国现代文学》,中华书局,2007年版。
刘丽霞:《近现代来华传教士与中国文学研究》,中国社会科学出版社,2017年版。
刘琴:《现代汉语与现代文学的关联性研究》,中国社会科学出版社,2010年版。
刘泉:《文学语言论争史论》,中国社会科学出版社,2013年版。
卢戆章:《一目了然初阶》,文字改革出版社,1956年版。
鲁迅:《鲁迅全集》,人民文学出版社,2005年版。
罗志田:《裂变中的传承:20世纪前期的中国文化与学术》,中华书局,2009年版。
罗志田:《乱世潜流:民族主义与民国政治》,上海古籍出版社,2001年版。
罗志田:《权势转移:近代中国的思想与社会》,北京师范大学出版社,2014年版。
马建忠:《马氏文通》,商务印书馆,1983年版。
毛泽东:《毛泽东选集》,人民出版社,1991年版。
[英]米怜:《新教在华传教前十年回顾》,北京外国语大学中国海外汉学研究中心翻译组译,大象出版社,2008年版。
南京大学中文系编:《左联时期无产阶级革命文学》,江苏文艺出版社,1960年版。
倪海曙:《清末汉语拼音运动编年史》,上海人民出版社,1959年版。
欧阳哲生编:《傅斯年文集》,中华书局,2017年版。
欧阳哲生编:《胡适文集》,北京大学出版社,2013年版。

齐一民:《日本语言文字脱亚入欧之路——日本近代言文一致问题初探》,知识产权出版社,2014年版。

钱玄同:《钱玄同文集》,中国人民大学出版社,1999年版。

饶鸿兢等编:《创造社资料》,福建人民出版社,1985年版。

任建树、张统模、吴信忠编:《陈独秀著作选》,上海人民出版社,1984年版。

阮元校刻:《十三经注疏》,中华书局,1980年版。

单正平:《晚清民族主义与文学转型》,人民出版社,2006年版。

上海图书馆编:《汪康年师友书札》(二),上海古籍出版社,1986年版。

申小龙:《汉语与中国文化》,复旦大学出版社,2003年版。

沈国威:《近代中日词汇交流研究:汉字新词的创制、容受与共享》,中华书局,2010年版。

石凤珍:《文艺"民族形式"论争研究》,中华书局,2007年版。

史和、姚福申、叶翠娣编:《中国近代报刊名录》,福建人民出版社,1991年版。

舒新城编:《中国近代教育史资料》,人民教育出版社,1981年版。

谭彼岸:《晚清的白话文运动》,湖北人民出版社,1956年版。

汤国梨编次:《章太炎先生家书》,上海古籍出版社,1985年版。

汤志钧编:《康有为政论集》,中华书局,1981年版。

汪晖:《现代中国思想的兴起》,生活·读书·新知三联书店,2004年版。

汪叔子编:《文廷式集》,中华书局,1993年版。

王东杰:《声入心通:国语运动与现代中国》,北京师范大学出版社,2019年版。

王富仁:《语文教学与文学》,广东教育出版社,2006年版。

王建军:《中国近代教科书发展研究》,广东教育出版社,1996年版。

王理嘉:《汉语拼音运动与汉民族标准语》,语文出版社,2003年版。

王澧华、吴颖主编:《近代来华传教士汉语教材研究》,广西师范大学出版社,2016年版。

王松泉等主编:《中国语文教育史简编》,社会科学文献出版社,2001年版。

王一川:《汉语形象与现代性情结》,首都师范大学出版社,2001年版。

王治心:《中国基督教史纲》,上海古籍出版社,2004年版。

[英]未亡人编:《马礼逊回忆录》,邓肇明译,基督教文艺出版社,2008年版。

魏继洲:《丰富的偏激:论五四新文学运动中的钱玄同》,中国社会科学出版社,2013年版。

魏建功:《魏建功文集》,江苏教育出版社,2001年版。

文振庭编:《文艺大众化问题讨论资料》,上海文艺出版社,1987年版。

文字改革出版社编:《清末文字改革文集》,文字改革出版社,1958年版。

吴丕:《进化论与中国激进主义》,北京大学出版社,2005年版。

吴汝纶:《吴汝纶全集》,黄山书社,2002年版。

吴锐:《钱玄同评传》,百花洲文艺出版社,1996年版。

吴天民编:《奉天世界语学社发生之历史》,奉天世界语学社,1911年版。

吴晓峰:《国语运动与文学革命》,中央编译出版社,2008年版。

吴研因、庄适、沈圻编著:《新学制国语教科书》(初小),天津古籍出版社,2013年版。

吴玉章:《文字改革文集》,中国人民大学出版社,1978年版。

吴振清、徐勇、王家祥编校整理:《黄遵宪集》,天津人民出版社,2003年版。

吴稚晖:《国音国语国字》,传记文学出版社,1970年版。

伍蠡甫、胡经之编:《西方文艺理论名著选编》,北京大学出版社,

1985—1987年版。

西周生:《醒世姻缘传》,人民中国出版社,1993年版。

夏晓虹:《觉世与传世——梁启超的文学道路》,上海人民出版社,1991年版。

夏晓虹:《梁启超:在政治与学术之间》,东方出版社,2014年版。

夏晓虹、王风等:《文学语言与文章体式——从晚清到"五四"》,安徽教育出版社,2006年版。

[日]小森阳一:《日本近代国语批判》,陈多友译,吉林人民出版社,2011年版。

徐迺翔编:《文学的"民族形式"讨论资料》,广西人民出版社,1986年版。

徐瑞岳编:《刘半农文选》,人民文学出版社,1986年版。

徐新建:《民歌与国学——民国早期"歌谣运动"的回顾与思考》,巴蜀书社,2006年版。

闫苹、张雯主编:《民国时期小学语文教科书评介》,语文出版社,2009年版。

颜逸明:《颜逸明文集》,华东师范大学出版社,2015年版。

杨联芬:《晚清至五四:中国文学现代性的发生》,北京大学出版社,2003年版。

杨琼、李文治:《形声通》,文字改革出版社,1957年版。

杨天石主编:《钱玄同日记》(整理本),北京大学出版社,2014年版。

叶圣陶:《叶圣陶教育文集》,人民教育出版社,1994年版。

于润琦主编:《清末民初小说书系》,中国文联出版公司,1997年版。

袁进:《从传统到现代——中国近代文学的历史轨迹》,东方出版中心,2018年版。

袁进:《近代文学的突围》,上海人民出版社,2001年版。

袁进:《中国文学观念的近代变革》,上海社会科学院出版社,1996年版。

袁进主编:《新文学的先驱——欧化白话文在近代的发生、演变和影响》,复旦大学出版社,2014年版。

岳玉玺、李泉、马亮宽编选:《傅斯年选集》,天津人民出版社,1996年版。

张宝明:《文言与白话——一个世纪的纠结》,华东师范大学出版社,2014年版。

张枬、王忍之编:《辛亥革命前十年间时论选集》(第一卷下册),生活·读书·新知三联书店,1962年版。

张枬、王忍之编:《辛亥革命前十年间时论选集》(第二卷上册),生活·读书·新知三联书店,1963年版。

张蓉:《中国现代民众教育思潮研究》,中国文史出版社,2005年版。

张卫中编著:《汉语与汉语文学》,文化艺术出版社,2006年版。

张向东:《语言变革与现代文学的发生》,人民文学出版社,2010年版。

张艳华:《新文学发生期的语言选择与文体流变》,山东大学出版社,2009年版。

张哲英:《清末民国时期语文教育观念考察》,福建教育出版社,2011年版。

章太炎:《章太炎全集》,上海人民出版社,2018年版。

赵家璧主编:《中国新文学大系》,良友图书印刷公司,1935—1936年版。

赵稀方:《翻译与新时期话语实践》,中国社会科学出版社,2003年版。

赵晓兰、吴潮:《传教士中文报刊史》,复旦大学出版社,2011年版。

赵元任:《赵元任语言学论文集》,商务印书馆,2002年版。

郑观应:《盛世危言》,辛俊玲评注,华夏出版计,2002年版。

郑国民:《从文言文教学到白话文教学——我国近现代语文教育的变革历程》,北京师范大学出版社,2000年版。

郑海麟:《黄遵宪与近代中国》,生活·读书·新知三联书店,1988年版。

郅志选注:《猛回头——陈天华 邹容集》,辽宁人民出版社,1994年版。

中共中央马克思、恩格斯、列宁、斯大林著作编译局编译:《马克思恩格斯选集》,人民出版社,2012年版。

中国社会科学院文学研究所近代文学研究组编:《中国近代文学论文集(1949—1979)·小说卷》,中国社会科学出版社,1983年版。

钟敬文:《钟敬文民间文学论集》,上海文艺出版社,1982年版。

钟叔河编:《周作人文类编》,湖南文艺出版社,1998年版。

周有光:《汉字改革概论》,文字改革出版社,1961年版。

周作人:《艺术与生活》,河北教育出版社,2002年版。

周作人:《中国新文学的源流》,北京十月文艺出版社,2011年版。

三、论文类

车冬梅:《论清末民初的"新国民"思潮》,《长安大学学报(社会科学版)》2004年第3期。

陈平:《语言民族主义:欧洲与中国》,《外语教学与研究》2008年第1期。

陈勋武:《关于世界主义的基本观念》,《北京科技大学学报(社会科学版)》2016年第5期。

陈永香:《对北大歌谣运动的再认识》,《上海师范大学学报(哲学社会科学版)》2000年第8期。

程诚:《清末民初中国世界语运动研究》,安徽大学硕士学位论文,2015年。

邓伟:《国语运动·白话文运动·方言文学语言——论清末民初文学语言建构中的若干逻辑》,《云南社会科学》2009年第4期。

董正宇、孙叶林:《民间话语资源的采撷与运用——论文学方言、方言文学以及当下"方言写作"》,《湖南社会科学》2005 年第 4 期。

范钦林:《如何评价"五四"白话文运动——与郑敏先生商榷》,《文学评论》1994 年第 2 期。

冯天瑜:《清末民初国人对新语入华的反应》,《江西社会科学》2004 年第 8 期。

冯天瑜:《晚清入华新教传教士译业述评》,《史学月刊》2004 年第 8 期。

冯天瑜:《中国近世民族主义的历史渊源》,《湖北大学学报(哲学社会科学版)》1994 年第 4 期。

付长珍:《批判与重构:陈独秀的国民想象》,《杭州师范大学学报(社会科学版)》2011 年第 1 期。

关爱和、袁凯声:《论中国文学的近代转型》,《文艺研究》2013 年第 11 期。

郭梦迷:《钱玄同汉字改革及音韵学研究》,福建师范大学硕士学位论文,2016 年。

侯桂新:《战后香港方言文学运动考论》,《山西大同大学学报(社会科学版)》2014 年第 3 期。

靳志朋:《文体、国体与国民——近代白话书写研究》,南开大学博士学位论文,2014 年。

李春阳:《20 世纪汉语的言文一致问题商兑》,《中山大学学报(社会科学版)》2011 年第 5 期。

李可亭:《激厉奋迅　决破罗网——钱玄同文字改革的理论和实践》,《黄淮学刊(社会科学版)》1990 年第 4 期。

李欣颖:《民俗学视野下的新文学发生研究——以北大歌谣运动为例》,中南民族大学硕士学位论文,2019 年。

林红玲:《清末民初国民意识生成与嬗变的历史考察》,吉林大学博士学位论文,2015 年。

刘冰冰:《试论黄遵宪诗歌中"新名词"的运用》,《齐鲁学刊》2006 年第 5 期。

刘贵福:《钱玄同思想研究》,中国社会科学院研究生院博士学位论文,2000 年。

刘疆辉:《启蒙、公民(国民)塑造与"公共空间"之构建——清末北京彭翼仲〈京话日报〉(1904—1906)研究》,宁波大学硕士学位论文,2009 年。

罗志田:《近代中国民族主义的研究取向与反思》,《四川大学学报(哲学社会科学版)》1998 年第 1 期。

罗志田:《清季围绕万国新语的思想论争》,《近代史研究》2001 年第 4 期。

孟庆澍:《无政府主义与中国早期世界语运动》,《洛阳师范学院学报》2006 年第 1 期。

孟庆澍:《"'用石条压驼背'的医法"——无政府主义与钱玄同的激进主义语言观》,《中国现代文学研究丛刊》2005 年第 2 期。

孟鑫禹:《语言民族主义视角下清末民国的汉字拼音化运动》,北京大学硕士学位论文,2019 年。

南帆:《革命文学、知识分子与大众》,《文艺理论研究》2003 年第 1 期。

倪伟:《清末语言文字改革运动中的"言文一致"论》,《杭州师范大学学报(社会科学版)》2016 年第 5 期。

倪伟:《〈新青年〉时期钱玄同思想转变探因》,《杭州师范大学学报(社会科学版)》2015 年第 4 期。

牛旭阳:《留日时期鲁迅的民族主义思想研究》,郑州大学硕士学位论文,2020 年。

钱理群:《周作人与钱玄同、刘半农——"复古"、"欧化"及其它》,《辽宁教育学院学报(社会科学版)》1988 年第 4 期。

邵荣芬:《统一民族语的形成过程》,《中国语文》1952 年第 9 期。

孙风华:《章太炎"言文一致"思想的基本内涵》,《汉字文化》2013 年第 5 期。

孙荷雅:《语文教育史视野内的钱玄同汉字改革思想研究》,聊城大学硕士学位论文,2016 年。

锁燕:《从接受角度看瞿秋白文艺大众化》,汕头大学硕士学位论文,2008 年。

唐琪:《五四时期〈国民〉杂志研究》,湖南大学硕士学位论文,2016 年。

汪青梅:《"五四"歌谣运动与早期白话诗创作》,贵州师范大学硕士学位论文,2007 年。

王本朝:《从复古到反复古:钱玄同的民族国家认同》,《中国现代文学研究丛刊》2019 年第 8 期。

王海龙:《五四运动与马克思主义话语体系的中国出场》,《湖南科技大学学报(社会科学版)》2019 年第 1 期。

王理嘉:《从官话到国语和普通话——现代汉民族共同语的形成及发展》,《语文建设》1999 年第 6 期。

王平:《语言重构的两种向度——日本言文一致运动与晚清白话文运动之比较》,《兰州大学学报(社会科学版)》2009 年第 2 期。

王一川:《既有晚清,更待"五四"——对百年前"五四"文艺和文艺理论的回看》,《艺术评论》2019 年第 5 期。

魏育邻:《"言文一致":后现代视阈下的考察》,《解放军外国语学院学报》2006 年第 4 期。

徐新建:《民歌与国学——民国时期"歌谣运动"的兴起与演变》,四川大学博士学位论文,2002 年。

姚梦莹:《钱玄同文学思想研究》,华中科技大学硕士学位论文,2009 年。

尹艳瑚:《唤醒民族意识,培育现代国民——〈民众周报〉研究》,上海社会科学院硕士学位论文,2019 年。

张宝明:《中国现代性的两难——以新文化元典中的世界语吊诡为

例》,《福建论坛(人文社会科学版)》2007 年第 5 期。

张家康:《钱玄同其人其事》,《文史精华》,2007 年第 5 期。

张弢:《现代报刊中的"歌谣运动"研究》,南京师范大学博士学位论文,2013 年。

张万山:《民族主义语境下的"中华民族":一项概念史的考察》,南方医科大学硕士学位论文,2020 年。

张亚骥:《瞿秋白的文艺思想与文化领导权》,苏州大学博士学位论文,2010 年。

赵晓阳:《晚清欧化白话:现代白话起源新论》,《晋阳学刊》2015 年第 2 期。

郑海麟:《黄遵宪与中国的语言文体改革》,《文史知识》2008 年第 9 期。

周航:《以〈蒙学报〉(1897—1899)为中心看晚清"儿童—国民"想象》,华东师范大学硕士学位论文,2015 年。

周晓平:《黄遵宪书面语变革实践的路径、因果与影响》,《中国现代文学研究丛刊》2012 年第 9 期。

朱蕾:《国民观:近代知识分子从臣民观到公民观的过渡》,湖南师范大学硕士学位论文,2010 年。

朱晓进:《政治化思维与三十年代中国文学论争》,《中国社会科学》2002 年第 6 期。

朱晓进、何平:《论文学语言的变迁与中国现代文学形式的发展》,《南京师范大学报(社会科学版)》2008 年第 5 期。

后　记

到了一定的年纪,总喜欢回望来时路。特别是在壮志难酬的时候,更容易想起"了了"之时的荣光。其实能记起的事情也不多,于我而言,最顽固的记忆来自一个年少时的梦想。

我有一个梦想,这句话在任何时候都很有力量。人到中年,万事皆休,之所以甘费十年之久,不畏二毛之苦,来写一本难有读者的小书,除为稻粱谋外,我更愿意归因于一个遥远而模糊的梦想,尽管这个梦想模糊到很多细节只能依靠想象来虚构。

很多年以前,我的外公跟大多数长辈一样,过年发压岁钱时总会随口说一句:"好好读书,以后考到北京大学去。"其实他是个准文盲,可能都无法区分北京大学和北京的大学,只是觉得这个外孙"小时了了",就随口夸赞了一下,并无明确的意义指向。只不过,对于年少的我而言,虽然当时都不懂大学为何物,但却莫名其妙地在心里种下了一个北大梦。此后的漫长岁月里,日渐平庸的我被现实打败,无力做那个无知无畏的逐梦者。

直到2004年的某一天,我在武汉大学参加全国博士生学术论坛,这是我第一次参加高规格的学术会议,印象深刻。我投送的论文《从"回到历史"到历史的虚无——对新历史主义文学批评的批评》被大会选中,安排为中国语言文学学科首篇宣讲论文。当时颇为紧张,论文宣讲非常不成功,会后武大的点评老师和山东大学的几名博士生都找我聊天,认为我"说得没有写得好",这其中包括日后成为青年长江学者的李永东博士。我对这次论坛充满怀念,不仅是源自学术"初体验"——那种初登学坛的书生意气和青涩的学术记忆时常萦绕于怀,更重要的是,那是我第一次见陈平原师。陈老师以一篇《分裂的趣味与抵抗的立场——鲁迅的述学文体及其接受》震慑全场,也唤醒了我的北大梦。那一刻我突然意识到,从武汉到北京,其实有一条小路,那便是学术之路。虽然以我的天资,肯定走不顺学术路,但假"学者"之虚名,"访问"一下北大这个学术殿堂,应不至于"此路不通"。

十年后,我真的成了夏晓虹师的访问学者,就此实现了我的"北大梦"。之所以选择夏老师来实现梦想,恰如夏老师在序言中所言,是因为我的博士论文聚焦晚清至五四的白话文运动,而梁启超是一个无法绕开的人物。以"梁启超"的名义向最权威的梁启超研究专家提出访学申请,理由足够充分。我从来没有问过夏老师何以爽快地接纳了我这个唐突的造访者,想来这应该是个主因吧?

从一个遥远的梦想到一本小书的诞生,这中间的关联多少有点玄幻,好比史书上那些随处可见的神异天象,总给人史官美化帝王家谱的不真实感。但我始终相信,人生走过的每一步都算数:在梦想的感召下,懵懂的农家少年阴差阳错走上学术道路,经导师何锡章先生引导而闯入近代文学研究的大门,机缘巧合在武汉得遇陈平原师,又因结缘梁启超而投入陈夏门,进而有了在北大一年的沉潜思考和资料积累,形成了关于"言文一致"运动研究的基本思路,次年以"民族主义与清末民国'言文一致'运动研究"为题申报国家社科基金项目,五年后形成结题书稿,再经陈、夏两位恩师引荐而得以在北大出版社出版,形成一个完美的"北大"闭环,其间因果分明,冥冥自有天意。

感谢一路护我前行的授业恩师们。我的硕士、博士导师何锡章先生是一位葆有魏晋风度的学界名士,早年因素朴洒脱在华中科技大学被学生戏称为"农民教授"。他为人仗义,允执厥中,又宽厚平和,乐善好施,武大樊星教授曾在《湖北日报》撰文《真诚而热情的大好人何锡章》赞其风度,堪称"学界孟尝君"。我于2000年拜入门下,从学六年,受其恩惠极多,终生难报其"好"。十五年前我在第一部学术著作的后记中,隐约忆及了与导师的一次书斋闲聊，起身相送时他补了一句"你就写写梁启超吧"，当时并不会想到，这是重塑我学术生命的一句话，更加不可能意识到，它会为我日后游于陈厦门埋下伏笔。从"孟尝君"到"平原君"，一切都是最好的安排，我不知道这是否就是我的宿命？特别感谢我的圆梦人夏晓虹、陈平原二师。十年后再回望自己的北大生活，仍如在梦中。在北大的一年，没有压力，没有束缚，没有说教，只有浅浅深深的课堂记忆和温暖的午餐会。虽是"访学"，却并无门墙内外之别，陈、夏二师几乎让我参与了师门组织的所有游学活动，从燕园的"一塔湖图"，到陶然亭的芦荡碑刻，再到大明湖的涌泉风荷，都是不可复刻的学术记忆，或许本书思想的星火，就引燃于其中的某个瞬间。很难想象如今火遍全网的学术明星伉俪，庸碌如我也曾师事之而得其亲炙，更不敢想的是，多年来两位老师肯为我这个"边缘"学生出国访学、人才培养方案修订、图书出版等琐屑劳心劳力，此番夏老师又慨然应允为拙著作序，除了感激更无他言。必须要提及的还有我的博士后合作导师詹艾斌先生。十年前我离开北大回到江西时，多少有一点学术心理的失重感，好在詹老师于 2015 年的最后一天接纳我进站，让我适时找回了北京游学归来的学术热情。半年后，拟定的进站研究计划课题获国家社科基金一般项目立项，同年 10 月，"言文一致"运动研究相关的博士后科学基金项目又获"一等"资助。感谢一向严厉的詹老师没有急着把我"赶"出站，让我从容地在站里"挂"了六年，从而为本书的写作赢得了更加充裕而纯粹的思考时间——某种程度上——也增加了本书的"厚度"。

感谢那些曾与我一起筑梦的朋友。多年以后，李建军、刘旭东两位老友应该还会想起和我一起在北京拜会陈、夏二师的那个遥远的晚上——那可能是我们最有学术情怀的一个晚上：三个"北漂"的学术青年，坐在直隶会馆门前的路边上，看着北京的华灯闪烁和车来车往，感慨学术的殿堂这么近，却又那么远。我当然也不会忘记"科研三人团"几次通宵达旦的海聊，虽然我和建军从武汉读研时起就一直"争辩"不休，但不得不承认，这种谁也说服不了谁的论辩是推进我们学术友谊的强大动力。旭东别、年龄、专业等个人信息（直到几天前陈平原师给我发送照片才解密了她的性别），但我确信她严谨细致的审校工作能够确保本书的"北大"水准。

最后出场甚或未出场的往往是幕后英雄，家人们扮演的就是这样的角色。他们就像电影放映即将结束时屏幕上打出的那一串串名字，少有人注意但却至关重要。我的父亲一直不理解他儿子为什么总比别人忙，正如我无法理解他永无休止地劳作一样。或许这就是传说中的中国式父爱吧：总想用一己之力扛下所有，证明自己才是家中的顶梁柱。我的母亲没有看到我圆梦北大的时刻，她在世时一直以我为荣，在偏僻的小山村把我塑造成了一个方圆五公里以内的读书励志神话，还给了我一身傲骨和永不服输的精神，让我活成了今天的模样。妻子周雅春是我熟悉的人中最没有"功利心"的一个。在这个"万物皆可卷"的时代，她早早被"卷"到家庭一角，然后安心做一个现实主义主妇，默默地经营着为家庭成员遮风挡雨的"安全屋"。每次在我课题申报失败的时候，她总会云淡风轻地来一句："没中就没中，反正都是教授了。"特别感谢她对庸常而懒散之我的包容。最后的篇幅留给儿子高含章。一个月后，就是他人生大考的日子，多年前也曾为"小时了了"的他做过同样不切实际的"北大梦"，如今他自己把梦想修正为"上海大学"，希望他能梦想成真。依稀记得，2016年，与他一起参加突破英语学校组织的亲子活动时，我给他写了第一封信，主题是"感恩"；2023年，有感于他进入高中阶段后的极度叛逆，我在正月十五月圆之夜给他写了第二封信，主题是"成长"；而就在70天前，高考百日誓师的凌晨三点，我给他写了第三封信，主题是"奋斗"；此时此刻，在这篇记录光荣与梦想的小文即将划上句号之际，写下对儿子火红六月的期许，就权当是给他的第四封信，主题是"梦想"。

高建青
2025年5月6日深夜于宜春学院北校区

大概是这辈子和我说话最多的同事，很长一段时间，我们习惯饭后到操场转圈闲聊，两人的对话拼接起来大概可以绕地球好几圈，其中一些话题或多或少和本书有关。经常参与"饭圈"讨论的还有韩鹏飞、黄国斌二人，他们拼命工作也拼命喝酒，这种拼命三郎的精神一度治愈了我的学术惰性，特别是在我赶课题工期的那段时间里。

我很荣幸可以在这里提及北京师范大学的刘勇，武汉大学的陈国恩，南京大学的张光芒，中南民族大学的罗义华，湖北省社科院的刘保昌，江西师范大学的赖大仁、詹冬华、李自雄，南昌大学的周平远、李洪华、杜吉刚，井冈山大学的龚奎林等诸位师友的名字，他们在课题研讨、书稿修订、出站答辩、成果发表等方面都曾以不同方式给予了我莫大的支持与帮助。如果本书还能在学界引起一点共鸣并提供些许理论贡献的话，那一定跟他们的提点释疑与批评鼓励有关。未经允许就高调地请出以上师友为我"撑腰"，难免有壮大自己的"朋友圈"、蹭学界大佬热度的嫌疑，但我真的只是想单纯地表达我的敬意和谢意而已。

许多年轻的学友为本书的出版贡献了智慧与汗水。李浴洋、郭道平、郝凯利等几位北大同门在不同时段给予了我思想启示和文献支持。在校期间就一直协助我处理各种事务的2014级学生郑达，毕业后仍热心支持我的科研工作，为本书的完稿提供了一定的智力支持。同事罗智伟和2017级学生钟晨珏分别利用在香港、台湾进修、访学的机会为我核查了大量引文资料，使我避免了一些不必要的文献错误。2022级学生徐睿作为我的"科研助手"，深度参与了我的课题研究工作，并与刘雨若同学一道完成了全书参考文献的复核与校正。她们的无私大爱理应得到我的真诚回应。

责任编辑高迪老师值得我单独致谢。我从未见过如此专业而负责的图书编辑。每次和她线上讨论书中的细节，她总能犀利洞穿我的浅陋，让我时时有一种被纠小辫子的惶惑心理。说"从未见过"当然是赞其专业水准的"前所未见"，不过其实也隐约表达了一丝止于神交的遗憾。一直以来两位"高老师"都只是在网上围绕书稿进行文字交流，从未聊及性